박윤식, 류광수, 박철수 목사의

신학사상 검증보고서

나용화 박사

기독교문서선교회

기독교문서선교회(Christian Literature Center: 약칭 CLC)는 1941년 영국 콜체스터에서 켄 아담스에 의해 시작되었으며 국제 본부는 영국의 쉐필드에 있습니다.

국제 CLC는 59개 나라에서 180개의 본부를 두고, 약 650여 명의 선교사들이 이동도서차량 40대를 이용하여 문서 보급에 힘쓰고 있으며 이메일 주문을 통해 130여 국으로 책을 공급하고 있습니다.

한국 CLC는 청교도적 복음주의 신학과 신앙서적을 출판하는 문서선교 기관으로서, 한 영혼이라도 구원되길 소망하면서 주님이 오시는 그날까지 최선을 다할 것입니다.

Inspection Reports on Three Pastors' Theological Thoughts

Edited by
Yong-Wha Na

Korean Edition
Copyright © 2016 by Christian Literature Center
Seoul, Korea

차 례

편저자 서문 _ 6

1부 서론

제1장 기독교 이단판단의 기준 _ 11

제2장 성경적 정통신학 _ 18

2부 신학사상 검증보고서

제3장 평강제일교회 박윤식 목사의 신학사상 검증보고서 _ 36
    Ⅰ. 개신대학원대학교의 검증보고서
    Ⅱ. 국제크리스찬학술원의 검증보고서

제4장 다락방전도운동 류광수 목사의 신학사상 검증보고서 _ 81
    Ⅰ. 대한예수교장로회(개혁)의 검증보고서
    Ⅱ. 한국기독교총연합회의 검증보고서
    Ⅲ. 다락방전도운동에 대한 비판적 견해들에 대한 반론

제5장 영성훈련원 박철수 목사의 신학사상 검증보고서 _ 170
    Ⅰ. 기독교신학사상검증위원회의 검증보고서

부록1: 박윤식 목사 프로필 및 저서 소개 _ 199
부록2: 류광수 목사 프로필 및 저서 소개 _ 224
부록3: 박철수 목사 프로필 및 저서 소개 _ 254

편저자 프로필 _ 274

편저자 서문

나 용 화 박사
전 개신대학원대학교 총장

　예수님은 제자들에게 바리새인들과 사두개인들과 헤롯의 거짓된 교훈을 조심하여 멀리하라 하셨습니다(마 16:6). 사도 바울은 예수 그리스도의 복음과 다른 복음을 전하는 자마다 저주를 받아 마땅하다고 선언했습니다(갈 1:9). 사도 베드로는 교회를 멸망에 이르게 하는 이단은 저주와 멸망을 당할 것이라고 강조했습니다(벧후 2:1-19). 그리고 사도 요한은 적그리스도, 곧 이단사상을 가진 자들에게는 인사도 하지 말고 가까이 하지 말라고 권하였습니다(요이 1:10). "이단에 속한 자들은 한두 번 훈계한 뒤에 멀리하여라"(딛 3:10)는 것이 예수님과 사도들의 공통된 가르침입니다.

　이렇듯 이단사상은 교회와 성도들을 멸망케 하는 아주 악독한 것입니다. 그래서 교회가 이단사상을 밝히고 경계하며 단죄하는 것이 대단히 중요합니다. 한국 교회는 그 동안 몇몇 해로운 이단사상들을 밝혀낸 바 있습니다. 박태선의 전도관과 문선명의 통일교, 안상홍의 하나님의 교회, 이만희의 신천지 교회, 정명석의 애천교, 유병언의 구원파 교회 등이 한국 교회를 어지럽히는 대표적인 이단들입니다.

　그러나 성경적으로나 신학적으로 이단이 아닌 교회나 목회자를 오해하거나 곡해하여 이단으로 단정하는 것은 죄 없는 사람에게 살인죄를 덮

어씌우는 것이나 마찬가지입니다. 우리나라의 재판의 역사를 보면 독재정권 치하에서 권력 장악을 위하여 무죄한 자들을 간첩죄나 반역죄로 단죄하는 경우들이 있었습니다. 한번 정죄를 받으면 일반 국민들은 그 재판이 사실인 것으로 받아들입니다. 그래서 그 피해자들의 친척이나 가족들까지도 죄인 취급을 받게 되어 엄청난 희생을 당합니다.

최근 한국 교회는 이단 아닌 교회와 목회자들을 이단으로 정죄하였습니다. 대표적인 사례로 평강제일교회의 박윤식 목사, 다락방전도운동의 류광수 목사 그리고 영성훈련원의 박철수 목사 등을 꼽을 수 있습니다. 이 같은 잘못된 이단정죄에 대하여 한국기독교총연합회(대표회장 이영훈 목사)와 국제크리스찬학술원(원장 예영수 박사), 기독신학사상검증위원회(위원장 예영수 박사) 및 대한예수교장로회(개혁) 총회 신학위원회(위원장 나용화 박사)와 개신대학원대학교(총장 조성헌 박사)는 위의 세 목사들의 신학사상을 검증하고서 이단이 아님을 밝혀냈습니다. 편저자는 이 세 분들의 신학사상을 검증하는 일에 주도적으로 참여하여 보고서의 초안들을 작성한 바 있습니다.

이 세 목사들의 신학사상을 검증하는 과정에서 편저자에게 도움을 주고 격려해 주신 분들이 있어 소개하고 싶습니다.

평강제일교회 박윤식 목사의 신학사상을 검증하던 때에는 총신대학교의 역사신학 교수이자 총장이셨던 고 김의환 박사의 격려가 있었습니다. 김 박사는 소천하시기 몇 주 전에 편저자에게 전화로 박윤식 목사가 본래 이단이 결코 아니라고 일러 주시면서 담대하게 잘하라고 부탁하셨습니다. 박윤식 목사의 신학사상에 대해서는 이제는 대법원 판결(2015년 1월 23일)로 이단이 아님이 확실해졌고, 이단으로 정죄했던 당사자들이 증거를 조작한 사실을 공식적으로 시인한바 있습니다.

다락방전도운동의 류광수 목사의 경우는, 대한예수교장로회(합동) 이단방지대책위원회 위원장이셨던 이상강 목사께서 처음부터 이단이 아님을 밝히 말씀하셨습니다. 편저자의 총신대학교 신학대학원 동창회(70회)의 다수 회원 목사들이 편저자에게 증언해 주었고, 격려하는 뜻에서 지난해 10월에는 동창회 회장으로 뽑아 주었는가 하면 다락방전도협회가 운영하는 수련관(경기도 이천시 호법면)에서 동창회 모임을 가졌습니다. 그리고 총신대학교 신학대학원 70회 동창회원으로서 총신대학교 총장을 역임한 정일웅 박사는 다락방전도운동 소속 목회자들에게 특강("하나님의 나라와 복음")을 2016년 1월에 한바 있습니다. 대한예수교장로회(통합)에 소속된 김진홍 목사(두레교회)와 황승룡 박사(호남신학대학교 명예총장)도 강의해 주신 일이 있습니다.

영성훈련원의 박철수 목사의 경우는 영성신학을 깊이 연구한바 있는 양영태 박사(광신대학교 겸임교수)께서 격려해 주었습니다. 편저자를 격려해 주신 여러분들에게 깊은 감사를 드립니다.

한국기독교총연합회 신학위원회와 이단전문위원회에서 수고해 주신 여러 신학자들과 목사님들, 특히 이단의 누명을 쓴 분들의 억울함을 풀어주기 위해 많은 희생을 감수해 주신 대표회장 홍재철 목사와 이영훈 목사의 신앙적 양심적 결단은 편저자에게 큰 감동을 주었습니다.

국제크리스찬학술원의 위원장이신 예영수 박사를 비롯하여 위원이신 성기호 박사(성결대학교 명예총장), 도한호 박사(침례신학대학교 총장), 손석태 박사(개신대학원대학교 명예총장), 주재용 박사(전 한신대학교 총장), 임승안 박사(나사렛대학교 총장), 민경배 박사(전 서울장신대학교 총장), 나채운 박사(전 장신대학교 대학원장), 조영엽 박사(전 계약신학대학원대학교 교수) 등 여러분과 개신대학원대학교의 교수들이 적극적으로 검증 작업에 참여해 주셨습니다. 수고해 주신 여러분들의 수고와 격려를 인하여 깊은 감사를 드립니다.

끝으로, 『신학사상 검증보고서』의 자료들을 정리하고 타이핑하는 일에 수고해 준 신정원 선교사와 변혜원 전도사에게, 그리고 출판을 맡아

주신 기독교문서선교회(CLC) 대표 박영호 박사에게도 깊은 감사를 드립니다. 본서를 통해서 한국 교회가 이단을 판정하는 일에 있어서 신중하게 되고, 이단의 누명을 쓰고 피해를 입은 목회자들과 교회들과 성도들이 한국 교회와 함께 교제를 자유롭게 나눌 수 있게 되기를 기원합니다.

2016년 3월 8일

1부 서론

제1장 기독교 이단판단의 기준
제2장 성경적 정통신학

제1장
기독교 이단판단의 기준[1]

최근 한국 교회 안에서 일어나고 있는 이단 논쟁과 시비는 주관적, 자의적 판단으로 인하여 교회 안팎에 많은 혼란을 야기하고 있다. 이로 말미암아 많은 성도들에게 혼란을 주고 건전한 교회마저 공신력을 잃어가는 실정이다. 이에 개신대학원대학교에서는 "기독교신학검증위원회"를 구성하여 다음과 같이 이단판단의 기준을 마련하였다.

1. 이단의 정의

기독교의 성경의 근본 진리들을 왜곡하여 해석함으로써 잘못된 교리를 가르치는 사람이나 그를 따르는 무리가 이단이다. 이 이단의 특징은 다음과 같다.

첫째, 자기 또는 그 무리들만이 하나님으로부터 새로운 특별한 계시를 받았다고 하거나, 성경해석에 있어서 성령의 특별하고도 절대적인 역사로 말미암아 구원의 참 지식이 있다고 주장하는 까닭에 배타적 독선이 있다. 즉, 성경 외에 다른 책을 가르치거나 자신만이 깨달은 성경해석의 배타적 독특성을 주장하는 것이다. 이런 까닭에, 기독교의 근본 교리 가

---

[1] "기독교 이단판단의 기준"은 개신대학원대학교의 교수들로 구성된 "기독교신학검증위원회"에 의하여 작성되었다.

운데 하나만 문제된다고 할지라도 그 왜곡된 성경해석이 다른 교리들에 영향을 끼쳐 그릇되게 할 수 있다.

둘째, 이단은 예수 그리스도의 신성과 메시아로서의 유일성과 그의 구원 사역의 완전성 및 중보자 되심을 교묘하게 부인한다.

셋째, 아담의 원죄의 전가 교리를 사실상 부인한다. 그리고 오직 은혜와 오직 믿음으로 말미암은 칭의교리를 왜곡한다.

넷째, 이단은 세대주의적 시한부 종말론을 주장한다. 종말의 이중성, 즉 '이미와 아직'에 대한 이해가 없다. 이미 시작된 하나님 나라를 무시하고, 재림의 시기를 단정하여 세상의 종말과 함께 하나님 나라가 임할 것을 주장한다.

다섯째, 이단은 그것의 지도자(또는, 교주)의 권위를 절대시하는 경향이 있다.

2. 이단판단의 기준

기독교의 근본교리는 정통적 신앙고백과 신학에 따르면, 성경, 하나님, 인간, 그리스도, 성령, 구원, 교회, 종말 등에 관한 성경적 가르침이다.

1) 성경과 계시

오직 성경 66권만이 하나님의 유일한 계시이며, 진리의 말씀이요, 신앙과 생활을 위한 정확 무오한 유일한 규칙이다. 성경을 해석함에 있어서는 역사적 문법적 영적으로 하고 구속사적으로 하되, 정통신학과 신조에 근거한다. 따라서 신구약 66권 성경 이외의 새로운 다른 직통계시를 주장하거나, 성경해석에 있어서 성경 본문의 역사적 해석을 도외시함으로써 기독교의 정통 교리에서 벗어나는 해석을 금한다.

2) 신관

기독교의 하나님은 실체와 능력과 영원성에 있어서 동일하신 삼위(세분) 곧 성부와 성자와 성령이 일체(한 본체)이시다. 이 하나님은 절대 주권자요, 창조주요, 섭리주요, 심판주이시다.

3) 인간관

인간은 본래 하나님의 형상으로 창조되었으나, 아담의 타락으로 말미암아 그의 원죄가 전가됨으로써 본질상 진노의 자녀가 되어 전적으로 부패하고 영적으로 무능력하다. 이 인간은 예수 그리스도 안에서 성령으로 말미암아 오직 하나님의 은혜로 하나님의 형상을 회복하여 하나님의 자녀의 권세를 얻으나 온전하지는 않다. 개인적으로는 죽음을 통해 완전 성결케 되고, 육체의 부활 때 영화롭게 된다. 그러므로 중생한 성도일지라도 여전히 죄인이며 완전히 성결하지 않다.

한편, 하나님 아버지와 예수 그리스도 앞에서는 모든 인간은 인종과 성별과 빈부귀천에 관계없이 차별이 없고, 그리스도 예수 안에서는 모두가 하나님의 선민이요 새 이스라엘이요 왕 같은 제사장들이다. 그러므로 예수 그리스도 안에는 특별한 선민이 없다.

4) 기독관

우리의 구주이신 예수 그리스도는 하나님의 참된 계시요 생명의 진리의 말씀이며, 참 하나님이요 참 사람으로서 우리의 유일한 속죄제물이요 중보자이시다. 그는 성령으로 마리아에게서 잉태되어 사람의 몸을 입고서 태어나 율법의 마침이 되려고 율법에 계율적으로 뿐 아니라 형벌적으로 순종하셨다. 그는 십자가에서 속죄제물이 되어 죄의 저주와 진노를 죄인들을 대신하여 당하고 죽으셨으며, 지옥에 내려가셨으나 사망권세를 이기시고 부활 승천하여 하나님 보좌 우편에 우리의 영원한 중보자로 계신다. 그는 마지막 날에 영광과 권능 가운데 세상의 모든 사람이 동시에 볼 수 있는 모습으로 심판주로 오신다. 속죄제물이실 뿐 아니라 영원한 대제사장이요 중보자이신 예수 그리스도만이 하나님의 복음이시다. 그러므로 예수 그리스도가 참 하나님이신 것과 참 사람이신 예수 그리스도 외에는 아무도 구세주나 재림주가 아니다.

5) 성령관

성령은 제3위 하나님이시요, 생명과 진리의 영이시다. 그는 예수 그리스도와 함께 보혜사 곧 위로자이시요, 예수 그리스도께서 성취하신 구원을 하나님의 선택한 자녀들에게 베푸신다. 이 성령은 오순절 날 교회를 세우셨고, 현재 다스리고 계시며, 인격적 변화의 열매를 맺으시고, 교회를 건실하게 하는 은사를 주신다. 그리고 이 성령은 그리스도의 복음이 온 세계에 전파되도록 능력도 주신다. 그러므로 성령을 빙자한 인위적이고 기만적인 은사 운동은 배제되어야 한다.

그러나 진리의 영이신 성령은 성경이 하나님의 진리의 말씀이심을 증거하고, 성경말씀을 통해서 하나님을 아는 지식을 주시고, 예수를 그리스도로 고백하게 한다. 그러므로 성령은 성경 이외에 다른 새로운 계시를 주시지 않는다.

6) 구원관

죄로 인하여 하나님 밖에 있는 죄인들을 하나님께서는 창세 전에 그리스도 예수 안에서 택하심을 따라 성령으로 복음을 전하여 오직 하나님의 은혜로, 오직 예수 그리스도를 통해서, 오직 믿음으로 구원을 얻게 하신다. 우리의 속죄제물이시자 중보자이신 그리스도 예수만이 유일한 구속주이시오, 그의 속죄 사역은 온전하며 충분하다. 그러므로 그리스도의 속죄사역 이외에 인간의 다른 공로적 행위는 구원에 있어서 불필요하다.

하나님은 하나님의 택한 백성이 성령으로 말미암는 믿음을 통해서 예수 그리스도와 신비한 연합을 이루게 하시고, 그 연합을 통해서 의롭다 칭함을 받고 성화됨으로 구원을 베푸신다. 이 믿음은 회개와 함께 하며, 평생토록 지속되어야 한다.

그러므로 오직 은혜, 오직 믿음, 오직 그리스도로 말미암는 칭의와 성화 교리를 부인해서는 안 되고, 의인된 성도일지라도 여전히 죄를 구체적으로 회개하고 용서를 구해야 한다.

하나님은 우리의 믿음과 회개가 확실할 수 있도록 은혜의 외적 방편으로 말씀과 기도와 성례를 주셨다. 그러므로 이 외적 방편을 부지런히 활용하여 믿음의 선한 싸움을 싸우며 회개를 구체적으로 평생토록 하여 회개에 합당한 선한 행실의 열매를 맺어야 한다.

하나님이 주시는 죄에서의 구원은 개인적일 뿐 아니라 사회적이며, 영적일 뿐 아니라 물질적 신체적이며, 교회적일 뿐 아니라 전 우주적이다. 따라서 종교적 죄뿐 아니라 가난과 질병과 억압과 악령으로부터의 자유 등이 구원에 포함된다.

7) 교회관

구약의 경우 출애굽기 사건을 통해서 광야교회가 세워졌으나, 신약의 경우는 오순절 성령의 강림(또는, 세례)을 통해서 교회가 세워졌다. 이 교회는 하나님의 가족이요, 그리스도의 몸이며, 성령의 전이다. 또한 그리스도의 신부요, 새 이스라엘이다. 그러므로 그리스도의 교회 밖에는 구원이 없다.

이 교회는 말씀 선포와 성례와 권징을 표지로 하고, 하나님의 가족으로서의 보편성과 그리스도의 지체들로서의 유기적 통일성과 성령의 전으로서의 거룩성 및 사도들의 역할과 사역을 이어받은 사도성을 지닌다. 교회는 세상의 빛과 소금으로서 하나님의 나라의 대행자이다. 그러므로 교회는 복음을 전파하는 선교와 세상을 향한 사회적 참여에 적극적이어야 한다.

8) 종말론

예수 그리스도는 역사의 중심으로서 역사를 시작하고 완성하신다. 그래서 그의 초림을 통하여 하나님의 나라가 시작되었고, 그의 재림을 통해서 완성된다. 즉, 하나님의 나라는 이미 우리 가운데 예수 그리스도를 통해서 임하였으나, 그가 다시 오시어 심판하심으로 완성되는 것이다.

예수 그리스도는 권능과 영광 가운데 온 세상 사람이 동시에 볼 수 있도록 부활의 몸으로 친히 임하시어 산 자와 죽은 자를 각각 행위대로 심판하신다. 이로써 새 하늘과 새 땅이 임하며, 예수 그리스도의 지체된 모든 성도들이 영광스러운 몸으로 부활하여 영원한 생명을 누리는 것이다. 그러므로 유대인 중심의 천년왕국을 주장하거나 재림의 날짜를 한정하는 연대를 계산해서는 안 된다.

3. 이단판단을 위한 지침

1) 이단에 대한 판단은 판단 주체가 한국 교회에서 신학적 권위와 공신력을 인정받는 신학전문위원회이어야 하고 개인이어서는 안 된다.
2) 이단에 대한 판단은 기독교 교리의 건전성과 교회와 사회 안팎의 영향을 종합적으로 검토해야 한다.
3) 이단에 대한 판단은 이단적 요소가 있는 교리적 가르침이나 주장에 대하여 과거의 활동뿐 아니라 현재의 활동을 전반적으로 검토할 것이며, 과거에 일시적으로 가르쳤으나 중단 포기하고 현재 건전하게 교리를 가르치고 목회하는지의 여부를 신중하게 확인해야 한다.

제2장
성경적 정통신학[1]

종교개혁자 루터와 칼빈은 "오직 성경, 오직 은혜, 오직 예수 그리스도, 오직 믿음, 오직 하나님께 영광" 등을 개혁의 원리로 삼아 중세의 부패한 로마 가톨릭교회를 혁신하였다. 그리고 로마 가톨릭교회의 이원론 사상, 곧 물질과 세상은 악하되 정신(또는, 영)과 교회는 선하다고 보고서 육체적 고행을 장려하고 교회(교황)가 세상(국가의 왕)을 통제하는 것을 마땅하게 여기는 비성경적 사상을 배척하였다. 이 같은 종교개혁자들의 신학적 전통을 이어 받은 성경적 정통신학은 다음과 같다.

1. 계시와 성경에 관하여

하나님이 자신을 알리시는 행위와 그 결과로 얻어지는바 하나님을 아는 지식인 계시에는 일반계시와 특별계시가 있다. 하나님은 인간의 본성의 빛인 양심과 자연 세계와 섭리 곧 역사를 통하여 항상 변함없이 생생하게 일반적으로 자신을 계시하신다(시 19:1-6; 롬 1:19-20). 그러나 일반계시는 구원을 얻는 지식에 이르는 데 있어서 인간의 죄로 인하여

---

[1] "성경적 정통신학"은 칼빈의 『기독교강요』와 "하이델베르크 요리문답"(1563년) 및 "웨스트민스터 신앙고백"(1648년)의 가르침에 기초하되 "로잔 언약"(1974년)과 권위 있는 복음주의 신학자들의 신학을 수용하여 개신대학원대학교의 기독교신학검증위원회가 작성하였다.

불충분하기 때문에(시 9:7-8) 하나님은 성령의 감동으로 기록된 계시인 성경을 특별히 주셨다(웨민 1장 1항; "웨스트민스터신앙고백"을 "웨민"이라 약칭함).

성경은 하나님의 살아있고 항상 있는 활동적인 말씀이요(히 4:12; 벧전 1:23), 우리의 신앙과 생활을 위한 최종적이고 절대적이며 무오하고 무위한 규칙이다(웨민 1장 2항). 그러므로 성경 외에는 다른 새로운 계시가 있을 수 없다(계 22:18-19).

하나님은 일반계시의 불충분성과 인간의 부패와 사탄의 악을 인하여 하나님의 계시를 성경 안에 기록해 두셨다. 이에 중보자 그리스도는 하나님의 기록된 말씀인 성경을 통해서 구원의 비밀들을 계속적으로 계시하신다(웨민 8장 8항). 성령은 성경을 통한 하나님의 말씀 선포와 묵상 및 기도와 찬양 그리고 성례 등 하나님의 은혜의 방편들을 사용하여 교회 안에서 하나님을 아는 지식과 하나님과의 만남의 체험을 얻게 하신다(시 19:7-14; 눅 24:28-35; 요 5:39; 고전 2:10; 웨민 21장 5항).

하나님은 성경을 통해서 성령으로 그리고 예수 그리스도의 이름으로 지금도 여전히 항상 자신과 자신의 뜻을 계시하시고 말씀하시되, 성경의 계시의 수단(신현, 음성, 꿈, 환상 등)을 때에 따라 사용하신다(행 3:6,16; 7:54-56; 8:26; 9:4-7; 10:1-23; 참고, 칼빈, 『기독교강요』 I .vi.3; vii.1; Ⅳ. xiv.7). 이 방편들을 통해 얻는 계시들은 성경적으로 참된 것인지 확인되어야 한다.

이런 까닭에, 우리는 성경을 하나님의 원계시에 대한 참고 자료 또는 전거(reference)로 간주하는 민중신학을 반대한다. 성경(예, 구약의 예언서 또는 그리스도와 종말 등)이 예언의 계시임을 알지 못하고서 예언 성취 후에 기록된 것처럼 가르치는 자유주의 성경관과, 성경의 영감성과 신적 권위를 부정하는 문서설을 반대한다. 성경의 객관적 권위와 무오성을 부인하고 내용상의 무위성(거짓 없음)만을 주장하여 성경을 읽을 때 성경이 성령의 감동으로 하나님의 말씀이 된다고 하는 신정통주의도 반대한다. 그리고 성경 외에는 다른 계시가 없다 하여 지금은 계시가 전혀 없고 성령의 조명(밝혀줌)만 있다고 하는 계시종결론을 주장하는 신근본주의도 반대한다. 우리는 성경이 가르치는바 복음의 진리를 연구하고, 가르치고, 선포하고, 구체적으로 성경을 따라 삶을 살아야 하는 것이다.

2. 삼위일체 하나님에 관하여

　살아계시고 참되신 하나님은 본체에 있어서 순결한 영이시오(요 4:24) 오직 한 분만 계신다(신 6:4). 그러나 실체에 있어서는 동일한 삼위 곧 성부와 성자와 성령이 계신다. 즉, 성부와 성자와 성령은 본래 영으로서 스스로 하나님이시다(고후 3:17). 성부가 성자를 영원히 낳고(시 2:7; 요 1:18; 3:31; 행 13:33) 성령은 성부와 성자로부터 영원히 나오시고(요 14:16; 16:7), 각각 구별되어 존재하시지만, 상호 내주하고 교통하신다(요 14:10-11; 칼빈, 『기독교강요』 I. x iii. 2-5, 19-20; 웨민 2장 3항).
　이런 까닭에, 성부 하나님만 참 하나님이요, 성자는 하나님 같은 분(a God)이며, 성령을 신적 기운(a divine energy)으로 간주하는 역동적 단일신론이나, 성부와 성자와 성령이 모습만 바꾸어 세대에 따라 나타난 것으로 주장하는 양태론적 단일신론을 우리는 반대한다.
　하나님은 자신의 기쁜 뜻을 따라 모든 일을 영원한 때부터 자유롭게 작정하신다(롬 11:33; 엡 1:11). 어떤 사람들과 천사들은 영원한 생명에 이르도록 선택되고, 다른 이들은 영원한 사망에 이르도록 버림을 당했다(롬 9:11-13; 엡 1:4-6; 롬 9:22-23). 이로써 하나님의 영광스런 은혜와 공의를 찬미케 하셨다(엡 1:6; 계 15:3-4; 칼빈,『기독교강요』Ⅲ. ⅹⅹⅰ. 5-7 ; 웨민 3장).

삼위 하나님은 자신의 영광을 위하여 무에서부터 세계와 그 안에 있는 모든 만물을 만드시되 영물인 천사들도 창조하셨다(창 1:1-3; 요 1:2-3; 시 104:24; 웨민 4장 1항). 하나님이 만드신 세상과 피조물은 영적이든 물질적이든 모두 선하나(창 1:31; 딤전 4:4) 죄로 인하여 악이 생겨났다(창 3:16-17; 웨민 6장 2항). 하나님이 지으신 천사들은 그리스도와 하나님의 자녀들을 수종하되 마귀와 악한 영들을 대적하여 싸운다(마 4:11; 히 2:14). 천사들 가운데서 범죄하여 타락한 마귀는 세상의 임금(요 12:31)이요 하늘의 권세 잡은 자(엡 2:2; 6:12)로서 하나님과 그의 자녀들의 대적자요 모든 사악과 불의의 창시자이다(요 8:44; 벧전 5:8; 칼빈,『기독교강요』Ⅰ. ⅹⅳ. 6-7, 14-15).

창조주 하나님은 그가 만드신 모든 피조물들과 그것들의 활동을 보존하고 통치하는 가운데 섭리하시어 자신의 영광을 나타내신다(히 1:3; 행 17:25-28; 칼빈,『기독교강요』Ⅰ. ⅹⅵ.1-6; 웨민 5장 1-2항). 하나님은 섭리하심에 있어서 여러 수단들을 일반적으로 사용하시나(행 27:33-44; 사 55:10-11), 그 수단들 없이 또는 역행하여서도 자유롭게 이적과 기사를 수시로 이제도 행하신다(출 15:4-12; 왕하 6:1-7; 막 1:32-34; 행 5:15-16; 행 19:11-12; 웨민 5장 3항).

이런 까닭에, 성경이 정경으로 완성된 이후로는 사실상 어떠한 비상섭리의 이적도 없다고 하는 이적적 또는 능력적 은사(치유, 마귀 쫓아내는 일, 능력 행함, 방언 등) 중지론의 신근본주의를 우리는 반대한다.

우리는 하나님의 피조물이요 자녀요 백성으로서 하나님과의 교제 속에서 하나님께 영광을 돌리고 그를 충만하게 즐거워하며, 하나님 나라와 그의 의를 구하는 것을 인생의 목적으로 삼는다(고전 10:31; 마 6:33; 웨민 대요리 1문답).

3. 인간과 죄 및 언약에 관하여

하나님은 자기 형상으로 사람을 남자와 여자로 만드시고 한 몸을 이루게 하셨다(창 1:26-28; 2:24). 즉, 왕 같은 존재로 만드시어 땅과 그 안에 있는 것들을 다스리게 하셨다(시 8:5-8).

인간은 영과 혼과 육이 유기적으로 통일된 몸(마 10:28; 살전 5:23)을 가진바 지성과 감성과 의지와 신의식과 양심이 있다(롬 1:19; 2:15). 인간은 하나님과 동료 인간을 항상 의존하되 스스로 자유롭게 행하여 책임을 지며 공동체를 이루어 산다. 그리고 하나님께 영광을 돌리고 그를 충만하게 즐기며 경외하는 것이 인간의 도리요 목적이다(롬 1:21; 고전 10:31; 잠 1:7). 인간은 왕 같은 존재로서 하나님의 나라를 위하여 살되 은혜와 인애와 긍휼을 가지고(잠 21:21; 렘 5:1; 미 6:8; 눅 10:36-37) 공의와 정의와 공정을 행하여야 한다(잠 1:3; 2:8-9; 마 6:33).

인간의 몸의 구성과 관련하여 비물질적 요소인 영 또는 혼과 물질적 요소인 육체를 분리하여 후자를 열등하거나 악한 것으로 생각하는 헬라철학에 근거한 이분설이나 삼분설보다는, 인간의 몸을 영육의 유기적 통일체, 곧 전인(a whole man)으로 이해하는 히브리적 사상을 우리는 성경적인 인간관으로 인정한다.

하나님의 형상으로 창조된 인간은 하나님을 예배하고 교제하며 살면 행복하게 살 수 있었다(창 2:8-9). 우리의 시조인 아담과 하와는 사탄의 간계와 시험에 유혹을 받아 선악과를 먹음으로 범죄하여 타락하였다(창 3:1-6;13). 이로써 하나님과의 교제가 끊어지고(창 3:8, 24; 사 59:2) 전적으로 부패하여지고 선을 행할 능력도 없게 되었다.

우리의 시조들의 죄의 형벌적 요소인 죄책은 후손들에게 직접적으로 전가되고 죄의 성품적 도덕적 요소인 오염은 혈통을 따라 유전되었다(롬 3:10-19; 5:12-19; 웨민 6장). 우리의 시조가 범한 죄는 하나님의 말씀을 멸시함으로 시작된바, 그것의 본질은 정욕과 교만에서 비롯된 불순종이요 불경건이다(롬 1:18, 24). 이 죄는 개인적이요 종교적일 뿐 아니라 사회적 구조적인 불의이다(롬 1:29-30). 이 죄로 말미암아 개인에게는 사망이 결과되고(창 3:19; 롬 6:23), 가정의 파괴(창 3:16)와 사회적 부패와 타락(창 4:8; 6:1-3; 유 1:14-16) 및 자연의 황폐가 있게 되는 것이다(창 3:17). 이런 까닭에, 민중에게는 죄가 없다고 하는 민중신학이나, 사회적 구조악의 죄를 고려하지 않는 신근본주의를 우리는 반대한다.

사탄의 미혹을 받아 범죄하여 타락함으로 하나님과의 교제가 끊어진 인간을 위해 섭리하심에 있어서 하나님은 언약을 수단으로 삼으셨다(겔 34:23-25; 웨민 7장 1항). 즉, 하나님은 피로써 체결되는 사랑의 결속(bond of love)인 언약을 자원하여 은혜로 인간과 맺으셨다.

이 언약은 위로와 복의 근원인 전능하신 하나님의 이름으로 체결하시고(창 17:1-2), 싸움에 능한 전사인 만군의 여호와의 이름으로 언약을 이루시기 위해 싸우시며(사 37:32; 43:16-21), "나는 나다"(출 3:14)이신 여호와의 이름으로 언약을 성취하신다(출 15:1-3, 13). 하나님은 처음부터 끝까지 언약을 지켜 자기 백성을 구원하기를 기뻐하신다(렘 31:31-34).

특별히 하나님은 자기 백성과 언약을 맺으심에 있어서 아버지(신 32:6; 사 63:16), 왕(시 145:1), 남편(사 62:4; 호 2:19), 그리고 목자(시 23:1)가 되어 자기 백성을 자녀, 백성, 아내, 양으로 삼아 관계를 맺으시고 사랑으로 함께 하신다.

하나님의 은혜 언약으로 말미암아 그리스도 예수 안에 있는 자들은 죄의 속박에서 자유케 되어 하나님의 은혜로 영적으로 선한 것을 자유롭게 결심하며, 즉 의지의 자유를 따라 행할 수 있게 된다(빌 2:12, 13; 웨민 9장 4항). 이에 인간은 힘과 뜻을 다하여 하나님과 이웃을 사랑하고 그의 나라와 의를 구하며 하나님의 뜻을 따라 사는 데 최선을 다해야 한다(마 22:37-40; 롬 12:2).

4. 중보자 그리스도에 관하여

삼위 하나님 가운데 제2위이신 성자 예수 그리스도는 하나님의 유일한 아들이시오(요 3:16) 유일하신 참 하나님이시며(요 1:18; 요일 5:20) 크신 하나님(딛 2:13; 롬 9:5; 벧후 1:1)이시다. 그는 실체와 권능과 영광에 있어서 성부와 동일 동등한 하나님이시다(요 5:18; 히 1:3; 빌 2:6; 웨민 8장 2항). 그러나 때가 차매 인간의 실체를 취하여 인간이 되셨다. 즉, 성령의 능력으로 동정녀 마리아의 태에서 그의 실체로 잉태되어 사람의 피와 살을 가지고 태어났다(요 1:14; 눅 1:35; 히 2:14).

성자 예수 그리스도는 온전한 두 개의 구별된 본성인 신성과 인성이 전환이나 혼동이나 분리 없이 결합 된바 참 하나님이시자 참 사람이시다. 그래서 그 분은 하나님과 사람 사이의 유일한 중보자이시다(딤전 2:5; 웨민 8장 2항). 이런 까닭에, 성자 예수 그리스도가 인간이 되던 때 신성을 포기했다고 주장하는 케노시스 이론을 반대한다. 또한 신적 영광과 권세를 포기하고 종의 형상으로 이 땅에 오셨다고 말함으로 케노시스 이론에 동조하는 잘못된 사상을 우리는 반대한다.

성결의 영이신 예수 그리스도는 성령으로 성화되고 한량없이 부음을 받아(롬 1:4; 행 10:38; 히 9:13-14) 은혜와 진리 및 모든 신성의 충만으로 충만하시고(요 1:14; 골 2:9), 성부 하나님으로부터 모든 권세(통치권, 통수권, 입법권, 사면권, 심판권, 마귀결박권 등)를 받으셨다(마 28:18; 벧전 3:22; 마 5:17; 마 12:8; 막 2:10; 요 5:22; 막 1:24; 골 2:15; 웨민 8장 3항). 그러므로 우리의 중보자이신 예수 그리스도는 선지자(행 3:22), 제사장(히 5:5-6), 왕(사 9:6-7)의 삼중직을 가진 구주이시다(딛 2:13; 벧후 1:1; 11; 웨민 8장 1항).

성부 하나님은 자기의 택한 백성이 예수 그리스도 안에서 성령으로 부르심을 받아 의롭다 함을 얻어 성화되고 영화롭게 되어 속량되게 하신다(롬 8:30; 고전 1:30). 이를 위해 예수 그리스도가 율법의 저주 아래 태어나게 하시고(갈 4:4) 율법에 순종케 하셨으며(마 5:17; 요 19:28-30; 히 5:8), 십자가에 못 박혀 죽으시고 무덤에 묻히시며 지옥에 내려가심으로(행 2:23-24) 우리의 죄를 위한 속죄제물이 되셨다(롬 3:25). 뿐만 아니라 죄의 저주와 형벌 및 사망의 고통까지 다 당하심으로(갈 3:13; 마 27:46; 행 2:24) 속량을 성취하셨다(롬 3:24).

그러나 그 분은 제3일에 죽은 자들 가운데서 다시 살아나(고전 15:4) 승천하여(행 1:9) 우리의 대제사장으로서 하나님의 은혜의 보좌 우편에 앉으셨다(엡 1:20). 거기서 우리를 위해 중보기도하심으로(롬 8:34; 히 7:25) 그가 성취한 속량이 효력 있게 하시고(히 9:26-28) 효과적으로 베풀어지도록 우리에게 성령과 성령의 은사들을 주신다(요 14:16; 행 2:38). 그리고 세상 끝날 때 사람들과 천사들을 심판하시기 위하여 다시 오실 것이다(행 10:42; 마 25:31, 46; 웨민 8장 4항).

주 예수 그리스도는 이처럼 자신의 몸을 속죄제물로 내어 주심으로 성부 하나님의 공의를 만족시켜 하나님의 택한 백성을 값으로 사셨다. 이로 인하여 죄사함과 의로움을 얻어 하나님과 화목하게 되셨을 뿐 아니라 하늘나라의 상속자가 되게 하셨다(롬 3:25-26; 행 20:28; 고전 6:20; 롬 14:17; 히 9:15; 웨민 8장 5항). 이와 관련하여 사탄의 지배에서 우리를 해방시키기 위해 사탄에게 그리스도가 댓가로 자신의 몸을 제물로 드렸다고 하는 사탄배상설을 거부한다.

그러므로 성자 예수 그리스도 외에는 하나님과 사람 사이에 결코 다른 중보자가 없다. 그분을 통하지 않고서는 아무도 하나님께 나아가 화목하게 될 수가 없고(요 14:6), 그분의 이름이 아니고서는 구원을 얻을 수가 없다(행 4:12).

우리는 예수 외에 다른 구주를 인정하는 어떠한 형태의 이단이나 종교혼합주의뿐 아니라, 예수님의 신성을 부인하는 역사적 예수(historical 또는 historic Jesus)를 거부한다. 또한 "예수님이 세상의 구주(요 3:16)이시다"

하여 모든 세상 사람들이 믿음과 회개함 없이도 자동적으로 구원을 받는다고 하는 인본주의 사상을 거부한다. 우리는 참 하나님이요 참 사람이신 예수 그리스도만이 오직 우리의 구주이시요 중보자이시며, 친구요 형제이시고(요 15:15; 히 2:11), 선한 목자(요 10:11)이심을 믿고 전파한다. 또한 예수 그리스도가 통치하는 나라가 이 땅 위에서 확장되고 선포되기를 위해 힘쓰며 소망한다.

지금 하나님 보좌 우편에 영광과 권능 가운데 계시는 예수 그리스도는 십자가에서 죽으심으로 친히 사탄을 무력화시키고 승리하셨다(골 2:15). 그는 중보기도하심으로 하나님의 택한 백성들이 죄와 죄의 실체요 조성자인 사탄 마귀와 악한 영들을 대적하여 승리하게 하셨다(롬 8:34-35). 또한 그가 말씀을 통하여 구원의 비밀들을 지금도 계시하고 계심으로(갈 1:11-12; 엡 1:17; 참고, 요 16:13; 고전 2:10), 우리는 죄와 사탄 마귀를 대적하여 싸울 뿐만 아니라(약 5:7; 벧전 5:8-9), 구원의 복음을 더욱 깊이 깨달아 힘써 전파해야 하는 것이다(딤후 4:2; 웨민 8장 8항).

5. 성령과 구원에 관하여

삼위 하나님 가운데 제3위이신 보혜사 성령님은 성부와 성자로부터 나오시는바(요 14:16; 16:7) 생명의 영(롬 8:2)이요 양자의 영(롬 8:15-16)이다. 뿐만 아니라, 믿음의 영(고후 4:13)이요 회개의 영(슥 12:10)이다. 그는 우리가 예수를 그리스도와 주님으로 믿어 고백케 하고(고전 12:3) 회개케 하여(행 2:38) 예수 그리스도와 신비한 연합을 이루어 그의 몸의 지체가 되게 하신다(고전 12:27; 엡 4:16; 요 15:5).

예수 그리스도와 신비한 연합을 이루어 그 분 안에 있는 자마다 믿고 회개하여 의롭다 함(칭의)을 받을 뿐 아니라(롬 3:24-25) 성화된다(롬 6:4,

22). 이 칭의와 성화는 햇빛과 햇볕의 경우처럼 구별은 되지만 분리될 수가 없다. 즉, 칭의와 성화는 동시적이요 항상 함께 하여 구원의 전 과정을 포괄하는 까닭에, 칭의 없는 성화가 없고 성화 없는 칭의가 없다(칼빈, 『기독교강요』 Ⅲ. ⅹⅵ.1, 9).

우리의 믿음은 하나님과 예수 그리스도를 아는 지식과 복음에 대한 찬동과 순종하는 신뢰의 단계적 요소들을 포함 하는 바 우리의 전 생애에 걸쳐 지속된다(딤후 4:7). 그 믿음으로 말미암는 칭의에는 실제적 칭의(창 12:1-9; 히 11:8)와 선언적 칭의(창 15:6; 롬 4:3)와 증명적 칭의(창 22:12; 롬 4:21-22; 히 11:17)가 있다. 그리고 성화에는 확정적 순간적 성화(롬 6:7-11)와 점진적 성화(롬 6:13, 19; 엡 4:23; 골 3:10)가 있다(참고, 웨민 11장; 13장).

우리의 믿음은 우리의 심령 속에서 역사하는 그리스도의 영, 곧 성령의 사역이며, 통상적으로 복음의 말씀과 성례 집행과 기도에 의하여 증가되고 강화된다(웨민 14장 1항). 특별히 기도는 믿음의 가장 주요한 훈련이므로(칼빈, 『기독교강요』 Ⅲ. ⅹⅹ.1) 우리는 성령으로 더욱 힘써 항상 기도해야 한다(마 26:41; 엡 6:18; 살전 5:17). 우리의 신앙의 주요한 행위는 성화와 영생을 위하여 오직 예수 그리스도만을 받아들이고 영접하고 의존하며(요 1:12; 갈 2:20) 하나님의 명령의 말씀에 순종하고(롬 1:5; 16:26) 경고의 말씀에 대해서 삼가는 것이다(시 119:101; 사 66:2; 웨민 14장 2항).

생명에 이르는 회개 또한 성령의 사역으로, 우리가 하나님께 회개하면 죄의 형벌적 요소인 죄책이 용서되어 예수 안에서는 정죄와 심판이 없게 된다(시 51:1; 롬 8:1; 요 5:24). 죄의 도덕적 성품적 요소인 오염을 일으키는 정욕도 파괴되고 점차 약해져 줄어든다(갈 5:24; 롬 8:13; 웨민 13장 1항; 15장 3항).

참된 칭의와 성화를 위해서는 지속적인 믿음과 회개가 있어야 하는 바, 우리는 계속해서 죄를 낱낱이 고백해야 한다(시 19:13). 그리고 회개하여 용서받은 죄에 대해서도 죄용서의 은혜를 알고 감사해야 하는 것이다. 그러나 우리 안에 있는 부패와 정욕(롬 7:18; 8:7)으로 인한 죄 및 죄의 가책성(culpability of sin)을 인하여(시 51:3-5) 계속해서 죄용서를 구해야 한다(웨민 11장 5항).

참된 회개에는 마귀의 올무에 사로잡혀 그의 뜻을 좇던 데서 돌이켜(딤후 2:26) 하나님의 뜻에 순종하여 살고자 하는 간절함과 열정과 열심이 있어야 하고 죄를 슬퍼하고 미워하는 분개가 있어야 하는 것이다(고후 7:11; 참고, 웨민 13장 2항). 또한 죄가 육체의 질병과 가정의 파괴와 자연의 황폐를 결과 시킨 까닭에, 육체의 치유와 가정의 회복 및 자연 환경 개선을 위해 육체의 정욕과 탐욕을 십자가에 못 박고 성령으로 행하여 더욱 더 성화되어야 한다(갈 5:24-25).

그러므로 구원파가 주장하는 것처럼, 중생한 자는 그리스도 예수의 보혈의 공로로 죄사함을 받았기 때문에 인간의 영은 범죄 하지 않으며, 따라서 죄용서를 구하는 회개가 필요 없다고 해서는 안 된다. 그리고 한번 회개하여 용서 받은 죄에 대해서는 회개할 것이 없다고 주장해서도 안 된다.

예수를 그리스도로 믿고 회개하여 그 분과 신비한 연합을 이루어 그 분 안에서 의롭다 함을 받고 성화되어 영생을 얻는 자마다 하나님의 자녀의 권세와 자유를 얻어(요 1:12) 하나님의 나라에서 왕 노릇하고 죄의 종노릇을 하지 않는다. 그러므로 하나님의 자녀 된 자마다 하나님의 나라와 그의 의를 구하여 살고(마 6:33), 세상의 빛과 소금이 되어야 하는 것이다(마 5:13-14). 이로써 세상에 빛을 발하고 하나님의 덕을 선전하며(벧전 2:9) 하나님께 영광을 돌려야 한다(마 5:16; 엡 5:8-10).

6. 교회와 하나님의 시작된 나라에 관하여

　예수 그리스도를 믿어 그 분과의 신비한 연합을 통해 하나의 몸을 이룬 자들에게 하나님은 성령으로 세례를 베풀어(고전 12:13) 하나님의 가족으로 삼으셨다. 하나님은 그리스도 예수를 머리로 삼고 사도들과 선지자들을 터로 삼으며 감독과 목사와 장로와 집사를 마디와 힘줄로 삼아(엡 2:19-22; 4:11; 골 2:19; 딤전 3:2, 8; 딛 1:15) 교회를 세우셨다. 그래서 하나님은 성도들이 그리스도의 몸이요 성령의 전인 교회 안에서 구원과 영생을 얻게 하셨다(웨민 25장 1, 2항).

　성령 세례를 통하여 교회를 세우실 뿐 아니라(참고, 행 2:1-4; 19:1-7), 예수를 믿는 자마다 그의 지체로서 몸에 속하게 하신(고전 12:12-14, 27) 하나님은 성령으로 그리스도의 교회와 그의 지체된 성도를 역동적으로 충만하게 하여(행 2:4; 4:8; 10:44-48; 13:9) 성령의 은사들을 주시어 교회가 튼튼하게 성장하고 부흥하게 하신다(행 6:7; 9:31; 16:5; 19:20; 고전 12:25). 이런 까닭에, 성령세례를 구원론적으로 중생과 동일시하는 것을 삼간다.

　성령의 은사로는 교회의 직분과 관련해서 사도, 선지자, 복음전도자, 목사와 교사, 장로와 집사가 있다(고전 12:28; 엡 4:11). 능력적인 은사로는 병 고침, 능력 행함, 기적 행함, 악령을 쫓아내는 일 등이 있다. 도덕적인 은사로는 섬김, 구제, 긍휼을 베푸는 일 등이 있다. 기능적인 은사로는 가르치는 일, 영 분별, 지혜의 말씀, 지식의 말씀, 다스리는 일 등이 있다. 그리고 언어적인 은사로는 예언, 방언, 방언 통역, 권면하는 일 등이 있다(롬 12:6-8; 고전 12:8-10; 행 5:16; 19:12).

　이 성령의 은사는 성령께서 원하시는 대로 믿음의 분량을 따라 각 사람에게 나누어 주시되(고전 12:11), 이 은사를 사모하게 하신다(고전 12:31; 14:1-5). 그리고 교회 안에서 직분자들의 모임에서 안수 기도함으로(행 8:17-18; 딤전 4:14), 또는 복음사역자의 안수 기도로(딤후 1:4 참고, 롬 1:11), 또는 복음 선포를 통하여(행 10:44-46) 나누어 주신다.

어떤 이들은 하나님의 계시가 성경으로 완결됨에 따라 그 계시를 확증하기 위한 표지(sign)로 주어졌던 이적적 은사들(예; 병 고침, 마귀 쫓아냄, 능력 행함)과 함께 계시적 은사인 예언의 은사와 언어적 은사인 방언의 은사 등이 사도 시대 이후로는 중지되었다고 주장한다. 그러나 지금도 중보자 그리스도께서 구원의 비밀들을 계시해 주고 있으시다(갈 1:11-12).

하나님이 성령의 은사들을 주시는 목적은 교회 안에서 성도들 간에 서로 섬기어 교회를 건강하게 성장케 하려는 것(고전 12:7; 엡 4:12)이다. 그러기 때문에 하나님께서는 교회를 위해 열거된 은사들을 지금도 여전히 주심을 우리는 확신한다. 이런 까닭에, 우리는 은사중지론을 받아들이지 않는다.

하나님께서는 성령의 역동적 충만을 통하여 성령의 은사들을 나누어 주실 뿐 아니라, 성령의 상태적 지속적 충만을 통하여 열매들(사랑, 기쁨, 화평, 오래 참음, 친절, 선함, 충성, 온유 및 절제)을 맺게 하신다(갈 5:22-23). 이 성령의 열매는 육체의 정욕적인 일들(음행, 방종, 우상 숭배, 술 취함, 방탕, 시기, 분노 등)과 상반되는 것들(갈 5:19-21)로 하나님 나라를 상속 받게 해준다(갈 5:21 하반절). 그러므로 성령 세례를 받아 예수 그리스도의 것이 된 성도마다 성령충만하여 성령의 열매를 맺을 뿐 아니라, 성령의 은사들을 받아 그리스도의 몸된 교회를 건강하게 성장케 하고, 하나님의 나라의 백성으로서 권세와 자유를 누리되 책임을 다해야 하는 것이다.

하나님의 가족이요 백성이며, 그리스도의 몸이요 성령의 전으로서 영적 유기체요 성도들의 교제의 공동체인 교회는 하나님의 나라의 대행이다(벧전 2:9; 웨민 25장 2항). 이 교회는 또한 믿음과 사랑의 훈련장으로서 제도적 조직이다. 그래서 이 교회에는 그리스도의 삼중직(선지자, 제사장, 왕)과 관련하여 하나님의 진리의 말씀을 수호하고 연구하며 전파하는 교리권(딤전 1:20; 딤후 4:2)이 있고, 교인과 직원의 자격과 공예배의 방식 등을 제정하고 교리적 이단이나 윤리적 범죄를 책벌하는 치리권(딤전 3:1-13; 마 18:15-18)이 있으며, 병자들을 위로하거나 치유하며 가난한 자들을 구제하는 봉사권(약 5:14-15; 행 20:35) 등이 있다. 그래서 교회의 삼중의 표지로는 복음진리의 말씀의 선포와 성례의 시행과 권징이 있는 것이다(웨민 25장 3, 4항; 26장 2, 3항; 30장 2항).

그리스도의 교회에는 권세와 함께 몇 가지 주요한 사명과 책임이 있다.

첫째, 예배의 사명이다. 하나님은 자기의 백성들이 교회를 이루어 성령과 진리로 예배하는 것을 기뻐하신다(요 4:23).

둘째, 복음선포의 사명이다. 복음의 진리를 가르치고 전하며 선교해야 한다(마 28:20; 행 1:8; 딤후 4:2).

셋째, 교제의 사명이다. 성령으로 서로 교제하며 사랑을 나누어야 한다. 병든 자들을 위하여 기도하고 슬픔과 기쁨을 함께 나눈다(갈 6:2).

넷째, 봉사와 구제의 사명이다. 굶주린 자들을 보살피고 연약한 자들을 섬겨준다(행 2:44-45; 롬 15:1-2).

다섯째, 정의 실천과 사회적 책임이다.

경제 제국주의와 다국적기업의 횡포로부터 해방된 사회주의적 사회 건설을 주장하는 남미의 해방신학을 반대한다. 경제적 재분배를 통한 평준화와 정치 민주화된 사회를 하나님 나라로 알고 목표로 삼은 한국의 민중신학도 반대한다. 또한 하나님과의 수직적 화목을 통해 얻는다고 하는 개인적 영혼 구원과 심령 천국을 강조하는 신근본주의도 반대한다.

우리는 공의와 정의와 공정을 인애와 은혜와 긍휼로 실천하고(잠 1:3; 2:9; 20:28; 21:21), 사회복지, 공정한 임금, 과소비 억제, 환경보호, 전쟁 예방, 건전한 문화 창달 등 사회적 문제에 관심을 갖고 성경적 방법으로 참여해야 한다. 그리고 교회는 세속 권세들에게 복종하고 존경하며 세상 나라 백성으로서 각종 의무(국방, 납세 등)을 다해야 한다(롬 13:1-7). 그리고 세속 나라와 권세들을 위해 중보 기도함으로(딤전 2:2-3) 세속 가운데 하나님의 나라가 확장되게 할 책임이 있다.

이로써 그리스도께서 이미 이룩하신 하나님의 시작된 나라(눅 17:21)를 교회가 더욱 힘써 확장하여 성령으로 의와 기쁨과 평화의 나라를 나타내고 선포해야 하는 것이다(롬 14:17). 하나님의 나라의 구현을 위하여 교회는 성령의 하나 되게 하심 곧 연합을 위해 힘써야 하며(엡 4:3), 그리스도 안에서 인종과 문화와 정치의 벽을 허물고 화목해야 한다(엡 2:16-17). 특별히 다른 교단의 교회들과의 영적 연합과 협력을 통해 북한선교와 통일 및 세계선교의 과업을 이루는 것이 한국 교회의 사명이요 책임이다.

7. 종말과 하나님의 미래적 나라에 관하여

역사의 주재는 하나님이시요, 하나님의 역사의 중심은 예수 그리스도이며, 역사의 동력과 정신은 성령님이시다. 하나님은 예수 그리스도를 중심으로 하여 성령의 동력으로 역사를 성취하며 완성해 가시기 때문에, 역사는 본질적으로 구속적이요 종말론적이다.

하나님은 때가 차매 말세에 예수 그리스도를 이 땅에 보내시어 하나님 나라를 시작하셨다(갈 4:4; 막 1:15). 그의 복음사역을 통하여 사탄의 권세가 결정적으로 무력화되었다(눅 10:17-20; 골 2:15). 그리고 회개와 믿음을 통한 용서(눅 17:1-6)와 섬김과 치유사역(눅 17:7-19; 참고, 막 1:21-34)과 복음전도(막 1:35-42)를 통하여 하나님 나라가 이미 시작된 것이다(눅 17:21).

이 하나님의 나라는 교회 안에 임한 은혜의 나라로서, 성령 안에서 화평의 일과 덕을 세우는 일을 통하여 이루어지는 바 의와 평화와 기쁨의 나라이다(롬 14:17-19). 그러므로 교회는 성령의 은사와 열매를 동력으로 삼아 그리스도가 이미 세우신 하나님 나라를 세상을 향해 확장하고 선포해야 하는 것이다. 이와 관련하여 우리는 현실 세계만을 알고 강조하는 세속적 자유주의를 반대한다. 뿐만 아니라, 개인의 사후세계와 예수 재림 이후의 내세적 신천신지만을 강조하는 일방적 타계주의의 신근본주의를 반대한다.

그러나 하나님의 나라는 그리스도가 영광스럽게 재림하는 날 최후의 심판을 통해 이루어지게 되어있다. 아직 오지 아니한 하나님의 미래적 나라는 내세, 즉 마지막 날에 심판주이신 그리스도가 영광과 권능 가운데 오심으로 임하게 되는 것이다(행 1:11; 살전 4:16; 고후 5:10; 계 20:13). 그러므로 하나님의 미래적 내세의 나라는 온 세상에 임하는 권능의 심판의 나라이다.

그리스도가 심판주로 재림하시는 그 마지막 날에 사람마다 그 행위대로 갚으신다(롬 2:6). 불신자들은 심판을 받아 영원한 지옥의 형벌에 처하게 된다. 신자들은 영생의 부활을 통해 새 하늘과 새 땅에서 상급과 함께 생명의 의와 영광의 면류관을 쓰고서 영원한 생명과 기쁨을 누리는 가운데 왕노릇하게 된다(계 7:14-17; 21:3-4; 22:1-5; 약 1:12; 벧전 5:4; 딤후 4:8; 웨민 33장 1, 2항).

결국은 성도마다 참고 선을 행하면서, 영광과 존귀의 하나님과 그의 나라와 의를 구하며 살되(롬 2:7) 주 예수 그리스도의 재림을 앙망하고 준비하며 기다려야 한다(계 22:20; 웨민 33장 3항). 그리고 성령과 하나님의 말씀과 기도를 통하여(갈 5:16; 24-25; 살전 5:17-20; 딤전 4:5) 자기를 부인하고 날마다 십자가를 지는 가운데(마 16:24) 하나님의 은혜의 보좌와 그의 영광을 바라고 즐거워해야 한다(롬 5:2). 특별히, 복음이 온 땅에 전파되는 때에 그리스도가 재림하실 것이기 때문에(마 24:14) 교회는 복음을 온 세계에 전하라는 그리스도의 명령대로(마 28:19-20; 행 1:8) 복음전도와 세계선교에 전심전력해야 한다.

2부 신학사상 검증보고서

제3장 평강제일교회 박윤식 목사의 신학사상 검증보고서
제4장 다락방전도운동 류광수 목사의 신학사상 검증보고서
제5장 영성훈련원 박철수 목사의 신학사상 검증보고서

부록1: 박윤식 목사 프로필 및 저서 소개
부록2: 류광수 목사 프로필 및 저서 소개
부록3: 박철수 목사 프로필 및 저서 소개

제3장
평강제일교회 박윤식 목사의 신학사상 검증보고서[1]

I. 개신대학원대학교의 검증보고서

1. 개신대학원대학교의 질의서

 1983년 「현대종교」(3월호, 발행인 탁명환)가 "말씀의 아버지 박윤식 목사 그는 과연 이단인가?"라는 기사를 계기로 하여, 탁명환 살해 사건(1994년)으로 말미암아 평강제일교회의 박윤식 원로목사의 이단시비 문제가 증폭되었고, 최근 총신대학교 신학대학원 교수회의 박윤식 신학사상 연구위원회(위원장 서철원)가 발표한 "평강제일교회 박윤식 씨에 대한 연구보고서"(2005년 8월 31일)와 대한예수교장로회(합동) 서북노회의 "평

---

[1] 평강제일교회 고(故) 박윤식 목사의 신학사상 검증은 2009년에 개신대학원대학교의 기독교신학검증위원회가 먼저 하였고 후에는 2012년에 국제크리스챤학술원(원장 예영수) 신학사상검증위원회가 한 바 있다. 또한 한국기독교총연합회도 2013년에 평강제일교회의 재심 요청에 따라 검증하였다. 한기총의 검증보고서를 본서에 채택하지 않은 것은 편저자가 검증 작업에 참여하지 아니했고, 내용에 있어서 이전의 보고서들과 차이가 거의 없기 때문이다. 박윤식 목사는 이단 연구가로 잘 알려진 고(故) 탁명환 소장과 최삼경 목사 그리고 총신대학교의 박용규 교수 등에 의하여 단정되어 통합과 합동교단 등에 의해 교단 차원에서 이단으로 결의된 바 있었다. 그러나 탁명환과 최삼경 등이 전도관의 박윤식(朴允植)을 평강제일교회의 박윤식(朴潤植)으로 조작하여 헐뜯어 이단시비를 하였던 까닭에 2015년 1월 23일에 대법원에서 최종적으로 패소하였다. 이로써 박윤식 목사는 처음부터 이단이 아닌 것으로 판명되었다. 최삼경도 대법원의 판결을 수용하여 공개적으로 잘못을 사과하였다.

강제일교회 박윤식 원로목사의 이단성 여부에 관한 보고서"(2005년 7월 10일)를 통해서 논란이 가열되었습니다.

박윤식 원로목사는 최근에 저술한 『창세기 족보』(서울: 휘선, 2007), 『잊어버렸던 만남』(휘선, 2008), 『언약의 등불』(휘선, 2009), 그리고 『신비롭고 오묘한 섭리』(휘선, 2009)를 통해서 성경을 구속사적 관점에서 해석하고 웨스트민스터신앙고백에 근거한 개혁주의 신학을 믿고 따른다는 사실을 밝힌 바 있습니다. 또한, 평강제일교회가 금년에 전도와 양육을 위해서 발행한 『삶이 열리는 축복』과 『하나님과 동행하는 삶』(조요셉, 헵시바선교회)은 개혁주의 신학을 반영하고 있습니다.

그러나 박윤식 목사의 이단시비의 단초를 제공한 설교 "씨앗 속임"(1981년 7월 5일)과 대학생선교부의 『말씀에 이르는 단계』(영문판, *The Step to the Word*, 이 책자는 1995년 당회 결의로 사용 금지됨)와, 평강제일교회가 발행한 「참평안」에 실려 있는 "예수님을 알자"라는 만화, 그리고 박윤식 목사가 엮은 『말씀의 승리가』 등을 보면 성경해석뿐만 아니라 그 같은 해석에서 비롯된 신학적 교리적 오해 소지가 있는 요소들이 발견됩니다.

이에 개신대학원대학교 교수회는 "기독교신학검증위원회"를 구성하고 "기독교 이단판단의 기준"을 마련하여, 이 기준에 근거해서 박윤식 원로목사의 신학사상에 대한 이단시비를 확실하게 판단하고자 아래와 같이 질의하오니, 상세한 답변을 주시기 바랍니다. 주님의 은총과 평안이 귀 교회와 박윤식 원로목사님 위에 함께 하시기 기원합니다.

– 아 래 –

I. 자료에 대한 질의

1. 『말씀에 이르는 단계』(영문판, *The Step to the Word*)

이 책자는 귀 교회가 1995년 당회 결의로 금지하였고, 2009년 10월 18일자 교회 주보를 통해 이 사실을 확인하였습니다.
 1) 이 책자를 당회가 결의하여 금지한 일자가 몇 월 며칠입니까?
 2) 이 책자를 제작한 학생이 권징조례 42조에 따라 제명 출교되었다고 하였습니다. 그렇다면,
  첫째, 이 책자(영문판, 한글판 모두)가 각기 어느 시점에 만들어졌으며
  둘째, 어떤 학생 또는 학생들에 의해서 어떤 목적으로 제작되었으며
  셋째, 대학부 안에서 얼마 동안 사용되었습니까?
  넷째, 이 책자의 초두에 실린 박윤식 원로목사의 설교 "일어나라, 함께 가자"(영문, "Arise and Let us be Going")는 박 목사님이 직접 하신 설교가 맞습니까?
  다섯째, 이 책자를 귀 교회가 소송과 관련하여 법원에 자료로 제출한 일이 있다면 언제 했습니까?
  여섯째, 이 책자의 내용은 귀 교회의 "십단계 말씀공부" 교재와 부분적으로 일치하지 않습니까?

2. "예수님을 알자"라는 제목의 만화

이 만화는 귀 교회가 발행한 「참평안」(pp. 14-17)에 실린바 있습니다.
 1) 이 만화가 실린 「참평안」의 발행 일자는 언제입니까?
 2) 「참평안」에 실린 글들을 쓰신 분들이 사회적으로도 저명한 것으로 보아 이 책자가 중요한 간행물로 보이는데 사실입니까?
 3) 만화를 작성한 박진규 성도는 귀 교회에 출석한 지 얼마나 되었습니까? 현재 연령은 얼마입니까?

3. 『말씀의 승리가』

이 복음송 책자는 1963년에 박윤식 목사가 작사하여 엮은 것으로 교회명이 일석장로교회이던 시기에 사용되었습니다.
 1) 이 복음송 책자는 얼마 동안 사용되었으며, 지금도 부분적으로나마 사용되고 있습니까?
 2) 이 복음송 책자에 실린 "제야의 아버지를 맞음"(1963년 12월)은 박윤식 목사님이 직접 지은 시입니까?

II. 신학사상에 관한 질의

1. 성경과 계시와 관련하여

1) 박윤식 목사는 1961년부터 3년 6개월간 지리산에서 말씀을 묵상하고 금식기도하는 가운데 성령의 조명으로 성경에 기록된 하나님의 말씀

을 아주 깊이 깨닫게 되었다고 하였습니다(『신비롭고 오묘한 섭리』, p. 20). 그러나 박 목사님의 "씨앗 속임" 설교에 보면, "창조 이후로 오늘까지 전 세계에 공개되지 않은 것(즉, 말씀의 비밀)을 제가 공개하겠습니다"라고 하였고, 다른 곳에서는 "예수님의 사생애와 공생애에 대한 선명한 그림을 계시받았다"("십단계 말씀공부," p. 79), 또는 "고달픈 동방 이 기슭에 외로이 오신 아버지"(『말씀의 승리가』 가운데, "제야의 아버지를 맞음")라고 하였는데, 이와 같은 표현들은 성경에 대한 성령의 조명으로 보기 어렵지 않을까요?

2) 박 목사님의 설교 "씨앗 속임"은 가인이 사탄 마귀의 씨, 곧 "다른 예수, 다른 영, 다른 복음"을 통해 마귀에게 속하게 된 것을 강조하기 위한 것이라고 하지만, 창세기 4:1, "내가 여호와의 도움으로 남자 아이를 얻었다"는 말씀을 이같이 해석할 경우, 하나님이 아벨이나 셈과 같이 여자의 씨(창 3:15)인 가인을 창조하셨다는 창조교리와 상충될 뿐 아니라, 가인과 그의 후손들이 전적으로 타락하고 부패하여 마귀의 자녀가 된 것은 아담의 원죄가 직접 간접으로 그의 후손들에게 전가되었다고 하는 바울의 원죄 전가 교리(롬 5:12 이하)와도 상충됩니다.

그리고 변찬린이 그의 『성경의 원리』에서 주장하는 씨앗 속임 교리를 부분적으로 수용한 것으로 볼 수밖에 없게 됩니다. 특별히, "가인은 하와의 육태 속에 마귀가 심어 놓은 씨"라는 표현을 바람난 여자가 남편 아닌 다른 남자와의 사이에서 얻은 씨에 대한 비유와 연결시키는 것은 통일교의 잘못된 교리를 연상케 하기에 충분합니다. 박 목사님은 자신의 설교 "씨앗 속임"에 대하여 지금은 어떻게 생각하고 있습니까?

3) 당회가 결의하여 금지한 『말씀에 이르는 단계』의 내용과 「참평안」에 실린 만화 "예수님을 알자"의 내용은 상당 부분이 일치합니다. 이 같은 내용은 박 목사님의 성경해석의 방법론과 관련이 있습니다. 즉, 박 목사님이 "진리"와 "말씀"을 인위적 자의적으로 구분한 데 원인이 있습니다. 만화의 내용은 다음과 같이 요약될 수 있습니다. "구원의 구체적인

방법은 사람의 부패한 마음 밭을 갈아엎는 것이요, 이는 말씀의 씨를 뿌리기 위함이었다.

그런데 구약의 선지자들은 말씀의 씨 대신 율법(또는, 진리)의 씨를 뿌리는 데 그쳤고, 세례 요한은 엘리야의 심령과 능력으로 말씀의 씨를 뿌리는 사명을 감당하고자 했으나 본격적인 사역을 하기도 전에 자신의 정치적 실수 때문에 살해당하고 말았다. 세례 요한의 뒤를 이은 예수님도 열두 제자들을 불러 말씀의 씨를 뿌리는 사역을 계속 하려 했으나 너무 힘들어 말씀보다 한 단계 낮은 진리를 전하다가 결국은 십자가를 지심으로 겨우 진리인 율법의 마침이 되셨고 말씀의 씨를 그의 보혈로 뿌리기 시작하는 데 그쳤다. 그래서 예수님은 마지막 때에 말씀의 씨를 온전히 뿌리기 위하여 재림하게 되신다. 그런 까닭에, 우리는 예수님이 재림하실 때 타고 오신다는 구름을 바라보는 대신에 말씀인 성경을 열심히 공부하여 말씀을 받아야 한다."

이 만화의 내용을 살펴보면, 구약의 성도들은 물론 신약의 성도들까지도 예수의 재림까지는 사실상 아무도 제대로 구원을 받지 못합니다. 그리고 좀 심하게 말하자면, 박윤식 목사님을 통해서 말씀을 배우지 아니하면 아무도 구원을 받지 못하게 된다고도 볼 수 있게 됩니다.

『말씀에 이르는 단계』(영문판, *The Step to the Word*)나 "예수님을 알자"라는 만화와 같은 것이 제작된 것은 그것들을 제작한 대학생이나 성도에게 문제가 있다기보다는 박 목사님이 "진리"와 "말씀"을 구분하여 가르침으로써, 구약시대나 신약시대를 막론하고 오직 예수 그리스도를 믿는 믿음으로만 구원을 얻는다는 성경교리를 결과적으로 간과한 데 있습니다. 이 점에 대해서 답변해 주십시오.

4) 창조의 연대를 어셔(1581-1656년)의 계산법에 따라 주전 4000년으로 주장하고, 6000년의 역사를 인류의 전역사로 간주하여 지금을 문자적으로 "끝날"로 보는가 하면, 이와 관련하여 하나님이 이 끝날에 말씀의

아버지로 한국 민족에게 나타나시어 새로운 종교운동을 시작하셨다고 박 목사님은 처음부터 지금까지 가르치고 계십니다.

그러나 이와 같은 해석은 박 목사님 개인이 가지고 있는바 한국 민족에 대한 하나님의 특별한 시대적 소명의식과 애국애족의 충정에서 비롯되었다고 생각되지만, 이것은 전형적인 세대주의적 신학이요, 1990년 초반에 발흥했던 시한부 종말론이나 이미 오래 전에 주장된 바 있는 나운몽과 박태선의 한국 민족선민사상과 맥을 같이 합니다. 이와 같은 해석은 성경에 대한 언약적 구속사적 해석으로 보기 어렵습니다. 이 점에 대하여 답변해 주십시오.

2. 삼위일체 하나님과 관련하여

1) 박 목사님은 성부 하나님을 특별히 말씀 아버지로 표현하고 있습니다. 그런데, 예수 그리스도에 대해서는 말씀의 씨를 뿌리는 자로 말씀하십니다(참고, 마 13:18-23). 그러나 성경은 예수 그리스도가 본래 유일하신 하나님이시오, 하나님 아버지를 계시하신 말씀 자체라고 가르칩니다(요 1:18). 그리고 성령을 진리의 말씀의 영으로 가르칩니다(요 16:13). 말씀을 삼위일체 하나님과 관련하여 균형 있게 이해하고 가르치는 것이 좋지 않을까요?

2) 삼위일체 하나님에 대하여 성도들에게 가르칠 때, 박 목사님이 즐겨 사용하시는 예화가 있다면 하나만 소개해 주십시오.

3. 인간과 관련하여

1) 하나님의 형상에 대하여 박 목사님이 어떻게 가르치고 계시는지 간단하게 대답해 주실 수 있습니까? 관련된 자료를 말씀해 주셔도 됩니다.

2) 아담의 원죄의 전가 교리에 대하여 박 목사님은 어떻게 가르치십니까? 간단한 대답이나 관련된 자료를 말씀해 주십시오.

4. 그리스도와 관련하여

1) 예수 그리스도가 본래 참 하나님이시오, 하나님의 말씀 자체요, 복음의 진리이시며, 죄인들을 위해 구원을 완전하게 성취하셨으며, 하나님 나라를 이미 세우셨음을 믿으십니까?

2) 예수 그리스도의 사역 가운데 하나님께서 세례 요한에게 본래 하도록 하신 일을 다 마치지 못했기 때문에 그 일을 계속하여 마무리하셔야 했던 일이 있습니까?

3) 예수 그리스도는 십자가 상에서 하신 일곱 마디의 말씀을 통해서 말씀의 씨를 뿌리기 시작하셨습니까? 아니면, 공생애를 시작하시던 바로 그 순간부터 줄곧 말씀 곧 복음의 진리의 씨를 뿌리셨습니까?

4) 죄인들이 "그리스도의 피로 죄 씻음을 받아 구원을 얻는다"고 말할 때, 그의 피 안에 말씀이 들어 있기 때문입니까? 아니면 그의 피 자체에 능력이 있기 때문입니까? 왜 그의 십자가는 하나님의 능력이요 지혜입니까?

5) 예수 그리스도께서 십자가에 못 박혀 죽으신 것은 하나님의 미리 정하신 뜻이었습니까? 아니면, 하나님께서는 다른 방법으로도 구원을 성취하실 수 있었습니까?

6) 재림주이신 예수 그리스도가 구름을 타고 영광과 권능 가운데 모든 사람들이 눈으로 동시에 볼 수 있게 다시 오실 것을 믿고 가르치십니까?

5. 성령과 관련하여

1) 성령이 진리의 영이요 말씀의 영이심을 믿습니까? 성령께서는 그리스도가 부활하신 이후 진리의 말씀을 친히 선포하고 계심을 믿습니까?
2) 성령이 복음의 말씀을 전하시어 예수를 그리스도로 믿고 고백케 하심을 믿습니까?
3) 박 목사님께서 성령의 은사들 가운데 특별히 강조하시는 것이 있으십니까?

6. 구원과 관련하여

1) 종교개혁의 가르침대로, 오직 은혜, 오직 믿음, 오직 그리스도로 말미암아 의롭다 함과 거룩함을 얻어 죄인들이 구원 받는다는 것을 믿고 가르치십니까?
2) 성령께서 복음의 진리의 말씀을 가지고 죄인들을 예수 그리스도와 연합되게 하여 구원하신다는 것을 믿고 가르치십니까?
3) 구원은 우리의 심령이나 영혼 속에서만 이루어집니까? 아니면 우리의 몸과 삶의 모든 영역(정치, 경제, 사회, 문화 등)에서 이루어집니까? 심령천국과 영혼구원을 주로 가르치십니까? 아니면 세상 속에 임한 천국과 영육통일체로서의 몸의 구원을 가르치십니까?

7. 교회와 관련하여

1) 교회의 표지와 권세 가운데 대표적인 것이 말씀 선포입니다. 이 교회가 구약에서는 광야교회로 존재했습니다. 신약에서는 성령께서 그리스도의 몸이요 성령의 전인 교회를 세우셨습니다. 그러므로 신구약 시대를 통해서 하나님은 교회로 하여금 하나님의 말씀을 선포하셨고, 이 말씀을 통해서 하나님의 택한 백성들이 예수를 그리스도로 믿어(참고, 롬 4장; 갈 3:8, 16; 히 11장) 구원을 얻게 하셨고, 하나님 나라의 백성이 되게 하셨습니다. 세상의 마지막 때에만 말씀이 선포된 것이 아닙니다. 박 목사님은 말씀의 씨의 전파를 지나치게 마지막 때에 국한시키고 있습니다.

이와 같은 박 목사님의 해석이 신구약 성경에 대한 구속사적 해석과 일치된다고 보십니까?

2) 교회는 하나님의 가족입니다(엡 2:19). 그러므로 하나님 앞에서는 인종이나 성별, 출신 지역에 따라 차별이 있을 수 없습니다. 누구든지 예수 그리스도 안에서 새 이스라엘입니다. 모두가 하나님의 선민입니다. 구약의 이스라엘도 선민 중에 하나일 뿐입니다(참고, 롬 11장 감람나무 접붙임의 비유).

그렇다면, 한국의 교회와 민족만이 마지막 때에 하나님의 특별한 선민일 수 있다고 보십니까?

8. 종말과 관련하여

1) 종말을 나타내는 성경의 용어로는 영어로 "at the end of the ages"(히 9:26), "last days"(행 2:17; 딤후 3:1; 히 1:2)와 "at the end of the age"(마 13:39-40), "the last day"(요 6:39; 11:24) 등이 있습니다. 앞의 둘은 이미 시작된 종말을 가리키고, 뒤의 둘은 미래적 종말입니다. 그러므로 예수 그리

스도의 초림과 함께 이미 종말이 시작됨으로 역사가 성취되었고, 그의 재림과 함께 역사가 심판을 통해 완성됩니다. 박 목사님은 구속사적 해석에서 이와 같은 이중적 종말을 어떻게 가르치십니까?

  2) 예수 그리스도의 재림의 방식에 대하여 어떻게 가르치고 계십니까? 영광과 권능 가운데 초자연적이고 가견적 방식으로 오신다고 가르치십니까? 아니면, 그가 초림시 이루고자 하셨던 말씀 사역의 종말적 완성을 위해 말씀을 통해서 오신다고 믿습니까?

9. 귀 교회의 성명서와 관련하여

  1) 귀 교회는 2005년 7월 11일 자로 "한국 교회의 가르침을 무릎으로 받겠습니다"는 성명서를 통해서, 성경에 대한 영적 해석의 강조로 빚어진 표현의 미숙함을 언급하였는데, 구체적으로 무엇을 가리킨 것입니까?

  2) 귀 교회는 그 성명서에서 성경에 대한 신학적 교리적 해석에 있어서 잘못이 있다면 과감하게 바로잡겠다고 표명하였습니다.

  신학적 권위와 공신력이 있는 기관(신학대학원 또는 신학회 등)이나 위원회(교단의 신학위원회 등)가 잘못을 지적할 경우 바로잡고 귀 교회 안에서 가르칠 의향이 있는지요?

2. 개신대학원대학교의 검증보고서

  최근 한국 교회 안에서 자의적 판단에 따른 이단 논쟁 시비로 인한 여러 혼란을 막고자 구성된 개신대학원대학교 기독교신학검증위원회는 평강제일교회 박윤식 원로 목사의 신학사상을 다음과 같은 과정을 통해 검증하고 이에 보고합니다.

- 다 음 -

1. 신학검증 대상

주　　소 : 서울특별시 구로구 오류2동 147-76
소속 교회 : 평강제일교회
직　　위 : 원로목사
이　　름 : 박 윤 식(朴潤植)

2. 박윤식 목사의 이단검증의 필요성

박윤식 목사는 대한예수교장로회 합동보수 총회장을 역임한 목사였지만, 이단시비가 대두되자 총회 활동을 중지하고 있던 중, 대한예수교장로회 개혁교단을 중심한 9개 보수교단의 통합시 합동보수 교단이 개혁교단에 편입됨에 따라 그 교적은 자동적으로 대한예수교장로회 개혁교단 소속이 되었습니다.

시간이 흘러 개혁교단 내의 합동보수 출신의 증경총회장들을 비롯한 일부 목사들뿐만 아니라 상식 있는 한국 교계의 목회자들 가운데 박윤식 목사의 구명에 대한 동정적인 정서가 일어나고 있는 이 때에, 한국 교계의 검증받지 못한 "이단감별사"들에게 이단판단의 대임을 맡길 수 없다고 생각한 개혁교단의 증경총회장이요, 개신대학원대학교의 이사장 조경대 목사의 제의로 개신대학원대학교의 기독교신학검증위원회에서 이 문제를 검토하게 되었습니다.

3. 신학검증 과정

개신대학원대학교는 박윤식 목사에 대한 이단시비 문제를 검토하기 위하여 2009년 8월 19일 교수회의 논의를 시작으로 수많은 교수회의를 통하여 박윤식 목사의 이단시비의 발단과 그 과정을 파악하고 박 목사에 대한 광범위한 자료를 수집하였습니다.

수집된 자료를 바탕으로 교수들의 개별적인 연구가 이루어졌으며 2009년 9월 9일 박 목사에 대한 보다 상세한 이단시비의 발단과 신학적인 문제들을 확인하기 위하여 박윤식 목사가 원로목사로 있는 평강제일교회 이승현 목사와 본 교단 증경총회장 이강로 목사를 불러 질의하였습니다. 그리고 박 목사에 대한 보다 심도 있는 신학검증을 위하여 2009년 11월 4일 교수회의에서 "기독교신학검증위원회"를 구성하고 "기독교 이단판단의 기준"을 마련하였습니다.

"기독교 이단판단의 기준"에서는 이단의 정의를 다섯 항목으로 규정하고 또 이단판단의 기준을 정통적 개혁주의 조직신학의 주제에 따라 여덟 항목(성경과 계시, 신관, 인간관, 기독관, 구원관, 교회관, 종말관)을 마련하여 이단판단을 위한 세가지 지침을 세웠습니다. 이 같은 이단판단 기준에 근거하여 본 신학검증위원회는 2009년 11월 18일에 평강제일교회 박윤식 원로목사의 신학검증을 위하여 "질의서"을 작성하여 우편으로 보냈습니다.

이 "질의서"는 먼저 신학적으로 문제가 되는 세 가지 주요 자료들(『말씀에 이르는 단계』, 만화 "예수님을 알자," 『말씀의 승리가』)에 대하여 물었고, 둘째, 박윤식 원로목사의 신학사상에 대하여 본 신학검증위원회가 마련한 "기독교 이단판단의 기준"에 따라 상세하게 물었으며, 셋째, 2005년 7월 11일자 평강제일교회의 성명서 "한국 교회의 가르침을 무릎으로 받겠습니다"와 관련하여 평강제일교회의 신학적 태도와 의향 등을 물었습니다.

본 신학검증위원회의 "질의서"에 대하여 평강제일교회 박윤식 원로목사는 2009년 11월 29일에 "질의서"의 항목대로 성실하게 "답변서"을 제출했습니다. 이 답변서는 대체적으로 만족스러웠으나 더 구체적인 확인이 필요함에 따라 본 신학검증위원회 위원 교수 일동은 2009년 12월 1일 11시에 평강제일교회를 방문하여 박윤식 원로목사가 위임한 교회 대표들(유종훈 담임목사, 이승현 목사, 남선교회 대표회장 김길진 장로)에게 오후 2시까지 3시간에 걸쳐 질의 응답했습니다(이 질의응답은 현장에서 녹음 및 녹화되었습니다).

이 같은 검증 과정을 거쳐 본 신학검증위원회는 2009년 12월 9일과 10일, 15일에 걸쳐 평강제일교회 박윤식 원로목사의 신학사상에 대해 최종적으로 판단을 내리게 되었습니다.

4. 신학검증 내용

본 신학검증위원회가 질의한 결과 이에 대한 평강제일교회 박윤식 원로목사가 답변한 것들은 다음과 같습니다.

1) 자료에 대한 질의응답

『말씀에 이르는 단계』(영문판, *The Step to the Word*)는 1995년 8월 말 경 평강제일교회 대학부의 두 학생에 의하여 만들어졌으나 신학적 문제가 발견되어 교회 당회가 곧 바로 금지 책자로 결의하고 1995년 9월 17일자 교회 주보에 공고하였습니다(이 주보를 본 신학검증위원회가 직접 열람하였습니다). 그리고 해당 학생들은 출교되었습니다. 그러므로 이 책자의 내용들은 박윤식 신학사상을 온전하게 반영한 것이 아니었습니다. 또한 교회가 이미 금지 책자로 폐기한 이 책자를 가지고 그의 신학사상을 판단하는 것은 적당하지 아니했습니다.

만화 "예수님을 바로 알자"는 2009년 6월 교회 전도용 책자인 「참평안」에 실렸으나, 사후에 문제 있는 만화인 것이 발견되자 해당 책자를 회수하였습니다. 그러나 이 만화의 내용 가운데 전해진 표현(예, 실족)을 만화가가 오해하여 만들어진 것으로 해명되었습니다.

『말씀의 승리가』는 평강제일교회가 일석장로교회의 명칭으로 있던 때(1960년대) 박윤식 목사가 지리산에서 기도(3년 6개월간)를 하면서 받은 은혜를 지나치게 주관적인 판단에 따라 한국 민족에 임한 하나님의 특별한 소명을 시로 표현한 까닭에 오해 될 요소들이 많아 잠시 사용한 후에는 전혀 사용되지 않고 있는 것으로 해명되었습니다. 따라서 박윤식 원로목사의 신학은 세대주의 신학적 색채가 1960년 이후로 얼마 동안 있었으나(이로 인해 박태선의 일파로 오해될 소지가 있었습니다), 성경을 구속사적 관점에서 이해하면서 대부분 탈피하였습니다.

또한 박윤식 목사가 1970년대 가르친 것으로 알려진 "십단계 말씀단계"의 경우 평강제일교회의 신앙노선과 맞지 않는 이단적 내용들이 담겨진 것이어서, 본 교회에서 공식적으로 사용되지 않았으며, 1996년 10월 31일 인천지방법원 부천지원 판결(사건96가 합1275)에 의하면 신빙성 있는 자료가 아닌 것으로 결론지어진 까닭에 이 자료에 근거하여 박 목사를 이단으로 단정하기 어려워 보입니다.

그러나 1970년대의 "십단계 말씀공부"의 핵심적 내용들의 일부분이 1960년대의『말씀의 승리가』와 맥을 같이 하였고, 1981년의 "씨앗 속임", 1995년의 『말씀에 이르는 단계』 그리고 2009년의 「참 평안」에 실린 만화 "예수님을 알자" 등을 통해 교회에서 출교된 극소수의 평신도들 가운데서 아직도 이어져 온 것은 평강제일교회가 해결해야 할 미완의 과제입니다.

2) 신학사상에 대한 질의응답

(1) 성경과 계시와 관련하여

박윤식 원로목사의 신학사상 가운데 이단시비를 일으킨 주요한 부분은 그가 가르친 것으로 알려진 "십단계 말씀공부"와 그의 설교 "씨앗 속임"에 나타난 것입니다. 이 같은 교재와 설교로 인하여 박 목사가 통일교와 관련이 있다는 의혹이 제기되었고 직접계시를 받은 느낌을 주었으며 아담의 원죄 전가 교리를 부인하고 있다는 오해를 받았습니다. 이에 대하여 박윤식 원로목사는 자신의 신학적 소양의 부족으로 말미암은 오해임을 시인하고 이에 대하여 2005년 7월 11자로 여러 신문지상에 사죄를 구한 바 있습니다.

특별히 박윤식 목사를 이단으로 정죄한바 있던 정정조도 박 목사가 정통적 신앙을 가진 교단에 속한 것을 계기로 통일교 교리를 대체로 탈피했다고 인정하였으며, 최근에 저술하여 출판한 네 권의 저서(『창세기의 족보』, 『잊어버렸던 만남』, 『영원히 꺼지지 않는 언약의 등불』, 『영원한 언약의 신비롭고 오묘한 섭리』[이상 휘선])를 읽어 보면 "십단계 말씀공부"와 "씨앗 속임"의 설교 내용은 전혀 찾아 볼 수 없었습니다. 이 저서들에 대해서는 여러 개혁주의 신학자들(미국 웨스트민스터신학대학교 총장 릴벡, 미국 리폼드 신학대학교 총장 제임스 3세[Frank A. James Ⅲ], 전 총신대학교 총장 차영배, 계약신학대학원대학교 교수 조영엽, 침례신학대학교 총장 도한호, 성결대학교 총장 성기호, 개신대학원대학교 총장 손석태, 전 한신대학교 대학원장 예영수 등)도 신학적 건전성을 인정하고 있습니다.

(2) 삼위일체 하나님과 관련하여
 박윤식 원로목사가 양태론적 단일신론을 가르쳤는지에 대하여 본 신학검증위원회가 질의하였던 바, 그는 성경과 웨스트민스터신앙고백대로 개혁주의의 삼위일체 하나님을 믿고 가르치고 있음을 확인했습니다.

(3) 인간과 관련하여
 하나님의 형상에 대한 것과 아담의 원죄 전가 교리에 대한 본 신학검증위원회 질의에 대하여 웨스트민스터신앙고백대로 개혁주의 신학에 충실한 답변을 해 주었습니다.

(4) 그리스도와 관련하여
 그리스도와 관련하여 본 신학검증위원회는 그리스도의 참 하나님이심과 하나님의 말씀으로서 참 진리이심과 십자가의 대속적 죽으심과 피로 이루신 구원의 충분성과 그리스도의 가견적 재림 등을 질의하였습니다. 특별히 박 목사가 "말씀"과 "진리"를 구분하여 사용한 사실을 다각도로 질의하였습니다.
 이에 대하여 박윤식 원로목사는 그리스도가 참 진리의 말씀이심을 고백하며 가르치되 세상적 진리는 하나님의 말씀의 진리와 구분되어야 한다는 점을 강조했습니다. 그리고 성경에서 땅의 일과 관련된 것으로 이해하고 있었습니다. 박윤식 목사가 설명하는바 "말씀"과 "진리"에 대한 구분은 아직도 미흡한 점은 있으나 성경을 대하는 관점의 차이로 보았습니다.

박 목사는 그리스도의 대속적 죽음과 재림에 대해서는 성경과 웨스트민스터신앙고백대로 개혁주의 신학에 근거하여 확실하게 답변했습니다.

⑸ 성령과 관련하여

성령의 은사와 관련하여 박 목사는 방언이나 치유은사보다는 지혜의 말씀과 지식의 말씀을 강조하였습니다. 그의 성령론은 건전한 것으로 판단되었습니다.

⑹ 구원과 관련하여

본 신학검증위원회는 "하나님께서 죄인들을 오직 말씀으로만 구원하시는가? 아니면 십자가의 대속적 죽음을 통해서 구원하시는가?"에 대하여 심도 있게 질의하였습니다. 특별히 평강제일교회의 대표 장로인 김길진 장로에게도 물었습니다. 그리고 심령 천국과 영혼 구원에 관해서도 물었습니다. 이에 대하여 박 목사는 성경과 웨스트민스터신앙고백대로 대체로 만족스런 답변을 주었습니다. 즉, 예수 그리스도의 십자가의 대속적 죽음과 흘리신 피로써 우리를 구원하시되 복음의 진리의 말씀을 통해서 하신다고 대답했습니다. 또한 영육통일체로서의 구원과 우리의 모든 생활 영역에서의 구원과 천국을 가르친다고 대답했습니다.

⑺ 교회와 관련하여

본 신학검증위원회는 하나님께서 교회 안에서 말씀을 주심에 있어서 시간적으로 마지막 때에 제한적으로 하시는지에 대해서와 마지막 때에는 한국 민족만이 특별한 선민인지에 대하여 질의했습니다. 또한 평강제일교회를 출석해야만 구원을 받는지에 대해서도 물었습니다.

이에 대하여 박 목사는 신구약 시대를 통하여 일관되게 하나님이 말씀을 선포하신다고 답변하였고 하나님의 선민 가운데는 차별이 없다고 하였으며, 전도할 때 가까운 교회 출석을 권유한다고 했습니다. 그의 대답으로 미루어 보면, 그의 교회관은 문제가 없었습니다.

⑻ 종말과 관련하여

본 신학검증위원회는 종말의 이중성(이미 시작된 종말과 미래적 종말)과 그리스도의 재림의 방식에 대하여 질의했습니다. 특별히 말씀의 방식으로 말씀사역의 완성을 위해 재림하는지에 대해 물었습니다. 이에 대한 박 목사의 대답에 문제될 만한 것이 발견되지 아니했습니다.

개혁주의의 종말론대로 이중적 종말을 가르치고 있었고 그리스도의 가견적 재림을 믿었으며 그리스도가 역사의 완성을 위해 심판주로 오심을 믿고 가르쳐 이로써 박 목사의 재림관에 대한 오해의 소지가 해소 되었습니다.

⑼ 평강제일교회의 성명서(2005년 7월 14일자)와 관련하여

본 신학검증위원회는 교회의 성명서에 언급된 "표현의 미숙함"이 구체적으로 무엇을 가리킨 것인지에 대해서와 신학적 교리적 해석이 잘못된 것으로 지적될 경우 바로 잡을 의향이 있는지에 대하여 질의하였습니다.

이에 대하여 박 목사는 자신의 "씨앗 속임"의 설교가 신학적으로 표현상 미숙한 사실을 인정하였으며 그래서 그 같은 표현을 더 이상 사용하거나 가르치지 아니했다고 답변했습니다. 이 같은 답변은 그의 최근의 네 권의 저서들에서 확인할 수 있다고 답변했습니다. 이 같은 그의 답변은 그의 최근의 네 권의 저서들에서 확인할 수 있었습니다.

또한 박 목사는 자신의 신학적 해석에 "잘못이 있다면 바로 잡고 올바로 가르치겠습니다"라고 분명하게 대답하였습니다. 이로 보건대, 성경에

대한 박 목사의 신학적 해석에 있어서 과거에는 그의 강의안으로 알려진 "십단계 말씀공부"와 "씨앗 속임" 설교 등에서 오해될 소지의 부분이 있었으나 지금은 개혁주의 신학을 깊이 연구하여 성경을 그리스도 중심의 구속사적으로 해석하고 있음을 확인하였습니다.

5. 박윤식 목사의 현재의 신학사상에 대한 평가

본 신학검증위원회는 이상에서 밝힌 대로 평강제일교회 박윤식 원로 목사의 신학을 심도 있게 다각적으로 검증한 결과 과거의 "십단계 말씀 공부"와 "씨앗 속임" 설교나 『말씀의 승리가』 등에 나타난바, 신학적으로 혼란스럽고 미숙한 표현들로 인하여 통일교 및 박태선 등과 관련된 것으로 오해받을 소지가 있었고 소수의 대학생과 평신도에 의하여 만들어진 『말씀에 이르는 단계』와 "예수님을 알자"(『참 평안』에 실린 만화) 등을 인하여 박 목사의 신학사상이 이단적인 것으로 오해될 소지가 있었습니다.

그러나 검증 과정을 통해서 밝혀진 대로 박 목사는 사실상 통일교와 박태선과도 전혀 직접적 관계가 없었습니다. 이에 대하여 법원의 판결도 뒷받침하고 있습니다. 한편, 그는 과거의 자신의 신학적 소양의 부족함을 인하여 이단시비를 불러일으킨 점을 유감스럽게 생각했습니다. 그래서 그는 노령(현재82세)에도 불구하고 부단히 성경과 신학을 개혁주의적으로 연구하여 2007년부터 2009년 사이에 4권의 저서를 출판하여 자신의 개혁신학사상을 밝히 드러내 보였습니다.

1960년대로부터 현재에 이르기까지 박윤식 목사의 신학사상을 검증해 볼 때, 소수의 교인들 가운데서 이단성에 대한 오해의 소지가 있어 보이지만 박 목사는 정통적 신앙노선의 교단에 속한 것을 계기로 교단 소속 신학교에서 3년간(M. Div과정) 개혁신학을 배우고 또 그리스도 중심의 구속사적으로 성경을 꾸준하게 연구함으로써 신학적으로 변화하고 발전하였습니다. 그 결과로 최근 네 권의 저서를 출판한 바 있습니다.

비록 박 목사의 신학이 과거에 이단성에 대한 오해가 있었고 또 그로 인하여 지금도 극소수의 제명된 평신도들 가운데 그 같은 잔재들이 남아 있어 보이지만 박 목사 자신과 평강제일교회 자체의 공식적인 신앙고백과 신학사상은 이단성이 없으며 개혁주의 신학을 추구하고 있습니다.

따라서 박윤식 목사와 평강제일교회의 현재의 신학사상은 정통 복음주의 신학에 비추어 볼 때 합당하며, 다소 미흡한 요소들이 있어 보이지만 과거처럼 오해 요소들을 가르치거나 주장하고 있지 않음을 보고합니다.

2009년 12월 15일
개신대학원대학교 기독교신학검증위원회

위원장 : 조직신학 교수 나용화
서　기 : 조직신학 교수 서재주

Ⅱ. 국제크리스챤학술원의 검증보고서

2007년부터 발행된 박윤식 목사의 '구속사 시리즈'(현재로 6권: 『창세기의 족보』, 『잊어버렸던 만남』, 『영원히 꺼지지 않는 언약의 등불: 아브라함부터 다윗까지의 역사』, 『영원한 언약의 신비롭고 오묘한 섭리: 열왕들의 역사』, 『하나님의 오묘한 섭리 속에 담긴 영원한 언약의 약속: 바벨론 포로 이후의 역사』, 『맹세 언약의 영원한 대제사장』 등 6권)가 한국 교계뿐만 아니라 전세계적으로 많은 긍정적인 영향을 미치고 있습니다.[2]

그러나 박윤식 목사에 대한 한국 교계의 기존의 이단판정으로 말미암아 많은 성도와 목회자들이 혼란을 겪는 가운데 본 학술원에 박윤식 목사에 대한 정확한 신학검증을 해달라는 요청이 여러 교단의 목회자와 성도들로부터 쇄도하였습니다. 이에 본 학술원에서는 "박윤식 목사 신학사상검증위원회"를 조직하고 박윤식 목사의 신학사상에 대하여 면밀히 검증한 결과를 아래와 같이 한국 교계에 발표합니다.

1. 신학사상 검증의 방법

현재 박윤식 목사를 이단으로 판정한 교단은 대한예수교장로회 통합과 합동입니다. 통합에서는 1991년 제76차 총회에서 이단으로 판정하였으며 합동에서는 2005년 박윤식 목사를 이단으로 규정한 총신대학교 교수들의 연구보고서를 채택하였습니다. 합동 측의 연구보고서의 10가지

---

[2] 박윤식 목사의 "구속사 시리즈"는 영어, 일본어, 중국어(북경어), 중국어(광동어), 독일어, 파키스탄어, 캄보디아어, 인도네시아어, 네팔어 등 9개 언어로 번역이 되었으면 히브리어, 싱할라어, 타밀어, 서반아어, 미얀마어, 인도어 등 6개 언어로 번역이 진행되고 있다. 이슬람권에서 "구속사 시리즈"를 통해 회심하고 세례를 받으며 기독교로 개종하는 역사들이 일어나고 있다.

사항은 통합에서 제기한 7가지 사항과 거의 대동소이한 관계로 본 위원회에서는 통합에서 제기한 문제를 중심으로 그 순서대로 검토하되 합동의 총신대학교 신학대학원 연구보고서에서 추가로 제기한 문제를 포함하여 검증하였습니다.

본 학술원에서 검증한 결과 대교단에서 이단으로 정죄하면서 참조하였던 자료들은 박윤식 목사가 2007년부터 "구속사 시리즈"를 저술하기 전에 나왔던 내용이며 대부분이 박윤식 목사의 제1차 자료가 아님이 판명되었습니다. 박윤식 목사를 이단으로 정죄하는데 주로 사용된 것은 박윤식 목사의 1만 편이 넘는 수많은 설교 가운데 몇 편에 불과하고 그것도 이미 25-30년이 지난 설교들이며 그 외에 『박윤식과 대성교회』란 책자, "십단계 말씀공부 필사본" 그리고 *The Step to the Word* 등입니다.

① 『박윤식과 대성교회』라는 책자는 1995년 8월 21일 인천지방법원 부천지원 사건95카 합370호로 도서반포금지 등 가처분 결정을 받았습니다.[3] 이 책은 사실과 맞지 않는 거짓된 내용이 많기 때문에 배포나 판매를 하지 못하도록 판결한 것입니다.

② "십단계 말씀공부 필사본"은 과거 대성교회 전도사가 만들어낸 것으로 피고인들이 "그 작성자가 누구인지조차 밝히기를 거부하면서 다만 약 10년 전에 대성교회의 전도사가 강의한 것이라고 하는 점 등에 미루어 신빙성 있는 자료라 할 수 없다"[4]라고 1996년 인천지방법원 부천지원 판결(사건96가 합1275)에서 결정되었습니다. 그러므로 이 자료는 박윤식 목사와 교회의 공식 교육과정과는 아무런 상관없는 것으로서 신빙성이 없는 자료로 판단되었습니다.

---

3 인천지방법원 부천지원 제1민사부 결정, 사건95카 합370 도서반포금지등가처분(채무자 정정조, 책 제목 『박윤식과 대성교회』).

4 인천지방법원 부천지원 제1민사부 판결문, 사건96가 합1275(피고인 정정조, 이대복), p. 23.

③ 그리고 *The Step to the Word*라는 것은 영어로 쓴 것으로 1995년 8월 말 평강제일교회 대학부의 영어실력이 능하지 못한 두 학생이 자기들끼리 English Bible Study를 위해 만든 것입니다.[5] 그 내용은 교회의 방침과 맞지 않기에 평강제일교회 당회는 그 영어 책자를 불온문서로 규정하여 금지 책자로 결의하고 1995년 9월 24일자 교회 주보에 그 사실을 공고하고 있습니다.[6] 이 일로 문제의 두 학생은 교회에서 출교되었습니다. 그러므로 이 책자의 내용들은 박윤식 목사의 신학사상을 판단하는 데는 적합하지 않은 것이었습니다.

이에 본 학술원에서는 과거의 신빙성 없는 자료나 박윤식 목사의 1차 자료가 아닌 자료들 보다는 2007년부터 발행된 "구속사 시리즈"를 중심으로 현 시점의 박윤식 목사의 신학사상을 검증하는데 초점을 두었습니다. 저서는 저자의 사상을 나타내는 것으로 저자와 결코 분리될 수 없으며, "구속사 시리즈"는 저자가 가진 사상을 집대성하여 공적으로 발표한 것이기 때문에 그 어떤 자료보다도 박윤식 목사의 신학사상을 판단하는 주요한 기준으로 사용되었습니다.

---

5 *The Step to the Word*, Mission of Department of University Pyeong Gang Jeil Presbyterian Church.

6 1995.9.24. 평강제일교회 주보 하단에 "*The Step to the Word*는 본 교회 신앙노선과 맞지 않는 이단적 불온 문서로 본 교회와 상관이 없기에 당회 이름으로 '금지 책자'임을 공고하는 바입니다"라고 하였다.

2. 신학사상 검증의 내용

(1) 하나님의 영에 대하여

대한예수교장로회 통합에서는 "박윤식 씨는 예수께서 이 땅에서 죽으신 것은 하나님의 영이 아니기 때문이라고 함으로써 기독론적 오류를 범하고 있다(테이프 "영 혼 육", 1981. 8. 6)"라고 주장하였습니다.

그러나 1981년 8월 6일에는 이러한 설교를 하지 않았으며 이것은 통합총회의 이단사이비대책위원회에서 제대로 조사하지도 않고 총회에 발표하여 통과시켰다는 증거가 됩니다.

① 1981년 10월 10일에 "영과 혼과 몸"이란 제목으로 설교한 것이 있는데, 거기에는 "예수께서 이 땅에서 죽으신 것은 하나님의 영이 아니기 때문이라"는 표현은 어느 한 군데도 없었습니다.

② 이 설교에서 박윤식 목사는 로마서 8:11의 "예수를 죽은 자 가운데 살리신 이의 영이 너희 안에 거하시면 그의 영으로 말미암아 너희 죽을 몸도 살리시리라"라고 설교하였으며 반복하여 "예수를 죽은 자 가운데서 살리신 이의 영이 그러니까 예수님 자신의 영이 아니고 하나님의 영이죠"를 언급하면서 예수님이 부활하실 때 하나님의 영이 역사하신 것임을 강조하고 있었습니다.[7]

---

[7] 1981년 10월 10일 토요일 남선교회, "영과 혼과 몸", p. 10. 설교의 원문에는 다음과 같이 말하고 있다.
"그래서 예수님이 스스로 살지 못했고, 예수님의 아버지가 곧 우리 아버지인데, 하나님께서 강권역사로 예수를 잡고 살렸던 것입니다. 알았어요?
고전 15장 다시 읽어야 되니까 손으로 뒤두고, 롬 8장을 251페이지.
롬 8:11 시작!
예수를 죽은 자 가운데서 살리신 이의 영이 너희 안에 거하시면 그리스도 예수를 죽은 자 가운데서 살리신 이가 너희 안에 거하시는 그의 영으로 말미암아 너희 죽을 몸도 살리시리라. 240페이지죠. 롬 8:11 다같이,
예수를 죽은 자 가운데서 살리신 이의 영이 그러니까 예수님 자신의 영이 아니고 하나님이 영이죠.

(2) 하와와 뱀에 대하여

대한예수교장로회통합과 합동에서는 공통적으로 박윤식 목사가 "하와가 뱀과 성관계를 맺어 가인을 낳았다"라고 말했다고 주장하였습니다. 그러나 박윤식 목사가 직접적으로 그렇게 표현한 곳은 한 군데도 없었습니다.

① 박윤식 목사는 자신이 이러한 주장을 하였다는 증거를 가져오면 1천만 원의 현상금을 주겠다고 하고(1991년),[8] 나아가 1억 원의 현상금을 주겠다고(2005년 6월 19일자 「교회연합신문」)[9] 공개했으나 아무도 증거를 가져온 자가 없었습니다.

② 최삼경 목사는 2008년 7월 3일 서울고등법원 406호 법정 증인심문 과정에서도 "원고 박윤식이 직접적으로 '하와가 뱀과 성관계를 맺어 가인을 낳았다고 말한 사실은 없지요?'라는 질문에 분명하게 박윤식 목사가 "설교에서 직접적으로 그런 말을 한 것은 아니지만 전후 문맥이나 표현을 해석했을 때 그렇습니다"[10]라고 증언하였습니다.

③ 문제가 된 박윤식 목사의 "씨앗 속임"이란 제목의 설교는 1981년 7월 5일에 한 것으로 여기에서 박윤식 목사는 영적인 씨를 말하였지 육

다 같이 하세요. 너희 안에 거하시면, 그리스도 예수를 죽은 자 가운데서 살리신 이가 너희 안에 거하시는 그의 영으로 말미암아 너희 죽을 몸도 살리시리라."
그리고 2008년 6월 11일 수, 타코마 푸른초장교회서 제목 "모세의 믿음"이란 설교에서도 위와 같은 내용으로 설교하였음. 설교 원고 p. 10.

8 1991년 「기독신보」에 "1천만 원 특별사례합니다"란 제목으로 대성교회 원로목사(박윤식 목사)가 "하와와 뱀과 성관계를 맺어 가인을 낳았다"란 내용을 담은 녹음테이프나 유인물을 발견하여 가져오시는 분에게는 1천만 원을 특별사례금으로 지급하겠다는 내용의 광고를 냄.

9 「교회연합신문」에 평강제일교회 박윤식 원로목사 "하와와 뱀과 성관계를 갖고 태어난 자가 가인이라고 주장"했다는 증거 제시하면 "박 목사 '1억 주겠다' 현상금 걸어"라는 기사를 발표함.

10 "서울고등법원 증인심문조서"(2008. 7. 3. 제4차 변론 조서의 일부) 사건 2007나 57949 증인 이름 최삼경 참조.

체적인 씨를 말하지 않았습니다(참고, 마 23:33, 요 8:44). 이 설교에서 "하와가 뱀과 성관계를 맺어 가인을 낳았다"[11]는 표현은 없었습니다.

오히려 박윤식 목사는 1992년 9월 9일 수요 예배 시에 "가인의 소속과 가인은 누구의 씨인가?"라는 설교에서 "아담의 아내 하와가 뱀과 동침했다는 말씀은 절대 없습니다. 그건 이단들이 하는 얘기에요. 분명히 아담은 자기 아내 하와와 동침해서 가인을 낳았다고 성경은 정확하게 기록돼 있습니다"[12]라고 설교한 것을 인정할 수 있습니다. 본 학술원에서는 불확실한 표현과 확실한 표현이 있을 때는 확실한 표현을 인정하는 것이 올바른 학문적 태도라는 것에 의견의 일치를 보았습니다.

④ 박윤식 목사 "구속사 시리즈"『창세기의 족보』72페이지에서는 "창세기 4:1을 볼 때 아담과 하와가 동침하여 하나님의 은혜로 첫 아들 가인을 낳았습니다. 이는 창세기 3:15에 여자의 후손에 관한 약속이 있는 이후 아담과 하와가 낳은 첫 아들이었습니다"[13]라고 함으로서 하와가 뱀과 성관계를 맺어 가인을 낳은 것이 아니라 아담과 하와가 동침하여 가인을 낳았음을 분명히 하고 있습니다.

⑤ 이정환 목사(전 예장[통합] 총회 이단사이비대책위원회 서기)는 「교회연합신문」(2010년 3월 28일)에서 자신이 총회에 제출한 보고서에는 박윤식 목사가 "하와가 뱀과 성관계를 맺어 가인을 낳았다"는 말은 하지 않았다고 기록했음을 다음과 같이 말하고 있습니다.

"당시 박윤식 목사에 대한 연구를 위해 총회이단상담소가 제공한 박윤식 목사의 설교 테입 2편("씨앗 속임," "월경하는 여인에게서 탈출하자")과 변찬

---

11 1981. 7. 5. 주일 3부 예배 박윤식 목사의 설교 "씨앗 속임" 학산합동속기사무소 속기사 양덕경. 녹취내용(설교), 제목: "씨앗 속임."
12 양덕경 녹취일시 1992. 9. 9. (수)학산합동속기사무소 속기사 양덕경. 녹취내용(설교) "가인의 소속과 가인은 누구 씨인가?" p. 6. 참조.
13 박윤식,『창세기의 족보』(서울: 도서출판 휘선, 2007), p. 72.

린 씨의 '성경의 원리'를 자료로 박윤식 목사에 대한 연구를 하였다. 물론 필자가 제출한 연구보고서는 어디론가 사라지고 총회보고 시에 다른 위원이 작성한 보고서로 대체되어 제출되었다. 나는 그 이유를 지금도 알지 못한다 … 그러나 총회에 보고한 내용 중 문제가 되는 '하와가 뱀과 성관계를 맺어 가인을 낳았다'고 한 부분은 어디에도 없었다."[14]

(3) 월경하는 여인의 입장에 대하여

대한예수교장로회 통합에서는 "월경하는 여인의 입장에서 탈출하는 것이 구원이라고 함으로써 정통적 타락관과 배치된다"라고 판정하였습니다. 그러나 이 판정 역시 잘못된 것이었습니다.

① 박윤식 목사는 1980년 3월 8일 "월경하는 여인의 입장에서 탈출하자"라는 설교[15]에서 에스겔 36:17에서 기록된 것처럼 선민 이스라엘을 멸망에 이르게 하였던 범죄 행위를 월경 중에 있는 여인에 비유하여 말한 것을 설명하면서, 우리는 이러한 타락하고 부정한 입장에서 탈출해야 된다고 가르치고 있습니다. 그러나 거기에서 탈출하는 것이 구원이라고 한 것이 아니라 거기에서 탈출하기 위해서는 예수님을 믿어야 하고 예수님의 십자가의 피로 구원받을 수 있다는 사실을 강조하였습니다.[16]

② 같은 설교에서는 "예수님이 구원하러 오셨다,"[17] "그리스도의 십자가의 피로 성령으로 이렇게 나음을 입게 해 주시는 그 은총," "예수님 오셔서 십자가에 거룩한 성체가 십자가에 달려 보배로운 피로 모든 원죄와 유전죄와 자범죄를 단번에 사해 준 다음에 약속한 보혜사 성령의 세례를

---

14 「교회연합신문」 제809호 2010년 3월 28일(일요일) "총신대학교 신학대학원 교수회 성명은 객관성 상실"이란 제목 하에 쓰인 기사 내용 참조.
15 1980년 3월 8일(토), "월경하는 여인의 입장에서 탈출하자"(롬 9:6-13, 갈 4:21-31), p. 7.
16 Ibid., p. 7.
17 Ibid.

충만히 주고,"[18] "우리는 그리스도의 십자가 보혈로 구속, 성령으로 거듭난 언약의 자식"[19]이라는 표현들을 사용하고 있음으로 박윤식 목사가 예수님만이 구원자이시고 십자가의 대속으로 구원받는다는 사실을 가르치고 있음이 확인되었습니다.

③ 같은 설교에서 박윤식 목사가 "죄짓기 전에 여자가 월경이 안 나왔고 죄 진 다음에 나왔기 때문에 하나님께서 월경한 사람을 향해서 부정하다 했습니다"라고 설교한 것은 사실이었습니다.[20] 그러나 이러한 내용은 성경에서 명확하게 말씀하고 있지 않은 것임으로 사용을 피하는 것이 좋을 것으로 판단되어 주의를 하도록 박윤식 목사에게 권면하였습니다.

⑷ '진리'와 '말씀'에 대하여

대한예수교장로회 통합과 합동에서는 박윤식 목사가 진리와 말씀을 구분함으로 정통 교회를 부정하는 경향이 있다고 주장하고 있습니다. 이에 대한 본 학술원의 판단은 다음과 같습니다.

① 이 부분 역시 박윤식 목사가 직접적으로 주장한 증거는 없습니다.
② 1979년 4월 8일자 주보에서는 "진리요 진리의 주가 되시는 예수 그리스도"[21]라고 설교했음을 기록하고 있습니다. 박윤식 목사는 진리와 예수 그리스도(말씀: 요 1:1-2, 14)를 구분하고 있지 않습니다.
③ 박윤식 목사의 "구속사 시리즈" 제4권 『신비롭고 오묘한 섭리』 36-37페이지에서 "세상 진리와 '말씀'은 다릅니다. 이데올로기, 철학, 학문, 타 종교와 같은 세상의 진리에는 구원이 없으나 '말씀'이 육신이 되어 오

---

18 Ibid.
19 Ibid., p. 4.
20 Ibid., p. 1.
21 대성교회 1979년 4월 8일자 주보 전주설교 요약 제목: "진리를 사고서 팔지 마라."

신 예수 그리스도께만 유일하게 구원이 있습니다"[22]라고 쓰고 있습니다. 여기에서 박윤식 목사는 구원이 없는 세상 진리와 구원이 있는 진리(말씀, 예수 그리스도)를 구분하고 있는 것이며 이것은 신학적으로 아무런 문제가 되지 않습니다.

(5) 아버지 호칭에 대하여

대한예수교장로회 통합과 합동에서는 박윤식 목사가 자신을 아버지라고 주장함으로 신격화시키고 있다고 주장하고 있습니다. 그러나 이에 대한 본 학술원의 판단은 다음과 같습니다.

① 서울고등법원 2008년 9월 25일 판단문에서는 "박윤식 목사 이외에도 목회자들이나 교인들이 존경의 의미로 '영적 아버지'라는 표현을 사용하고 있는 사실을 인정할 수 있다"[23]고 판시했습니다.

② 실제로 성경을 볼 때도 사도 바울은 자신을 믿음의 아버지라고 표현하면서 자기의 목회를 아버지의 입장에서 하는 목회라고 표현하고 있습니다. 고린도전서 4:15에서 "그리스도 안에서 일만 스승이 있으되 아버지는 많지 아니하니 그리스도 예수 안에서 내가 복음으로써 너희를 낳았음이라"라고 말씀하고 있으며 데살로니가전서 2:11에서도 "너희도 아는 바와 같이 우리가 너희 각 사람에게 아버지가 자기 자녀에게 하듯 권면하고 위로하고 경계하노니"라고 말씀하고 있습니다.

③ 박윤식 목사는 2009년 10월 18일 "시대적 경륜을 따라 말씀하시는 가라사대의 하나님"이란 설교에서 하나님 아버지와 자신을 정확히 구분하며 자신도 예수님을 믿어야 구원받는 존재라고 고백하고 있습니다. 박

---

[22] 박윤식, 『신비롭고 오묘한 섭리』(서울: 도서출판 휘선, 2009), pp. 36-37.
[23] 서울고등법원 제21민사부 "판결" 사건2007나 57949 손해배상(기) 판결선고 2008. 9. 25. p. 24. 주문1의 (ㄴ)항 참조.

목사는 "우리가 하나님을 아버지로 모시고 산다는 거 이게 얼마나 복입니까! … 나도 예수 잘 믿고 또 내가 믿는 예수님을 성도에게 전하고 … 예수 믿으면 우리 죄 다, 원죄, 유전죄, 자범죄, 원죄는 인류 시조 아담의 죄, 유전죄는 우리 조상 때부터 지은 죄, 자범죄는 내가 이 땅에 태어나서 알게 모르게 지은 죄, 그 십자가의 피로, 순간이야"[24]라고 설교하였습니다. 박윤식 목사는 자신도 죄인으로서 예수를 믿어야 구원받는다고 가르치고 있기 때문에, 박윤식 목사가 자신을 신격화하고 있다는 판단은 명백하게 잘못된 것입니다.

⑹ 지리산 기도에 대하여

대한예수교장로회 통합과 합동에서는 박윤식 목사가 지리산에서 기도하면서 자신이 '직통계시'(통합), '말씀계시'(합동)를 받았다고 주장한다고 판단하였습니다. 그러나 이에 본 학술원의 판단은 다음과 같습니다.

① 박윤식 목사는 그의 "구속사 시리즈" 제4권인 『신비롭고 오묘한 섭리』 20페이지 저자 서문에서 "지리산 굴속에 들어가 약 3년 6개월 동안 기도와 성경 읽기에만 전무했던 적이 있습니다. 그곳에서 성경만을 읽으면서 성령의 강한 조명을 통해 참으로 많은 것을 깨닫고 그 깨달아지는 것이 있을 때마다 원고에 적어 놓곤 하였습니다"[25]라고 저술하였습니다.

② 이 부분에 대하여 총신대학교 교수들과의 민사2심 재판 판결문 24-25페이지에는 "낮이면 성경보고 밤이면 기도하는 가운데 성경말씀이 확실히 믿어지고 그것이 의미하는 바가 무엇인지 분명하게 깨달아지는 은총을 체험한 것입니다"[26]라는 내용을 인정할 수 있다고 판시했습

---

24 박윤식 목사의 2009년 10월 18일 주일 2부 설교 제목 "시대적 경륜을 따라 말씀하시는 가라사대의 하나님," pp. 2, 5.
25 박윤식, 『신비롭고 오묘한 섭리』, p. 20.
26 서울고등법원 제21민사부 "판결" 사건2007나 57949 손해배상(기) 판결선고 2008. 9. 25. pp.

니다. 그러므로 박윤식 목사는 성경 외에 다른 계시가 있다는 것은 믿지 않습니다. 박윤식 목사가 직통계시나 말씀계시를 받았다고 주장한다는 것은 믿지 않습니다. 박윤식 목사 자신은 성령의 조명으로 깨달은 것이라고 표현하고 있습니다.

(7) 에덴동산에 대하여

대한예수교장로회 통합과 합동에서는 박윤식 목사가 에덴동산의 역사성을 부정한다고 판단하였습니다. 그러나 이에 대한 본 학술원의 판단은 다음과 같습니다.

① 에덴동산을 상징적으로 해석하는 것으로 이단으로 규정할 수는 없습니다. 성도의 마음의 기쁘고 즐거운 상태를 에덴동산과 같다고 표현할 수 있습니다(사 51:3; 겔 28:13).

② 그러나 박윤식 목사가 에덴동산의 역사성을 인정하고 있는 것은 분명합니다. 박 목사는 2009년 10월 18일 주일 2부 설교("시대적 경륜을 따라 말씀하시는 가라사대의 하나님")에서 "하나님에서는 말씀으로 이 거대한 우주 만물을 창조하시고 이 땅에 아름다운 에덴동산을 창설하셨습니다"[27]라고 설교하였으며 그리고 2005년 9월 15일 설교 "실낙원과 복낙원"[28]에서는 "에덴동산의 위치와 관련하여 많은 의견이 있지만 어떤 사람들은 이것을 단순히 상징적인 것으로 단지 사람의 마음에서 영적으로만 이루어지는 것으로 생각하는 사람들이 있습니다. 심지어 어떤 사람들은 '낙원의 네 강 개념은 하늘 풍경의 반영일 것이다' 또는 '네 종류를 가진 은하수'라고 말하기도 합니다. 이것은 정말 터무니없는 해석입니다. 성도 여

24-25. 주문1의 ⑨의 (s)항 참조.
27 2009년 10월 18일 주일 2부 설교 제목 : "시대적 경륜을 따라 말씀하시는 가라사대의 하나님," p. 1.
28 양덕경 녹취일시 1996. 6. 26 (수) 학산합동속기사무소 속기사 양덕경. 녹취내용-(설교) "실낙원과 복낙원", pp. 6-7.

러분, 속지 마세요. 이처럼 성경의 실제 역사를 단순히 신화적으로 또는 상징적으로만 해석하는 것은 하나님의 말씀인 성경을 부인하는 무서운 죄가 되는 것입니다. 반대로 이것을 단순히 문자적으로 해석해야지, 영적으로 해석하면 혼란만 가져온다고 봅니다. 그런데 이를 문자적으로 해석하려 하면 네 강 중 처음 두 강의 위치는 전혀 예측할 수가 없습니다. 나아가 에덴동산의 광경도 이해하기가 참으로 어렵습니다. 그러기 때문에 올바른 성경해석은 성경의 내용이 문자적으로 실제 있었던 일이지만 그 문자가 의미하는 상징이 무엇인가를 해석하는 것입니다. 에덴동산도 마찬가집니다. 에덴동산과 그 안에 지으신 세 종류의 나무, 뱀의 유혹, 그리고 선악과를 따먹은 타락 사건 등 모두가 실제적인 것으로 보아야 합니다. 그래야 그 사건이 오늘날 우리에게 주는 영적인 교훈을 발견할 수가 있고 시대 시대마다 하나님의 사람들을 통해 설교를 선포할 수 있는 것입니다"라고 설교함으로 에덴동산의 실재성을 인정하고 있습니다.

⑻ 창조론에 대하여

대한예수교장로회 통합에서는 박윤식 목사의 창조론을 진화론적 창조론으로 판단하였습니다.

그러나 이러한 판단은 박윤식 목사의 설교 원문에 있는 실제 내용을 임의로 바꾸어 조작하였기 때문임이 확인되었습니다.

① 통합에서는 "아담은 미생물로부터 발아된 생명의 맨 윗가지에 핀 꽃으로서 창조적 진화한 상향의 끝이 아담의 생령이고 생령이 하향한 밑바닥의 근저는 물질이라"(검증위원회 밑줄)는 내용을 박윤식 목사가 주장했다고 판단했습니다.

그러나 실제로 박윤식 목사가 설교한 1981년 11월 22일 설교 "아담을 흙으로 창조한 의미"[29]에서는 "아담은 생명의 계통수 맨 윗가지에 핀 단순한 생물학적 의미의 존재가 아니고 그 속에 생령이 주입된 자였다. 생물이 창조적 위로 향한 끝이 아담의 생령이고 생령이 아래로 밑바다 뿌리는 물질이다"라고 설교하고 있습니다. 설교 원문에는 "미생물로부터 발아된," "창조적 진화한"이라는 표현이 없으며 이것은 통합에서 잘못된 정보와 누군가에 의해서 바꾸어 조작된 자료를 가지고 박윤식 목사를 억울하게 이단으로 정죄했음을 드러내고 있습니다.

② 박윤식 목사는 2009년 10월 18일 주일 2부 설교 "시대적 경륜을 따라 말씀하시는 가라사대의 하나님"에서 "하나님께서는 말씀으로 이 거대한 우주 만물을 창조하시고 이 땅에 아름다운 에덴동산을 창설하셨습니다. 창 1:31과 2:1을 볼 때, 엿새 동안 전 우주 만물을 창조하시고 마지막 날에 하나님의 형상을 입은 사람을 창조하셨습니다"라고 설교했으며[30] 그리고 2004년 3월 21일 주일 2부 설교 "새싹이 피어오르는 봄의 새소식"에서 "창세기 1장 보면 없는 가운데 살아계신 하나님께서 말씀으로 첫째 날부터 엿새 다 창조했습니다"[31]라고 설교한 것을 인정할 수 있습니다. 분명하게 박윤식 목사는 성경적 창조론을 가지고 있는 것으로 판단됩니다.

⑼ 변찬린 인용에 대하여

대한예수교장로회 통합에서는 박윤식 목사가 지리산에서 3년 6개월 7일 동안 받았다는 계시들은 대부분 변찬린 씨가 쓴 『성경의 원리』를 대

---

29 박윤식 목사 설교 "아담을 흙으로 창조한 의미(1)" (1981. 11. 22. 주일), p. 4.
30 2009년 10월 18일 주일 2부 설교 "시대적 경륜을 따라 말씀하시는 가라사대의 하나님," p. 1.
31 박윤식 목사 설교 "새싹이 피어오르는 봄의 새소식" 주일 2부. 원로목사님, 040321(주일), p. 1.

부분 인용 표절한 것이라고 판단했습니다. 이 문제에 대한 본 학술원의 판단은 다음과 같습니다.

① 이것은 통합의 잘못된 판단입니다. 박윤식 목사가 지리산에서 기도한 것은 1960년대 초인데 반하여, 변찬린 씨가 『성경의 원리』를 쓴 것은 1979-1981년인데 (『성경의 원리- 상』; 1979, 『성경의 원리-중』; 1980, 『성경의 원리-하』; 1981), [32] 박윤식 목사가 1979-1981년 이전에 변찬린이 쓴 책을 대부분 표절했다는 것은 논리적으로 맞지 않습니다.

② 박윤식 목사는 변찬린 씨의 『성경의 원리』가 출판된 후에 그 출판된 책의 내용 중 일부를 인용하였다는 것을 인정하였습니다. 그러나 그는 변찬린 씨의 내용 중에서 성도들에게 필요한 복음적인 내용만을 인용한 것이지 변찬린 씨가 가지고 있는 이단적인 요소를 인용한 것은 아니었습니다. 이 부분에 대하여 대한예수교장로회 합동 서북노회 연구보고서 65페이지에서는 "그렇다고 그(변찬린)의 글 모든 부분이 다 비성경적인 것은 아니다. 그 중에 박윤식 목사가 볼 때 성경적으로 잘 정리되었다고 생각한 부분이 있을 수도 있고 자신이 그동안 가르쳐온 내용과 겹치는 부분이나 흡사한 부분도 있었을 것이다"[33]라고 기술하고 있습니다.

(10) 초림 사역에 대하여

대한예수교장로회 합동에서는 박윤식 목사에 대한 연구보고서에서 "둘째 아담인 예수님이 구원 사역을 이루지 못하셨기 때문에 재림 예수님을 보내주실 것을 말씀하셨다고 주장한다." "예수님이 말씀으로 죄를

---

32 변찬린, 『성경의 원리』 (서울:문암사, 1979), p. 409.
33 "평강제일교회 박윤식 원로 목사의 이단성 여부에 관한 논문" 대한예수교장로회 서북노회, 평강제일교회 가입사실확인특별위원회, 2005년 6월 21일(비매품), p.65.

사해주려고 했으나 믿지 않으므로 십자가를 지셨다라고 주장한다"고 기술하고 있습니다. 이 문제에 대한 본 학술원의 판단은 다음과 같습니다.

① 대한예수교장로회 합동에서 이 문제를 판단하면서 사용한 자료는 "십단계 말씀공부 필사본"과 *The Step to the Word*입니다. 그러나 두 가지 자료는 이미 앞에서 살펴 본대로 박윤식 목사의 직접적인 자료가 아니며 이미 법적으로 박윤식 목사의 신학사상을 판단하는 데는 적합하지 않은 자료로 판정된 것들이었습니다.[34]

② 박윤식 목사의 "구속사 시리즈" 제4권 『신비롭고 오묘한 섭리』 30페이지에서는 "초림하신 예수 그리스도의 그 보배로운 피는 … 그 구원사역은 완전함을 주장하고 있으며 같은 자료 같은 페이지에서 "예수 그리스도께서는 만세 전에 작정된 경륜 속에서 십자가를 지시고 세상 죄를 짊어진 하나님의 대속의 어린양이 되셨습니다. 동 자료 379페이지에서도 "그러나 예수 그리스도께서는 성경에 기록된 대로 십자가를 지시고 보혈을 흘리심으로," 380페이지에서도 "구원완성을 위해 예정된 십자가를 지시고"라고 기술하고 있습니다.[35]

③ 박윤식 목사의 초림과 십자가에 대한 직접적인 자료들을 연구할 때 박윤식 목사가 초림사역은 실패한 것이라고 주장했다는 판단은 잘못된 것이 확실합니다.

(11) 찬양집에 대하여

대한예수교장로회 통합과 합동에서는 박윤식 목사의 교회에서 30-40년 전에 사용되었던 찬양집, 『말씀의 승리가』(1971년)와 『내주께 찬양

---

[34] 1995. 9. 24 평강제일교회 주보 하단에 "*The Step to the World*는 본 교회 신앙노선과 맞지 않는 이단적 불온 문서로 본 교회와 상관없기에 당회 이름으로 '금지 책자'임을 공고하는 바입니다"라고 하였다.
[35] 박윤식, 『신비롭고 오묘한 섭리』, pp. 30, 379-380.

(1980)의 내용에서 박윤식 목사를 신성시한다고 주장하고 있습니다. 이 문제에 대한 본 학술원의 판단은 다음과 같습니다.

① 이 찬양집들은 시적인 표현들로 이루어진 찬양집으로 이단을 판정하는 신학적 자료로는 부적합하며 이 가사들에 대한 오해가 일자 교회에서 사용을 금지하여 그 이후에 사용되지 않고 있는 상태입니다.

② 또한 그 가사를 엄밀히 분석해보면 박윤식 목사 개인을 우상시 하는 내용이 아니라 박윤식 목사가 하나님을 향한 자신의 고백을 노래한 것입니다.

③ 『말씀의 승리가』 13페이지 서문에서 박윤식 목사는 하나님을 "나의 아버지"[36]라고 고백함으로 자신이 아버지가 아니라 하나님이 아버지이심을 밝히고 있습니다. 또한 『말씀의 승리가』 14페이지에서 "하나님의 그 말씀," "하나님의 말씀"이라고 부름으로 박윤식 목사는 자기 개인만이 특별한 말씀을 가지고 있다는 것을 배격하고 있습니다. 15페이지에서는 "아버지의 말씀이라면 언제나 아멘하리라"고 고백함으로 박윤식 목사 자신도 하나님의 말씀에 순종하겠다고 고백하고 있습니다.

36페이지에서는 " 아버지에게 바친 이 몸," 37페이지에서는 "섭리 주 손에 잡혀진 지팡이 된 이 몸," 48페이지에서는 "고물 이용 잘하시는 우리 아버지, 고물 같은 나 취하여서"라고 고백함으로 자신은 고물 같은 비천한 존재이지만 하나님 아버지께서 사용하여 주심에 감사하는 고백을 하고 있습니다.

④ 『말씀의 승리가』 41페이지에 나오는 "동방의 아버지"라는 노래 역시 4절 가사에서 "내 눈이 눈물에 상하기 전에 아버지의 뜻 이룩하여 마치리이다"라고 고백함으로 동방의 아버지가 박윤식 목사 자신이 아니라

---

36 박윤식, 『말씀의 승리가』 (서울: 일석 장로교회 전도부, 1971). p. 13.

하나님이며 자신은 그 하나님의 뜻을 이루겠다는 결심을 고백하고 있습니다.³⁷ 또한 이 노래에는 성경 이사야 46:11을 인용하고 있는데 여기에 나오는 동방은 대한민국이 아니라 페르시아를 가리키며 하나님께서 바벨론에 포로로 끌려가 고달픈 생활을 하던 이스라엘 백성들에게 가지고 동방이 대한민국을 지칭하여 박윤식 목사를 신격화한다는 주장은 잘못된 것입니다.³⁸

⑤ 『말씀의 승리가』(1971년)의 개정판이 『내주께 찬양』(1980년)인데 『말씀의 승리가』 34페이지에 나오는 "아버지," "말씀 아버지"라는 표현을 『내주께 찬양』 33페이지에서는 "예수님" "하나님 말씀"으로 고침으로 오해될만한 표현의 참 의미를 밝히고 있습니다.³⁹ 그러나 이것마저도 현재는 사용하고 있지 않습니다.

따라서 찬양집의 가사의 내용을 왜곡하고 제대로 살피지 않음으로 박윤식 목사를 이단으로 규정한 것은 잘못된 것이 확실합니다. "내가 동방에서 독수리를 부르며 먼 나라에서 나의 모략을 이룰 사람을 부를 것이라 내가 말하였은즉 정녕 이룰 것이요 경영하였은즉 정녕 행하리라"(사 46:11).

(12) 인간의 신성 문제에 대하여

대한예수교장로회 합동에서는 박윤식 목사에 대한 연구보고서에서 "인간이 신성을 가지게 된다고 주장한다" 그리고 "신자를 생령의 씨앗이라고 한다"는 문제를 지적하고 있습니다. 이 문제에 대한 본 학술원의 판단은 다음과 같습니다.

---

37 박윤식, 『말씀의 승리가』, p. 41.
38 『옥스퍼드원어성경대전 60』, 바이블네트(서울 : 제자원, 2006), p, 110.
39 『내 주께 찬양』(1980년 판) "말씀의 이름 권세", 『말씀의 승리가』(1971년 판) "아버지의 이름 권세" 참조.

① 인간이 신성을 가지게 된다는 부분은 대한예수교장로회 합동에서 정정조 씨가 쓴 『박윤식과 대성교회』 가운데 제3부 "십단계 말씀공부" 자료에 나오는 "누구나 영원을 사모하는 마음을 가지고 있다. 그러나 아담이 선악과를 따 먹음으로써 잃어버린 그 영을 다시 찾게 되면 본래 상태의 회복이니 '하나님의 형상' 즉 '신성'을 가지게 된다(95면)"는 표현을 가지고 지적한 것입니다.

그러나 "십단계 말씀공부" 자료는 이미 박윤식 목사의 사상을 점검하는데 부적합한 자료로 판명되었으며 박윤식 목사가 직접 가르친 1차 자료가 아닙니다.[40] "십단계 말씀공부"는 정정조 씨의 『박윤식과 대성교회』 중의 제3부에 있는 것으로 정정조씨의 일방적인 주장에 의하면 어느 이름 모를 여전도사로부터 받은 자료인 것만 소개하고 누구인지 말하지 않고 있습니다.

설사 백번 양보한다 할지라도 "신성"이라는 단어는 예수님께서 가지고 계시는 신성(神性, Divinity)을 의미할 수도 있고 일반적으로 숭고하고 존엄한 성품을 가리키는 신성을 의미할 수도 있기 때문에 단순히 신성이라는 표현을 가지고 이단판정 하는 것은 객관적이지 않는 것으로 판단됩니다. 왜냐하면 이 자료에서는 "신성"을 "하나님의 형상"의 의미로 사용하고 있기 때문입니다.[41]

박윤식 목사는 1982년 11월 25일 발행된 전도용으로 만든 소식지인 「대성」지의 "잃어버린 하나님의 형상을 되찾자"에서 "생령의 씨알 여러분"[42]이라는 용어를 사용하고 있습니다. 그러나 이것이 박윤식 목사를 이단으로 정죄할 근거는 되지 못합니다. 왜냐하면 "씨알"이라는 단어는 서

---

40 인천지방법원 부천지원 제1민사부 판결, 사건96가 합1275 (피고인 정정조, 이대복), p. 23.
41 정정조, 『박윤식과 대성교회』 제3부 "십단계 말씀공부", p. 95.
42 「大聲」(1982년 2월 27일 발행) 당회장 박윤식 목사 "잃어버린 하나님의 형상을 되찾자" 참조.

울고등법원 2008년 9월 25일 판결문에서 인정하듯이 통상적으로 사용되는 용어이기 때문입니다.

위의 판결문에서 "고든 웬함의 『WBC성경주석 '창세기'』, 김영진의 『그랜드 종합주석 1 창세기』, 비슬리-머리의 『WBC성경주석 '요한복음'』, 김영진의 『그랜드 종합주석 13 누가복음 요한복음』, A. W. 핑크의 『요한복음 강해 제4집』, 전병욱, 오세웅 목사 등의 설교 내용 중 "씨알"이라는 용어가 사용되는 사실, 함석헌이 「씨알의 소리」1970년 4월호에서 "민은 봉건시대를 표시하지만 씨알은 민주주의 시대를 표시합니다(337면)라고 기재하고 있는 사실을 인정할 수 있다"[43]라고 했습니다.

(13) 법원 판결에 대하여

2006년에 시작된 평강제일교회와 총신대학교 신학대학원 교수들과의 5년에 걸친 지리한 법정공방에서 1심과 2심은 평강제일교회에서 승소하였지만, 3심과 파기환송재판에서는 총신대학교 신학대학원 교수들이 승소하였습니다. 그러나 그 재판은 박윤식 목사가 이단이라고 판결한 것이 아니었습니다. 재판부는 1차적으로 박윤식 목사에 대한 총신대학교 신학대학원 교수들의 이단성 발표 10가지의 주요 내용이 진실이라 볼 수 없다고 판단하였습니다.[44] 그러나 그럼에도 불구하고 교단 보호차원에서 행하여진 교수들의 학문과 연구 활동, 종교 비판의 자유를 높이 보장하여 그것을 손해배상을 청구할 정도로 위법성 있는 것으로 볼 수 없다고 판단한 것뿐입니다.

이에 대하여 기독신보 2010년 9월 17일자에서는 "지금까지 1심과 2심에서 총신대학교 교수들이 제기한 10가지 사항이 진실이라고 보기 어

---

43 서울고등법원 제21민사부 "판결" 사건2007나 57949 손해배상(기) 판결선고 2008. 9. 25. p. 24. 주문 1의 (ㄴ)항 참조.
44 서울고등법원 제21민사부 판결(2007나 57949), p. 26. 에클레시안 뉴스, '가이사법정에서 승리하고 그리스도법정에서 패배한 총신대학 교수들'(2011년 6월 2일).

렵다고 사실을 판단한 부분에 대해서는 3심에서 문제를 삼지 않음으로 총신대학교 교수들이 박윤식 목사에 대하여 10가지 이단성을 제기한 것이 잘못된 것이라는 사실판단은 유효하게 됨으로 말미암아 앞으로 이에 대한 총신대학교 교수들의 신학적 도덕적인 책임을 면키는 어려울 것으로 판단된다. … 앞서 법리를 기록에 비추어 살펴보면 원심(고등법원)의 사실 인정 및 판단은 모두 정당한 것"[45]이라고 보도하고 있습니다.

또한 사건 2008다 84236의 대법원 판결문 6페이지에서는 "피고들이 이 사건보고서 비판서에서 진실한 내용이라고 단정하기는 어려운 사실들을 적시하고 다소 과장되고 부적절한 표현을 사용하였을 뿐 아니라 원고들의 명예를 침해하는 내용을 다소 포함하고 있다"고 판시하였습니다.[46] 따라서 본 검증 위원회에서는 손해배상이라는 위법성 여부가 중요한 것이 아니라 이단이라고 규정한 사항들의 진실성 여부가 더 중요하다고 판단하였으며 재판부에서 인정한 10가지 사항의 주요 내용이 진실이 아니라고 한 부분을 더 중요하게 판단하였습니다. 왜냐하면 세상 법정의 판결을 통해 돈으로 손해배상을 하느냐 하지 않느냐보다 더 중요한 문제는 박윤식 목사를 이단으로 규정한 10가지 사항이 사실과 다르다는 점이기 때문이다.

(14) 박윤식 목사의 신학사상과 관련된 최근 교계의 변화하는 입장

개신대학원대학교 "기독교신학검증위원회"에서는 2009년 12월 15일 박윤식 원로목사 신학검증보고서를 발표하였습니다. 이 보고서에서는 "박윤식 목사 자신과 평강제일교회 자체의 공식적인 신앙고백과 신학사상은 이단성이 없으며 개혁주의 신학을 추구하고 있습니다. 따라서 박윤식 목사와 평강제일교회의 현재의 신학사상은 정통 복음주의 신학에 비

---

45 「기독신보」, "평강제일교회 VS 총신대학교수"(2010년 9월 17일).
46 사건2008다 84236 대법원 판결문, p. 6.

추어 볼 때 합당하며, 다소 미흡한 요소들이 있어 보이지만 과거처럼 오해 요소들을 가르치거나 주장하고 있지 않음을 보고합니다"[47]라고 발표했습니다.

또한 박윤식 목사를 이단이라 규정하는 것에 앞장섰던 최삼경 목사가 최근 한국기독교총연합회와 대한예수교장로회 합동에서 이단으로 규정됨에 따라 그가 판단한 이단성 규정 자체가 많은 문제점이 있었다는 것과 공신력을 상실하게 되었다는 것이 밝혀지게 되었습니다.

한국기독교총연합회에서는 2012년 11월 24일 질서확립대책위원회를 통해서 "최삼경목사의 삼신론과 월경잉태론은 심각한 이단이자 신성모독에 해당한다"[48]고 발표했으며, 12월 15일 임원회에서 이것을 확정하였습니다. 또한 2012년 12월 30일 대한예수교장로회 합동총회(총회장 이기창 목사) 정책실행위원회에서는 임원회에서 상정한 '최삼경 목사 이단규정 동의 요청의 건'을 만장일치로 통과시켰습니다. 동 위원회에서는 최삼경뿐만 아니라 그를 옹호하는 잡지 「교회와 신앙」까지도 이단동조자로 규정하였습니다.[49]

따라서 최삼경 목사는 이단을 판정할 자격이 없는 자가 확실하며, 과거에 그가 이단으로 규정했던 박윤식 목사를 포함한 여러 사람들에 대한 재평가를 통해 억울하게 정치적으로 이단판정을 받은 사람들이 있다면 반드시 구제해야 한다는 것이 본 검증위원회의 판단이었습니다.

(15) 박윤식 목사 자신의 입장

박윤식 목사는 2005년 7월 13일에 "한국 교회의 가르침을 무릎으로 받겠습니다"라는 평강제일교회와 유종훈 담임목사의 명의로 발표된 성

---

47 평강제일교회 박윤식 원로목사 신학검증보고서, 개신대학원대학교 기독교신학검증위원회, pp. 13-14.
48 최삼경 목사 '삼신론' '월경잉태론' 조사 보고서, 「기독일보」, 2011년 11월 25일.
49 최삼경 목사 한기총 이어 합동 측서도 이단규정, 뉴스에이, 2011년 12월 30일.

명서[50]에서 "교계에 많은 근심과 염려를 안겨드린 점도 충분히 뉘우치고 있습니다"라고 말하면서 '표현의 미숙함과 성경의 영적 해석 강조'가 지금까지 한국 교계에 오해를 일으킨 것에 대하여 안타까운 마음을 고백하였습니다. 또한 2009년 11월 29일 개신대학원대학교 기독교신학검증위원회에 대한 답변서에서 신학적 권위와 공신력 있는 기관이나 위원회에서 잘못을 지적할 경우 "바로 잡고 올바로 가르치겠습니다"[51]라고 답변하였습니다.

2012년 1월 3일에 친필 서명한, 본 신학검증위원회에 대한 답변서에서도 "한국 교회에 오해와 논란의 소지가 된 점에 대하여 진심으로 사과를 드립니다. 앞으로 검증위원회뿐만 아니라 한국 교회의 애정 어린 사랑의 충고와 권고를 기쁨으로 받으며 잘못이 있다면 과감히 바로잡고 고치며 지도를 받(겠다)"고 고백하였습니다.

과거에 어떠한 죄나 잘못이 있다고 할지라도 그것을 고치고 바로 잡겠다는 자들을 받아 주는 것이 예수 그리스도의 사랑입니다. 비록 탕자가 집을 나갔다고 할지라도 다시 돌아올 때는 받아 주는 것이 예수 그리스도의 사랑입니다. 본 신학검증위원회에서는 이러한 예수 그리스도의 사랑이 박윤식 목사에게도 적용되어야 한다고 판단하였습니다.

3. 박윤식 목사 신학사상에 대한 판단

본 국제크리스챤학술원에서 검증한 결과, 대한예수교장로회 통합과 합동에서 박윤식 목사를 이단으로 규정한 내용들은 대부분 조작된 것이

50　한국 교회의 가르침을 무릎으로 받겠습니다. 평강제일교회 유종훈 목사 외 성도 일동, 「기독신문」, 2005년 7월 13일(수).
51　평강제일교회 박윤식 원로목사 신학검증보고서, pp. 30, 36.

거나 아니면 왜곡된 것들이었습니다. 박윤식 목사는 과거의 자신의 신학적 소양의 부족함을 인하여 이단시비를 불러일으킨 것에 대하여 유감스럽게 생각하고 있습니다. 그는 현재 85세의 노령에도 불구하고 자신의 신학과 신앙사상을 점점 발전시킨 결과 그동안 연구한 신학과 신앙을 집대성하여 2007년부터 2011년까지 "구속사 시리즈" 6권을 발간하여 자신의 성경 중심적 개혁사상을 밝히 드러냈습니다.

  본 학술원에서는 박윤식 목사가 과거에 논란의 소지가 있었다고 할지라도 자신의 신학과 신앙사상을 발전시켜 나갔으면 과거의 불확실한 것보다는 현재의 확실한 신학과 신앙을 인정해야 한다고 판단합니다. 박윤식 목사는 "구속사 시리즈" 1권-6권을 통하여 많은 신학자들과 목회자들로부터 그 신학의 정통성을 인정받고 있습니다. 사람은 죽어도 그 저서는 남습니다. 우리는 어떤 사람에 의해 저술된 저작물과 그 저자를 구분해서 생각할 수 없습니다. 박윤식 목사의 "구속사 시리즈"가 개혁주의 정통신앙에 입각한 저작이기에 박윤식 목사의 신학사상도 이단성이 없으며 건전한 개혁주의 신앙이라고 판단됩니다.

  현재 박윤식 목사의 "구속사 시리즈"는 영어, 일본어, 중국어(북경어), 중국어(광동어), 독일어, 파키스탄어, 캄보디아어, 인도네시아어, 네팔어 등 9개 언어로 번역이 되었으며 히브리어, 싱할라어, 타밀어, 서반아어, 미얀마어, 인도어 등 6개 언어로 번역이 진행되고 있습니다. "구속사 시리즈"는 세계 각국에서 예수 그리스도를 높이는 책이라고 그 가치를 크게 인정하고 있는 상태입니다. 특히 이슬람 권에서 "구속사 시리즈"를 통해 회심하고 세례를 받으며 기독교로 개종하고 성경을 공부하는 역사들이 일어나고 있다고 전해지고 있습니다.

  이러한 때에 한국 교계는 본 검증위원회의 '박윤식 목사는 이단성이 없다'는 판단을 인정하고 그의 남은 생애를 통하여 예수 그리스도의 복음이 확장될 수 있도록 길을 열어주어야 할 것으로 판단됩니다. 이제 한국 교회는 박윤식 목사의 이단정죄를 해제하고 박윤식 목사가 하나님께 받은 은혜를 한국 교회에 전할 수 있는 제도적 장치를 세워주어야 할 것으로 판단됩니다.

2012년 1월 2일
국제크리스챤학술원 신학검증위원회

위원장 예영수 박사(국제크리스챤학술원원장)
위 원 성기호 박사(성결대학교 명예총장)
　　　　도한호 박사(침례신학대학교 총장)
　　　　손석태 박사(개신대학원대학교 명예총장)
　　　　주재용 박사(전 한신대학교 총장)
　　　　조영엽 박사(미국 독립장로회 해외선교부 선교사)
　　　　임승안 박사(나사렛대학교 총장)
　　　　나용화 박사(개신대학원대학교 총장)
　　　　이일호 박사(이스라엘연구소 소장)
　　　　민경배 박사(전 서울장신대학교 총장, 연세대학교 명예교수)
　　　　이학재 박사(개신학원대학교 교수)
　　　　주대준 박사(KAIST 부총장)
　　　　나채운 박사(전 장신대학교 대학원장)
　　　　고중권 박사(비브리칼총회신학교 학장)
　　　　김호환 박사(전 총신대학교 교수)
　　　　강정진 박사(전 칼빈대학교 교수)
　　　　허남억 박사(국제크리스챤학술원 부총무)

제4장
다락방전도운동 류광수 목사의 신학사상 검증보고서[1]

Ⅰ. 대한예수교장로회(개혁)의 검증보고서

● 들어가는 말

신학의 사명은 성경의 진리들을 총체적으로 연구하고 체계화하여 성도들의 신앙을 튼튼하게 세워주고, 성도들의 공동체인 교회가 건실하게 성장하게 하는 것이다. 이를 위해서는 교회가 안고 있는 시대적 과제를 성경적으로 연구하여 해답을 주어야 한다.

오늘의 한국 개신교 교회는 지난 20여 년 동안 전반적으로 침체 상태에 있는가 하면, 이단사상들(예, 김기동의 귀신론, 구원파와 신천지 등)이 발호

---

[1] 다락방전도운동의 류광수 목사의 검증은 한국기독교총연합회에서 한국 교회 연합이 분열할 만큼 한국 교회의 중대한 현안이 되었다. 류광수 목사에 대한 신학검증은 평강제일교회 박윤식 목사의 신학사상을 개신대학원대학교가 이단 아닌 것으로 밝혀내면서 시도되었다. 류 목사의 신학사상 검증은 개신대학원대학교가 주도적으로 연구하고 대한예수교장로회(개혁) 총회 신학위원회와 이단대책위원회가 주관하여 교단 총회에서 이단성 없음을 결의하였다. 후에는 개혁교단이 한국기독교총연합회에 이단 재검증을 요청함에 따라 교단 연합체로서 이전에 류광수 목사를 이단으로 단정한 바 있어 재검증하였다. 그리고 류 목사를 직접 한국기독교총연합회가 불러 여러 가지 신학사상 등을 사실하고, 또 그의 설교와 저서 등을 검토하여 이단성이 없음을 확인하였다. 다락방전도운동에 참여한 교회와 목회자들은 대한예수교장로회(개혁)에 가입되었고 목회자 훈련원인 렘넌트신학연구원은 개신대학원대학교에서 정년퇴임한 본 편집자 나용화 박사를 통해 2013년부터 조직신학을 강의케 하여 복음주의 신학을 깊이 있게 배우고 있다.

하고 있으며, 교단들의 분열과 대형교회들의 분쟁 등으로 전도의 문이 상당 부분 막혀 있다. 또한 분열주의적 신근본주의 신학의 영향으로 인하여 개신교 내에서 신학적으로 이단 사이비로 정죄하는 일이 많아 평신도들이 혼란을 겪고 있다.

이와 관련하여, 다락방 전도총회의 류광수 목사를 이단성이 있다고 보고서 1991년 11월 예장합동 부산노회가 목사면직을 결의하였고, 1995년 9월 예장고신 총회가 다락방전도운동 참여 금지를 결의하였으며, 같은 때에 예장 고려총회는 다락방전도운동을 비복음적, 비개혁주의적인 것으로 판단하여 이단으로 정죄하였고, 예장 개혁도 다락방 불참여를 결의하였으며, 1996년 9월 예장통합이 사이비로, 예장합동이 이단으로 규정하였고, 1998년 9월 기독교대한감리회가 이단으로 규정한 바 있다.

이 같은 다락방 전도총회의 사이비성 내지는 이단성에 대한 여러 교단의 판단에 대하여 2011년 2월 25일 우리 개혁총회 이단대책위원회(위원장 김송수 목사)는 "성경적으로나 교리적으로 볼 때 이단이라고 할 수는 없다"고 심의 결의하였다. 그리고 동년 2월 28일에 총회장에게 공식적으로 보고한 바 있어, 본 총회 신학위원회(위원장 나용화 목사)가 2011년 4월 6일과 16일에 모여 전도총회 류광수 목사의 신학적 문제를 둘러싼 논란에 대해 성경과 칼빈의 기독교강요와 하이델베르크 요리문답(1563년)과 웨스트민스터신앙고백(1647년) 및 유력한 개혁주의 신학자들의 신학사상에 근거하여 평가하고 심의 결의하게 되었다.

1) 관련된 주요 자료들

전도총회 류광수 목사의 신학을 이단성 있는 것으로 체계적으로 연구 보고한 대표적 자료는 예장 고려총회(서울 영등포구 여의도동53 우정빌딩

406호; 전화 02-780-0616)의 제45회 총회(1995년)의 신학부 연구보고서인 "개혁주의 입장에서 본 류광수 씨의 다락방전도운동"이다. 이 연구보고서를 근거로 하여 예장 마산노회 하림교회가 1997년 1월에 류광수 목사의 신학을 비개혁주의적 축사신학으로 규정하여 자료를 만들었다. 본 총회의 이단대책위원회는 예장 고려총회의 신학부 연구보고서를 주요 자료로 채택하였다.

예장 고려총회가 검토한 자료들 가운데 가장 주요한 것은 다락방 훈련 교재인 『복음편지』와 『평신도용 전도훈련교재』 및 류 목사의 설교 등이다.

본 신학위원회는 위의 자료들뿐만 아니라 류광수의 『복음편지』(도서출판 생명, 2002), 2011년에 발행된 "전도총회 전도운동에 관한 이론과 실제"와 "다락방전도운동 메시지 자료 모음" 등을 주요 자료로 채택하였다.

2) 류광수 목사의 신학에 대한 고려총회의 평가의 요지

류광수 목사의 신학의 뿌리는 권신찬의 구원파 사상, 김기동의 귀신론, 한만영의 귀신론 및 위트니스 리의 지방교회의 신학이다. 이 같은 신학의 영향을 받은 까닭에 류 목사는 "구원 받았습니까?" "구원의 확신이 있습니까?"(구원파의 영향) "예수 영접했습니까?"(지방교회의 영향) "사탄 결박권"(김기동의 영향) 등을 강조한다. 류 목사의 신학의 특징은 한마디로 사탄신학 또는 축사신학이며, 하나님 중심이 아닌 비개혁주의 신학이다.

3) 류광수 목사의 신학에 대한 고려총회의 비판에 대한 평가

예장 고려총회의 신학부가 류광수 목사의 신학을 평가함에 있어서 계시와 성경관, 신론과 인죄론, 기독론, 구원론, 그리고 교회관 등 조직신학의 주제를 따라 했다. 그 신학부는 먼저 류 목사의 주장을 소개하고 그에 대하여 비판하였는 바, 본 개혁총회 신학위원회는 그 비판에 대하여 성경적으로 그리고 개혁주의 신학적으로 검토하였다.

1. 계시와 성경관

1) 성경 외의 계시 주장

● 류광수 목사의 주장

"성령이 여러분을 인도하시도록 기도하라. 어떻게든 성령은 인도하신다. 꿈을 좋아하는 사람은 꿈으로, 환상을 좋아하는 사람은 환상으로, 말씀을 좋아하는 사람은 말씀으로 인도하신다. 하나님을 이해한 대로 인도하신다 … 성령은 완전한 영이기 때문에 글을 전혀 모르는 사람에게는 일일이 환상으로 인도하신다. 귀머거리에게는 꿈으로 인도하신다"(다락방 파급단계 2).

● 류광수 목사의 주장에 대한 고려총회 신학부의 판단

개혁주의 입장에서는 성경을 계시의 종결로 본다(참고, 계 22:18-19). 따라서 하나님은 기록된 말씀인 성경을 가지고서만 자신을 계시하신다.
　성경에는 마귀의 말이 인용되어 있으나, 성경 자체는 성령의 감동으로 된 하나님의 말씀일 뿐이다. 마귀도 계시한다는 주장은 성경의 완전성과 영감을 부인하는 것이다.

● 고려총회 신학부의 판단에 대한 평가

성령은 하나님을 계시함에 있어서 성경말씀을 가지고 성경말씀을 통해서 하신다(웨스트민스터신앙고백 1장 5항). 그러므로 이 성경에 아무 것도 어느 때를 막론하고 더 첨가할 수가 없다(웨스트민스터신앙고백 1장 6항). 성경만이 하나님의 완전하고 최종적인 계시이다. 이 같은 웨스트민스터신앙고백의 진술에 비추어 볼 때 고려총회 신학부의 판단은 옳다고 볼 수 있다.

그러나 류 목사가 성경에 대해서와, 꿈과 환상에 대해서 어떻게 가르치고 있는가를 고려총회 신학부는 간과하였다. 류 목사가 가르치고 있는 바에 따르면, 성경은 하나님의 영원한 말씀이기에 우리가 가감할 수가 없다. 성경은 하나님의 뜻을 발견하고 마귀를 이기는 무기이며, 성경을 통해서 하나님과 예수 그리스도를 알고 믿어 영생을 얻는다(『평신도용 전도훈련교재』, pp. 26-27).

류광수 목사에 의하면, 하나님의 뜻을 아는 법과 관련하여 성령이 성경을 가지고 원칙적으로 인도하시지만, 우리의 상상과 생각을 뛰어넘어 하나님의 방법대로 하시기도 한다. 천사를 통해서 초자연적으로 음성을 들려주시는가 하면(행 8:26), 환상으로(행 10:3; 16:6-10) 하신다는 것이다. 그러나 이러한 음성이나 환상이나 꿈은 급박한 상황에서 하나님의 뜻을 전달하기도 하지만 전적으로 의존하기에는 위험하다는 점을 류 목사는 덧붙였다(『평신도용 전도훈련교재』, pp. 29-30).

개혁주의 신학은 성경이 하나님의 최종적 계시요 말씀임을 믿고 가르친다. 성령은 성경을 가지고 또 성경을 통해서 하나님과 하나님의 하시는 일 및 예수가 그리스도이시요 그를 믿음으로써만 죄사함과 의롭다 함을 통해 구원을 얻어 영생한다는 도리를 가르치고 있는 것이다. 그러므로 성경을 통해서 주어지는 하나님의 계시만이 최종적이고 무오한 것이며, 그래서 성경은 절대적으로 필요하고, 성경에는 신적 권위가 있다. 유일하신 하나님이신 예수 그리스도(요 1:18)가 하나님의 최종적 완전한 계시요. 또한 그를 증거한 성경 역시 최종적 무오한 계시이기에, 기독론적으로 볼 때 더 이상의 다른 계시는 없다.

그러나 하나님은 자신을 계시하심에 있어서 우리의 본성의 빛과 자연세계 그리고 그의 섭리 곧 역사(history)를 통해서 하나님을 아는 지식 곧 계시를 지금도 여전히 주신다(롬 1:19-20). 예수 그리스도와 성경 외에 더 이상의 다른 최종적 절대적 계시는 없지만, 하나님은 항상 살아계시고 일하시기에 지금도 여전히 자신을 자기 백성들에게 직접 생생하게 계시하는 것이다.

그래서 칼빈은 그의 『기독교강요』에서 말하기를, 하나님을 아는 의식(sense)이 모든 사람의 마음 속에 항상 살아남아 있으며(Ⅰ. iii. 1-2), 우주의 전 창조 가운데서 하나님이 자신을 매일같이 항상 계시하고 있다(Ⅰ. v. 1-2)고 했으며, 하나님의 섭리를 통해서 하나님을 실제적으로 만나며 사랑의 아버지로 알게 된다고 하였다(Ⅰ. xvi. 1).

뿐만 아니라, 웨스트민스터신앙고백서는 그리스도가 하나님의 말씀을 가지고 성령을 통해서 구원의 비밀을 계시하여 하나님을 믿고 순종하게 한다고 하였다(웨스트민스터신앙고백 8장 8항; 참고, 『기독교강요』Ⅲ. xx. 1-3).

성경뿐만 아니라 칼빈과 웨스트민스터신앙고백이 가르치는 바대로, 우리는 오직 성경을 통해서만 하나님과 예수 그리스도를 아는 최종적, 절대적, 무오한 지식을 얻지만(『기독교강요』, Ⅰ. v.), 성경을 통해서 자신을 계시하신 하나님은 자신의 항상 있고 살아있는 말씀(벧전 1:23)인 성경뿐만 아니라 인간의 본성의 빛과 전 창조세계와 하나님의 통치의 역사 및 선포된 말씀과 기도와 찬양과 성례를 통해서 오늘도 매일같이 우리에게 자신을 계시하시어 우리를 만나주시고 우리와 함께 하시며 동행하시므로 영광과 찬양을 받으시는 것이다.

그래서 성경을 묵상할 때, 선포된 말씀을 들을 때, 기도와 찬양을 하는 가운데서 하나님의 음성을 들으며, 때로는 특별한 사건들이나 꿈과 환상(vision)을 통해서 사랑의 아버지를 만나며 그의 뜻을 알게 되기도 한다. 우리는 우리의 매일의 삶속에서 그리고 말씀 묵상과 기도와 찬양 가운데서 하나님을 만나고 그의 임재를 느끼며 사는 것이다.

류광수 목사는 하나님과의 만남의 영적 경험을 통한 하나님의 뜻을 아는 법과 관련하여 하나님의 계시를 말하고자 한 것이다(참고, "메시지 자료모음" 가운데 "베드로의 신앙고백과 발견," 2011.1.15, p. 6; 류광수, 『복음편지』, 도서출판 생명, 2010, pp. 20-21). 그러므로 고려총회 신학부가 주장하는 바, 성경 외에는 계시가 이제 없고 성령의 조명만 있다고 하는 것은 성경과 칼빈과 웨스트민스터신앙고백이 가르치고 있는 바를 충분하게 알지 못한데서 비롯된 것이며, 류 목사에 대한 판단도 자의적이다.

칼빈주의자인 조나단 에드워즈의 『신앙과 정서』(지평서원, 1994), 헨리 블랙가비와 클로드 킹의 『하나님을 경험하는 삶』(요단 출판사, 1997), 하워드 라이스의 『개혁주의 영성』(CLC, 1995) 등 영성신학과 관련된 글들에 의하면, 하나님이 우리와 함께 계실 뿐 아니라 그리스도가 우리 안에 거하고 계시는 바 임마누엘의 경험과 관련하여, 극적인 회심의 경험, 하나님의 황홀한 임재의 경험, 시각적 청각적 경험, 직관적 경험, 자연 속에서 하나님의 영광을 보는 경이로운 경험, 일상생활에서 하나님의 섭리를 보는 경험 등을 통해서 지금도 실감할 수 있다는 것이 개혁주의 계시관이다.

고려총회 신학부의 경우처럼 편협한 계시관에 의하면, 성도들의 생동감 넘치는 영적 경험, 곧 하나님 아버지의 임재와 그리스도 예수와 성령의 내주를 통해서 피부로 알고 느끼는 영적 지식을 위축시킴으로써 신앙의 성장을 막을 뿐 아니라, 하나님께 감사와 헌신을 드리는 데 소극적이게 만든다.

2) 사탄 계시 주장

● 류광수 목사의 주장

"마귀가 주는 계시를 알아야 합니다 … 마귀 계시, 하나님만 계시하는 것 아닙니다"(다락방 파급단계 3).

● 류광수 목사의 주장에 대한 고려총회 신학부의 판단

마귀가 계시한다고 하는 류광수 목사의 주장대로 생각해 보면, 성경에는 마귀의 말이 있다는 것이 될 뿐 아니라, 성경은 하나님의 정확 무오한 말씀이 아니라는 것이 된다. 류 목사의 마귀 계시에 대한 주장은 성경의 완전성과 무오성을 부인하는 것이 됨으로 이단적 사상이라고 규정되어야 한다.

● 고려총회 신학부의 판단에 대한 평가

류광수 목사가 한 설교, "그리스도께서 삶 속에"(마 17:22-27)(2011년 1월 22일, 예원교회)에 보면, "아파트 사서 감사하고, 차를 사서 감사하고, 아들이 (대학교에) 합격해서 감사하고, 남편이 승진해서 감사하고 … 내가 하나님께 기도했더니 이런 큰 경제의 축복을 받았다고 말하면 재벌들이 듣고 웃습니다 … 정말로 그게 복음인가? 그건 복음이 아니다"고 말했다.

이로 보건대 류 목사가 말하고자 한 것은 사도 바울이 말한바 '다른 복음'(갈 1:8)이라는 용어처럼 '기복신앙적인 그릇된 계시와 복음'을 가리키는 것이었다고 보아야 할 것이다.

그럼에도 불구하고, 고려총회 신학부는 마귀는 계시할 수가 없다고 주장하면서 류 목사를 이단으로 정죄하였다.

그렇다면, 성경적으로 볼 때 마귀는 사실상 계시를 할 수가 없는가? 즉, 하나님의 깊은 비밀을 알지 못하는가?

개혁주의 신학자인 R. C. 스프롤은 마태복음 8:28-33을 해설하는 가운데, 29절의 "때가 오기도 전에 우리를 괴롭히려고 여기에 오셨습니까?"에서 "때"(카이로스)와 관련하여 이렇게 말했다.

"귀신들은 하나님이 미래의 카이로스적인 순간, 즉 특정한 시간을 예비하셔서 하나님의 진노와 형벌에 처하게 되고 지옥 구덩이에 던져질 때가 온다는 것을 분명히 알고 있었다. 귀신들은 … 하나님에 의해 영원 가운데 확정된 미래의 사건을 위한 시간표를 변경시키지 않는 것도 알고 있었다"(『보이지 않는 손』, RTS, 2011년, p.160).

이로 보건대, 악한 영들이 하나님의 작정된 미래의 시간표를 알고 있었다는 사실은 마귀도 계시할 수 있음을 뜻한다. 마귀도 예수님이 하나님의 아들이심을 알고 두려워하며 떤다(마 8:29; 막 2:19).

이상에서 본대로, 고려총회 신학부가 "성경 외의 계시"와 "마귀 계시"를 류 목사가 주장한 것으로 보고서 이단으로 판단한 것은 성경과 개혁신학에 근거하여 정당하게 한 것으로 볼 수가 없다. 고려총회 신학부가 하나님의 계시와 관련하여 성경과 칼빈, 웨스트민스터신앙고백 및 건전한 개혁주의 신학자들을 충분하게 알지 못한 데서 류광수 목사를 자의적으로 판단한 것이다.

2. 신론과 인죄론

1) 천사 동원권 주장

● 류광수 목사의 주장

"기도는 과학입니다. 기도만 하면 성령의 역사가 일어납니다 … 기도할 때마다 하나님께서는 하늘 보좌 문을 여시고 하늘의 군대(천사)들을 보내십니다. 하나님께서는 모든 일에 주의 천사를 보내셔서 응답하시며, 중요한 일을 이룰 때는 군대를 보내기도 하십니다 … 하나님의 백성들이 복음을 전하기 위해 움직이는 곳마다 눈에 보이지 않게 하늘의 불말과 불병거를 보내어 지키신다는 사실을 믿으시기 바랍니다"(『복음편지』 pp. 216-217).

류 목사는 구원 받은 자의 축복 가운데 하나님께서 천사들을 보내어 지켜 주시는 것을 강조한다(히 1:14; 계 8:3-5; 시 103:20-22). 류 목사는 천국 시민권을 가진 하나님의 백성의 기도에 응답하여 예수님의 권능으로 사탄의 세력을 결박할 수 있게 하나님이 천군 천사들을 보내어 역사하신다고 주장했다(『복음편지』, p. 207).

다시 말해서, 기도하면 성령이 역사하게 되고(눅 11:13; 마 12:28), 성령이 역사하면 반드시 악령의 세력들이 결박 당하게 되고(마 12:28-29), 또 성령이 역사하면 하나님의 능력의 천사들이 동원되어 주의 일을 하게 된다(히 1:14; 단 10:10)고 류 목사가 주장한 것이다(『복음편지』, p. 22).

● 류광수 목사의 주장에 대한 고려총회 신학부의 판단

　천사가 사람들을 도와준다는 사상은 중세 스콜라 신학에서 연유한 것이고, 류 목사의 천사 동원권은 김기동의 베뢰아 귀신론에 영향을 받은 것이며(참조, 김기동, 『믿음의 기도와 하나님의 응답』, p.128; "하나님은 우리의 기도를 들으시고 응답하므로 우리에게 천사를 보내 주십니다"), New Age 사상과 상통하는 것으로 보인다고 고려총회 신학부가 판단하였다.

● 고려총회 신학부의 판단에 대한 평가

　고려총회 신학부의 주장대로 천사가 성도들을 도와주고 섬긴다는 사상은 반성경적이고 반칼빈주의적이며 반개혁주의적인가? 히브리서 1:14, "모든 천사들은 섬기는 영으로 구원을 상속받을 자들을 섬기라고 보내심을 받은 것이 아니냐?" 이 구절에 대하여, 박윤선 목사는 "천사들은 성도들에게 대하여 영적으로 수종들어 돕게하려고 세움을 받았다"(『성경주석 히브리서』, 공동서신, p. 20)고 주해하였다.

　칼빈은 주해하기를, "하나님은 천사들에게 영예로운 섬김의 직분을 부여하셨다 … 하늘의 천사들은 성도들을 섬기는 종들로 그들의 구원을 지키도록 세움을 받았다 … 하나님은 우리의 연약함을 고려하여 우리를 도와 사탄을 대적하도록 천사들을 조력자로 우리에게 보내 주시는 것이다. 이 축복은 특별히 하나님의 택하신 자들에게 주어져 있다"(『Calvin's NT Commentaries: Hebrews & Ⅰ and Ⅱ Peter』, pp. 16-17).

　존 오웬도 같은 뜻으로 다음과 같이 말했다.

　"천사들의 하는 일은 항상 하나님의 뜻을 행할 준비를 하면서 시중드는 것이다. 그들은 날마다 그리고 끊임없이 하나님의 일을 돕는 자들에게 보냄을 받는다 … 이 지상에서 땀흘려 수고하는 성도들을 향한 하나님의 사랑과 관심 때문에 하나님께서는 그들을 돌보며 섬기도록 그의 보좌의 지극히 영광스러운 천사들을 보내신다"(『히브리서 주석』, 엠마오, 1986, p. 27).

칼빈은 그의 『기독교강요』에서 천사들의 하는 일을 다음과 같이 설명했다.

첫째, 천사들은 우리의 안전을 위하여 항상 깨어 있으며, 우리를 보호하는 책임을 맡고 있고 우리의 길을 지도하며 우리로 하여금 (마귀의) 해를 당하지 않도록 한다(시 91:11-12; 창 16:9; 출 14:19; 삿 13:3-20).

둘째, 우리를 보호하는 임무를 완수하기 위하여 천사들은 마귀와 우리의 모든 원수들을 대적하여 싸우며 우리를 해치는 자들에 대하여 하나님의 보복을 시행한다(I. xiv. 6-7).

히브리서 1:14에 대한 칼빈과 칼빈주의자들의 주해와 칼빈의 『기독교강요』에 의하면, 이상에서 본대로, 천사들이 성도들을 도와 마귀와 대적한다는 사상은 중세 스콜라 신학의 영향도 아니고, 김기동의 귀신론이나, New Age 사상에게서 영향 받은 것도 아니다. 오히려 지극히 성경적이다. 류 목사의 표현에 따르면, 마치 성도들이 기도할 때 천사들을 임의로 동원할 수 있는 것처럼 보이기 때문에 이단으로 정죄되어 마땅하다고 고려총회 신학부는 주장하지만, 성도들의 기도와 성령의 역사를 통해 하나님이 천사들을 동원하여 보내주신다는 뜻을 담고 있으므로, "천사 동원권"이라는 표현을 문제 삼는 것은 온당하지 않다.

2) 죄와 사탄 일체설

● 류광수 목사의 주장

"인생의 모든 문제는 … 죄도 아닙니다. 죄가 사탄에게서 시작되었습니다 … 이 사탄이 죄를 가지고 인류를 넘어뜨리고 죽이려고 하는 것입니다"(다락방 파급단계 2).

"하나님의 아들이 오신 것은 마귀의 일을 멸하려 하심이라. 죄와 사탄이 딱 붙어 다닙니다. 언제든지 분리가 되지 않아요"(EBS 양육).

● 류목사의 주장에 대한 고려총회 신학부의 판단

죄와 사탄의 일체를 주장하는 류광수 목사의 인죄론은 비개혁주의 사상이요, 지방교회의 위트니스 리의 사상과 맥을 같이 한다. 위트니스 리의 이단사상은 죄와 사탄을 동일시하는 데서부터 시작된다(참고, 정동섭, 『그것이 궁금하다』, p. 249).

● 고려총회 신학부의 판단에 대한 평가

고려총회 신학부는 류 목사가 "죄와 사탄이 딱 붙어 다닌다"는 말을 트집 잡아 죄와 사탄을 일체로 보았다고 하는가 하면, 지방교회의 위트니스 리의 사상에 영향을 받은 이단사상으로 판단하였다.

그러나 류 목사가 죄와 사탄이 딱 붙어 다닌다고 말한 것은 사탄에게서 죄가 시작되었고, 사탄이 사람들을 미혹하여 죄를 짓게 하는바 죄의 조성자임을 뜻할 뿐이다(참고, 『전도훈련교재』, p. 27). 요한도 사탄 마귀를 죄의 아비 곧 조성자라고 한 바 있다(요 8:44). 칼빈도 사탄 마귀를 모든 사악과 불의의 창시자로 보았다(『기독교강요』, I. xiv. 15).

류 목사는 어디에서도 죄와 사탄을 하나로 본 바 없고, 사탄을 죄의 실체요 조성자로 보고 있을 뿐이므로(『복음편지』, pp.29-30) 이단으로 판단되는 것은 합당하지 않다.

3) 잘못된 삼위일체론 수용

● 류광수 목사의 주장

"더 확실한 것은 고린도전서 3:16, '너희가 하나님의 성전인 것과 하나님의 성령이 너희 안에 거하시는 줄 알지 못하느뇨?' 우리 속에 성령이 계신다. 우리 안에 누가 계신단 말이지요? 하나님이 계신다. 이것 보고 삼위일체, 그래 삼위일체 교리는 아주 중요한 것입니다"(EBS 양육 테이프 2).

● 류광수 목사의 주장에 대한 고려총회 신학부의 판단

류 목사의 이 같은 주장은 자신도 모르는 사이에 지방교회의 위트니스 리의 삼일 하나님과의 연합 사상을 반영한 것이다. 삼위일체 하나님이 우리 안에 계신다고 하는 것은 전통적 삼위일체론이 아니다. 다시 말해서, 류 목사의 삼위일체론은 개혁주의가 아니다.

● 고려총회 신학부의 판단에 대한 평가

고린도전서 3:16에 대한 칼빈, 모리스, 박윤선, 이상근 등의 주해를 살펴보면, 성부 하나님과 성자 예수 그리스도와 성령 하나님이 교회 안에 내주하신다. 특별히, 성령이 하나님이심을 바울이 밝혀 놓은 것이다. '성전'이 하나님의 임재하는 집이라는 사실로 비추어 볼 때, 교회 안에 삼위일체 하나님이 내주하시는 것이다.

류 목사의 『복음편지』(현장 메시지 1, pp. 9-10)에 보면, 영이신 하나님으로서 예수 그리스도가 이 땅에 오시어 우리 가운데 거하시고(요 1:14; 고전 15:45), 우리가 그리스도를 믿을 때 성령이 우리 가운데 임하게 된다. 류 목사가 성부 하나님뿐 아니라 성자 예수 그리스도와 성령을 영으로 알고, 영이신 삼위 하나님이 다 같이 함께 성전 된 우리 안에 계신다고 주장한 그의 삼위일체론은 지극히 성경적이고 정통 개혁주의적이다(참고,『복음편지』, p. 77).

칼빈의 『기독교강요』(I. xiii, 19)에 보면, "성자는 성부와 함께 같은 성령을 가지고 계시므로 성부와 함께 한 하나님이시다. 성부는 전체로 성자 안에 내주하고, 성자는 전체로 성부 안에 상호 내주하신다"(요 14:10-11). 즉 성부, 성자, 성령 하나님은 영으로서 상호 내주하고 교통하시기에, 하나님의 성전에 함께 거하신다. 그래서 고린도전서 3:16에서 바울은 성령이 성부와 함께 교회 안에 거하시는 하나님이심을 밝혀 놓은 것이다. 예수님도 자기를 사랑하는 자의 경우, 성부 하나님이 보내주시는 보혜사 성령께서 영원히 함께 계실뿐 아니라(요 14:16), 성자 예수 그리스도 또한 성부와 함께 자기를 사랑하는 자 안에 거하시겠다고 말씀하셨다(요 14:23).

요한복음 14:23에서 예수님이 사용하신 바 "우리"는 전체 문맥으로 보면 성부, 성자, 성령 삼위 하나님을 가리키고 있다. 성부와 성자와 성령 삼위 하나님이 항상 함께 계신다(요 1:1-2)는 사실로 미루어 보더라도 삼위 하나님이 교회 안에 함께 동시에 항상 계신다는 것은 지극히 당연한 성경적 진리이다.

이로 보건대, 고려총회 신학부가 류광수 목사의 삼위일체론을 지방교회 위트니스 리의 잘못된 삼위일체론의 영향을 받은 것으로 판단한 것은 합당하지 않다.

3. 기독론

1) 성육신의 목적 오해

● 류광수 목사의 주장

하나님의 아들이신 예수 그리스도가 이 땅에 육신을 입고 오신 것은 두 가지 일을 해결하기 위해서인데, 그 중에 한 가지는 요한일서 3:8에 말씀된 대로 마귀의 일을 멸하기 위해서였다(복음편지 강의 테이프 3; 류광수 『복음편지』, p. 186).

예수님이 마귀의 일을 멸하러 이 땅에 육신을 입고 오신 것을 알 때 창세기 3:1-6과 16-20에서 왜 우리에게 고통이 있고, 또 예수님이 십자가에서 피를 흘리셨는지를 제대로 알게 된다(평신도 기초전도이론 6).

● 류광수 목사의 주장에 대한 고려총회 신학부의 판단

류광수 목사가 제시하는 복음은 요한일서 3:8이다. 그러나 예수님의 성육신의 목적은 자기 백성을 저희 죄에서 구원하고(마 1:21), 그를 믿는 자마다 영생을 얻게 하는 것이다(요 3:16).

류 목사가 유독히 요한일서 3:8을 고집하는 이유는 김기동과 한만영의 귀신론에 영향을 받은 까닭이다(참고, 김기동 『마귀론 상권』, pp. 23-24; 한

만영, "그레이스 아카데미 강의록." pp. 222-223). 성경적으로 보면, 예수 그리스도가 이 땅에 오신 목적은 마귀를 멸하기 위한 것이 아니고, 다만 우리를 죄에서 구원하기 위한 것이다. 이로 보건대, 류 목사는 예수님의 성육신을 마귀론적으로 왜곡한 이단사상과 관련되어 있다고 볼 수 있다.

● 고려총회 신학부의 판단에 대한 평가

류광수 목사가 말한바 예수님의 성육신의 목적은 두 가지이다.
첫째는 창세기 3장에서 아담이 범한 원죄와 그 죄로 말미암은 자범죄를 해결하는 것이요(『복음편지』, pp. 88, 99).
둘째는 그 원죄의 조성자인 사탄 마귀를 멸하여 사탄의 권세로부터 하나님의 백성들을 자유케 하는 것이다(『복음편지』, pp. 89, 99).
성경적으로 예수님이 사람의 몸으로 이 땅에 오신 목적을 살펴보면,
첫째, 자기 백성을 죄에서 구원하여 함께 하시기 위함이요(마 1:21, 23),
둘째, 성경을 성취하기 위함이며(마 5:17; 요 19:30),
셋째, 자기 목숨을 대속제물로 주기 위함이요(막 10:45),
넷째, 잃어버린 자들을 찾아 구원하기 위함이며(눅 19:10),
다섯째, 자기 백성이 풍성한 생명을 얻도록 하기 위함이었다(요 10:10).
여섯째, 죄인들의 구원과 영생을 위하여 복음을 전하며(막 1:38),
일곱째, 악령들을 쫓아내기 위함이었다(막 1:39). 그래서 예수님이 복음을 전하시며 구원 사역을 시작하시던 때 제일 먼저 행하신 일은 더러운 악한 영을 멸하여 악령 들린 사람을 치유하는 것이었다(막 1:21-28).
또한, 예수님의 삼중직 곧 선지자직, 왕직, 제사장직과 관련하여 예수님의 성육신의 목적을 살펴보면,
첫째, 선지자로서는 복음을 선포하여 가르치는 것이요,

둘째, 왕으로서는 교회를 보호하고 통치하되 자기 백성들이 영적 대적들 곧 악령들을 대항하여 이기게 하는 것이며,

셋째, 제사장으로서는 속죄제물로 자신의 몸을 드릴 뿐 아니라 자기 백성을 위하여 중보기도하기 위함이었다(참고,『기독교강요』, Ⅱ. xv).

이상에서 성경과 칼빈의『기독교강요』를 통해서 살펴본 대로, 예수님의 성육신의 목적은 죄에서의 구원과, 그 구원을 위하여 마귀를 멸하는 것이다. 한국 교회는 죄에서의 구원에 대하여는 강조하여 왔으나, 악한 영 곧 마귀를 대적하고 멸하는 것에 대해서는 무관심한 편이었다. 이 같은 한국 교회의 무관심을 염두에 두고 류광수 목사는 요한일서 3:8에 근거하여 마귀를 멸하는 일을 강조한 것이다.

따라서 류 목사가 요한일서 3:8을 근거로 삼아 예수님의 성육신의 목적을 마귀 멸하는 것과 관련지어 강조한 것에 대하여 김기동과 한만영의 이단사상과 연결 지어 판단한 것은 합당하지 않다. 웨스트민스터신앙고백도 하나님의 나라가 이루어지려면 죄와 사탄의 나라가 멸망하고 복음이 온 세상에 전파되어야 한다고 가르친 바 있다(대요리문답 191문답).

2) 사탄배상설

● 류광수 목사의 주장

류광수 목사는 마가복음 10:45을 설명하면서 예수님이 대속물로 자신의 몸을 내어주신 것은 사탄에게 우리의 모든 죄의 댓가를 다 갚아버리기 위함인 것이라 하였다(평신도 기초전도이론 강의 테이프 6).

● 류광수 목사의 주장에 대한 고려총회 신학부의 판단

　류광수 목사가 말하는바 사탄에게 죄의 댓가를 다 갚았다는 것은 소위 사탄배상설로서 개혁주의의 속죄론과는 상반되는 이단사상이다. 사탄배상설에 의하면, 사탄이 정복의 권세로 하나님의 택한 백성들을 붙잡고 있기 때문에 그리스도께서 그들을 위한 배상으로 사탄에게 속전을 헌납하기 위해서 십자가에서 속죄제물로 죽으셨다. 이로써 사탄에게 댓가를 지불했기 때문에 하나님의 택한 백성들을 석방하였다는 것이다.
　이 같은 사탄배상설은 성경적이지 않다. 그리스도께서 자신을 대속제물로 내어주신 것은 하나님의 공의를 만족시키기 위한 것으로 하나님께 드린 것이요, 결코 마귀에게 지불한 것이 아니다.
　류 목사의 주장은 사탄을 성경해석의 축으로 삼은 결과로 나타난 것으로 그가 사탄배상설을 알고 했을 리가 없다.

● 고려총회 신학부의 판단에 대한 평가

　마가복음 10:45에 대한 류광수 목사의 해설은 그 자체만 놓고 보면 사탄배상설로 오해 받아 마땅하다. 변명할 여지가 없다. 사탄에게 죄의 값으로 그리스도가 자신의 몸을 대속물로 주었다는 류 목사의 표현은 성경적으로 전혀 맞지 않고, 개혁주의의 속죄론과도 상반된다. 그러므로 류 목사의 이 같은 주장은 시비의 대상이 될 만하다.
　그렇지만, 고려총회 신학부가 지적한 대로, 류 목사의 발언은 사탄배상설을 의도적으로 주장하려 했기 때문이 아니고, 사탄을 죄의 실체요 조성자로 보고 멸망시켜야 한다고 주장한데서 비롯된 것으로 보아야 할 것이다. 마산노회 하림교회는 류 목사의 주장을 김기동의 귀신론과 연결 짓고 있으나, 김기동 자신이 그리스도의 보혈을 마귀가 아니라 하나님께 지불된 댓가로 주장하고 있는 까닭에(참고, 김기동, 『마귀론 상』, p.115), 사실상 관련이 없다.

류 목사의 경우, 제사장으로서의 예수님의 직무가 하나님의 공의를 만족시키고 하나님과 인간을 화해시키기 위하여 단번에 자신이 희생제물이 되셔서 인간의 속죄를 이루셨다고 말한 것(류광수, 『전도총회 전도운동에 관한 이론과 실제』, p. 109)으로 미루어 보면, 사탄배상설을 주장한 것으로 보이는 그의 말은 고의성이 없는 실수인 듯하다.

류 목사가 예수님의 성육신의 목적에 관하여 마귀를 멸하는 것이라고 말한 것을 보면, 예수님이 멸망시켜야 할 대상인 마귀에게 자신의 몸을 대속제물로 내어준다는 것은 있을 수 없는 일이다. 류 목사에 의하면, 예수님은 하나님이시기에 사탄을 멸하여 이길 수 있는 권세를 가지신 분으로서, 인간을 구원하시려고 죄의 댓가로 죄 없는 몸이 십자가에서 죽어야 했다(『복음편지』, pp. 100-101).

4. 구원론

1) 사탄에게서의 해방을 구원으로 주장함

● 류광수 목사의 주장

사탄에게서 해방되는 것이 구원이다.
"사람을 살리는 길이 있다. 살려줘야 되고 사탄에게서 풀어줘야 되는 것이다 … 죄로 말미암아 죽은 우리는 예수를 영접해야 한다. 사탄의 권세, 공중의 권세 잡은 자가 지금 있기 때문에 그리스도의 이름으로 날마다 해방 받아야 한다"(서울 전도신학원 강의).

"그리스도 메시지만 계속 말하면 … 사탄이 꺾이고 하늘의 군대(천사) 들이 동원되고 그렇습니다"(아비멜렉이 본 여호와).

● 류광수 목사의 주장에 대한 고려총회 신학부의 판단

류광수 목사의 구원관은 인간의 죄와 불행의 원인을 철저히 사탄과 연관 짓고 있다. 류 목사에 의하면, 죄는 하나님을 떠나는 것이요, 그 원인 제공자가 사탄이므로 사탄에게서 해방되는 것, 사탄의 권세를 이기는 것이 구원이다. 사탄의 문제만 해결되면 구원을 얻는다고 보는 류 목사의 구원관은 종말론적인 미래적 구원보다는 현세적 능력과 은사 체험을 강조한 데서 비롯된 것으로 개혁주의와 거리가 멀다.

개혁주의 구원관에 의하면, 주님을 영접할 때 사탄이 쫓겨 나가는 것이지, 사탄을 쫓아내므로 구원 받는 것이 아니다. 구원은 예수를 믿음으로 하나님의 자녀의 권세를 얻어 하나님의 영광의 보좌에 동참하여 영생을 누리는 것이다. 구원을 사탄에게서 해방 되는 것으로만 이해해서는 안 된다. 이 같은 개혁주의 구원에 비추어 볼 때 류 목사의 구원론은 개혁주의가 아니다.

● 고려총회 신학부의 판단에 대한 평가

류 목사의 『복음편지: 현장 메시지 1』(도서출판 예수생명, 1993년)과 『복음편지』(도서출판 생명, 2002년)에 나타나 있는 그의 구원론을 전체적으로 살펴보면 다음과 같다.

"구원은 단순히 예수를 믿고(입으로 고백하고) 모든 일이 형통하게 잘 되는 것을 의미하지는 않습니다"(p.16).

"하나님께서는 죽음에서 건져내신 당신의 백성들을 끝까지 버리지 않으시고 그리스도 예수의 날(빌 1:6)까지 친히 완성시켜 나가십니다. 이것이 구원입니다"(p. 17).

"구원은 흑암 가운데서 우리를 건져내신 주님께서 우리를 영원한 세계까지 이루어 나가시는 것입니다." "구원은 임마누엘, 곧 하나님이 나와 함께 계시는 것입니다"(pp.18-20).

"구원 받는 데는 우리의 조건이 필요 없습니다. 예수님을 믿고 영접하면 구원 받습니다." "예수님께서 십자가에서 보혈의 능력으로 죄의 문제를 완전히 해결하셨습니다. 오직 예수 그리스도의 이름으로만 구원받을 수 있습니다." "예수님을 알고 믿는 순간, 흑암과 지옥, 운명과 사탄의 권세에서 해방 받는 것은 물론이려니와 영혼이 해방을 받게 되는 것입니다." "하나님께서는 법적으로 죄와 사탄의 권세에서 우리를 완전히 해방시키셨습니다. 그리스도의 보혈의 능력으로 우리를 깨끗하게 하셨습니다. 그러니 더 이상 죄에 매여 종노릇할 이유가 없습니다." "구원은 하나님의 은혜입니다"(pp. 48-49).

첫째, 구원은 죄인 된 우리가 예수를 믿음으로 하나님의 자녀가 되어 하나님뿐 아니라 그리스도께서 우리 안에서 우리와 더불어 사는 것이다.

둘째, 구원은 생명이다. 하나님이신 성령이 우리 안에 계시는 것이다.

셋째, 구원은 죄와 사탄의 권세에서의 해방이다.

넷째, 구원은 율법의 저주에서의 해방이다(pp.121-123).

구원 받은 자의 특권은 여섯 가지이다.

첫째, 하나님의 자녀 된 특권,

둘째, 복음전파의 특권,

셋째, 예수님의 권능으로 사탄의 권세를 결박하고 이길 특권(예수 그리스도께서는 사탄의 권세를 완전히 꺾으셨고, 신자들에게 모든 흑암의 세력 곧 악한 영들을 이길 수 있는 특권을 주셨다),

넷째, 기도 응답의 특권,

다섯째, 성령의 인도를 받아 사는 특권,

여섯째, 하나님께서 천사들을 보내어 우리가 도움을 얻게 하는 특권,

일곱째, 천국 시민권 등이다(pp.121-125, 206-207).

이상에서 살펴본 류 목사의 구원관을 고려총회 신학부의 개혁주의 구원관과 비교해 보면 다를 바가 없다. 오히려 고려총회 신학부의 구원관이 류 목사를 판단하는 것에 국한된 까닭이겠지만, 성경적으로나 개혁주의적으로 빈약하다.

류 목사의 구원관에 대한 고려총회 신학부의 판단을 살펴보면, 류 목사가 인간의 죄와 불행의 원인을 사탄에게 전적으로 돌리고 연관 짓는 것을 문제 삼고 있다. 그러나 칼빈은 사탄 마귀가 모든 사악과 불의의 창시자로서(『기독교 강요』 I. xiv. 15) 아담을 미혹하여 타락케 하고 하나님을 배반하여 떠나게 함으로 인류 전체가 저주를 받아 불행과 비참에 빠지게 되었다고 말했다(『기독교 강요』 II. i. 1). 칼빈의 주장대로, 죄는 사탄의 미혹을 받아 하나님을 배반하고 떠나는 것이요, 그로 말미암아 인류가 모든 불행과 비참한 상태에 빠지게 되었기 때문에, 우리는 마귀를 대적하여 전투해야 하는 것이다(『기독교 강요』 I. xiv. 14). 칼빈의 신학을 반영하고 있는 하이델베르크요리문답은 제 1문답과 2문답에서 우리가 하나님의 위로 가운데서 복되게 살기 위해서이다.

첫째, 우리의 죄와 비참함이 얼마나 큰가,

둘째, 우리의 모든 죄와 비참함에서 어떻게 구원을 받는가,

셋째, 구원에 대해 우리가 얼마나 감사해야 하는가를 알아야 한다.

우리가 누리는 유일한 위로는 예수 그리스도가 그의 보혈로 우리의 모든 죗값을 다 치루셨고 우리를 마귀의 모든 권세에 구해낸 것이라고 진술해 놓았다. 또한 웨스트민스터신앙고백도 우리의 시조인 아담과 하와가 사탄의 간계와 시험에 유혹을 받아 범죄하였고, 그 죄로 말미암아 하

나님과의 교통이 끊어지게 되었으며, 영적 육체적 그리고 영원한 모든 불행들을 당하게 되었다고 진술하였다(제6장 1항, 2항, 6항).

이 같은 칼빈의 『기독교 강요』와 하이델베르크 요리문답과 웨스트민스터신앙고백의 가르침들에 비추어 보면, 류 목사가 인간의 죄와 비참함과 불행을 우선적으로 거론하고(참고, 『복음편지』의 첫마디, "왜 인간에게는 행복이 없는가?"), 그 원인을 사탄 마귀와 연결 지은 것은 개혁주의 신학과 완전히 일치한다.

고려총회 신학부는 류 목사의 사탄 결박권과 관련하여 주님을 믿어 영접할 때 사탄이 쫓겨 나감으로 사탄 마귀를 구태여 쫓아내려고 마귀와 대적할 필요가 없는 것처럼 주장했다. 그러나 칼빈이 『기독교 강요』에서 밝히 말한 대로, 하나님의 자녀들은 깨어서 마귀를 대적하여 전투해야 하는 것이다.

구원과 관련하여 성경도 마귀와의 싸움에 대하여 강조하고 있다. 우선, 예수님께서 하나님의 나라를 세우고 구원을 성취하는 사역을 하시던 때 먼저 유대 광야에서 사탄 마귀의 시험을 받으시던 중 마귀를 물리치셨고, 공생애의 첫 번째 사역으로 악한 영들을 쫓아내셨고(막 2:21-28, 32-34), 그의 제자들에게도 악령들을 쫓아내는 권세를 주셨으며(막 3:15), 제자들은 예수의 권세로 많은 악령들을 전도 현장에서 쫓아냈다(막 6:13). 또한 예수님은 믿음의 기도를 통해서 악한 영들을 쫓아낼 수 있으며(막 9:29), 믿는 자들에게는 그의 이름으로 악령을 쫓아내는 권세가 있다고 친히 말씀하셨다(막 16:17).

가룟 유다에게 마귀가 들어가(눅 22:3; 요 13:2, 27) 예수를 배반하여 십자가에 못 박혀 죽도록 하였을 때, 예수님은 아무런 힘도 쓸 수 없게 손과 발이 십자가에 못 박히고, 십자가에 매달려 온갖 수치와 멸시를 당하시며 마침내 죽으심으로 완전히 마귀에게 패배 당한 것처럼 보였다. 그러나 그 순간 예수님께서는 십자가로 악한 통치들과 권세 잡은 영들을 무장해제하고 무력화시켜 밝히 드러내어 즉 만천하에 수치를 당하게 하시고 승리하셨던 것이다(골 2:15).

이렇듯 십자가에서 예수님이 마귀를 완전히 결박하여 무장해제하고 무력화시켰으나, 마귀는 여전히 활동하기 때문에(예, 아나니야와 삽비라의 마음에 사탄이 가득함, 행 5:3) 바울은 선교현장에서 악한 영들을 쫓아내는 일을 하였고(행 19:12), 믿음을 배반한 후메내오와 알렉산더를 사탄에게 넘겨주었으며(딤전 1:19-20), 바울 자신이 복음의 말씀을 전파하던 전도의 현장에서 악한 사자 같은 마귀(참고, 벧전 5:8)의 입에서 주님에 의해 구출되기도 하였다(딤후 4:17). 그래서 바울은 디모데에게 믿음의 선한 싸움을 싸우라 했고(딤전 6:12), 자신도 목숨이 다하는 날까지 그 같은 싸움을 싸웠던 것이다(딤후 4:7).

이 같은 까닭에 예수님은 제자들에게 기도를 가르치시던 때 "우리를 시험에 들게 하지 마시고 우리를 악(또는, 악한 자)에서 구하소서(즉, 건지소서)"(마 6:13)라고 하신바 있다.

마귀가 여전히 지금도 성난 사자처럼 활동하고 있기 때문에, 야고보는 형식적이고 위선적인 거짓 믿음을 버리고 하나님께 복종하는 참되고 살아 있는 믿음을 가지고 하나님을 가까이 하는 가운데 마귀를 대적하라고 하였다(약 4:7-8). 베드로도 여러 가지 시험 때문에 믿음의 시련이 있는 성도들에게 정신을 차리고 깨어 기도할 뿐 아니라(벧전 4:7) 믿음에 굳게 서서 마귀를 대적하라 하였다(벧전 5:8-9).

뿐만 아니라 바울은 하나님의 전신갑주를 입고서 마귀를 대적하여 이기라고 명령하였다(엡 6:10-17). 그리고 이 싸움에서 승리하기 위해서 "모든 기도와 간구로 항상 성령으로 기도하고 깨어 있으라"(엡 6:18)고 하였다. 바울은 또한 믿음의 아들 디모데를 반대하는 자들로 하여금 회개하여 마귀에게 사로잡혀 마귀의 뜻을 좇던 데서 돌이켜 정신을 차리고 마귀의 올무에서 벗어나도록 하라고 부탁하기도 했다(딤후 2:22).

고려총회 신학부가 주장한 대로, 우리가 예수를 믿을 때 마귀가 쫓겨 나감으로 우리가 죄와 마귀의 종노릇하는 데서 해방되는 것이 사실이지만(롬 6:17-22), 죄의 실체인 마귀는 여전히 기회를 틈타 우리 속에서 온갖 탐심을 일으키고 죽음에 이르게 하려고 발호하고 있다(롬 7:8,11). 그런 까닭에, 예수님 뿐 아니라 베드로와 바울과 야고보 등이 말씀하고 가르치신 대로, 우리는 하나님의 전신갑주를 입고 성령으로 기도하는 가운데 깨어서 믿음에 굳게 서서 마귀를 대적해야 하는 것이다. 그리고 예수의 이름으로 마귀를 무력화시키고 승리해야 한다.

이 같은 사실로 인하여, 루터를 비롯하여 많은 찬송가 작사자들이 마귀와의 싸움을 주제로 노래했다.

"이 땅에 마귀 들끓어 우리를 삼키려 하나," "진리의 검을 앞세우고 힘차게 싸워보세," "힘차게 일어나 용감히 싸워라 저 마귀 물리친 옛 성도들같이," "주님의 강한 손 내 능력되시면 저 마귀 능히 물리쳐 승리하게 되리라," "천국에 있는 천군 천사 우리를 지키리라 하나님께서 내게 주신 튼튼한 갑주 입고 … 용맹스럽게 싸우세 승리는 내 것일세," "마귀들과 싸울지라 죄악 벗은 형제여 담대하게 싸울지라," "믿는 사람들은 군병 같으니 앞에 가신 주를 따라 갑시다 … 원수 마귀 모두 쫓겨 가기는 예수 이름 듣고 겁이 남이라," "우리들의 싸울 것은 혈기 아니요 … 마귀 권세 힘써 싸워 깨쳐 버리고 … 마귀들의 군사들과 힘써 싸워서 승전고를 울리기까지," "주 믿는 사람 일어나 다 힘을 합하여 이 세상 모든 마귀를 다 쳐서 멸하세," "온 인류 마귀 궤휼로 큰 죄에 빠지니 진리로 띠를 띠고서 늘 기도드리세," "악한 마귀 권세를 모두 깨쳐 버리고 승리하신 주님과 승전가를 부르세 … 우리 싸움 마치는 날 의의 면류관 예루살렘성에서"(한국찬송가공회, 『찬송가』 384장-402장, "분투와 승리").

우리가 바울의 경우에서처럼, 특별히 전도의 현장에서 마귀와의 치열한 싸움이 있기 때문에, 우리는 하나님의 전신갑주를 입고서 믿음에 굳게 서서 예수의 이름의 권세를 의지하고 성령으로 기도와 말씀과 찬송으로 힘써 싸워야 한다. 그러나 우리의 연약함을 아시는 주님은 친히 우리를 위하여 하나님 보좌 우편에서 중보기도하시고(롬 8:34) 성령께서도 친히 탄식으로 중보기도하시며(롬 8:26), 하나님 아버지께서는 천군천사들을 보내어 우리를 돕게 하신다(히 1:14; 계 8:3-5; 참고, 하나님은 예수님께서 유대 광야와 겟세마네 동산에서 기도하시던 가운데 마귀와 대적할 때 천사들을 보내어 돕게 하신바 있다. 막 1:13; 눅 22:43).

이상에서 살펴본 대로, 고려총회 신학부가 판단한 대로 구원은 사탄에게서 해방되는 것으로만 이해되어서는 안 되지만, 구원을 위하여 사탄과 힘써 싸우는 일을 소홀하게 여겨서도 안 된다. 고려총회 신학부는 성경과 개혁주의의 구원론을 전체적으로 고려하여 류 목사의 구원론을 적절하게 평가했어야 했으나, 그렇게 하지 못한 것이다.

류광수 목사가 즐겨 사용하는 "사탄결박권"이라는 용어는 마태복음 12:29에 근거한 것인바, "결박하다"는 말이 "쫓아내다"(마 12:28) 또는 "무장해제하여 무력화하다"(골 2:15)의 의미로 쓰인 점과, 예수님께서 제자들에게 마귀를 쫓아내는 권세를 주신 사실(막 3:15; 6:13; 16:17)을 고려하면, 성경적으로 부적절한 것이 결코 아니다.

2) 궁극적 구원의 부인과 반구원설 주장

● 류광수 목사의 주장

한번 구원을 받아도 넘어질 수밖에 없고, 죄를 지을 수 있다. 죄를 반복적으로 짓게 되면, 고린도전서 5:5대로, 우리의 육체를 하나님이 멸하시고 영혼을 건져 주신다(서울전도신학원 강의; 다락방 개요 8).

● 류광수 목사의 주장에 대한 고려총회 신학부의 판단

고린도전서 5:5에 대한 류 목사의 설명에 의하면 그의 구원론은 반쪽 구원론이다. 이 같은 반쪽 구원론은 김기동이 말하는바, 육체는 사탄에게 내어줌으로 멸하게 하고 영은 주 예수의 날에 구원을 얻게 하자는 것(김기동, 『마귀론 상』 p.145)을 그대로 받아들인 것이요, 또한 위트니스 리가 말하는 바, 육신은 사탄으로부터 오는 질병으로 고통을 당하게 하여 영이 주님의 날에 구원 받을 수 있게 한다(『고린도전서』 p.9)는 해석을 받아들인 것이다.

인간의 구원은 전인적인 것이기 때문에, 육체와 영혼이 분리되어 육체는 구원을 받지 못하고 영혼은 구원을 받는다는 것은 있을 수 없다. 이 같은 반쪽 구원론은 성도들이 성화의 과정에서 넘어져 죄를 범할지라도 궁극적으로 구원을 받는다는 개혁주의 구원론과 상반되는 것이다.

● 고려총회 신학부의 판단에 대한 평가

고려총회 신학부가 고린도전서 5:5에 대한 해석을 자체적으로 제시하지 않았고, 류광수 목사도 좀 더 구체적으로 이 구절을 언급한 것이 그의 『복음편지』에 나타나 있지 않기 때문에, 그의 글들을 전반적으로 살피고 또 칼빈과 개혁주의자들의 주해에 근거하여 평가하는 것이 좋을 듯하다.

류 목사는 마귀에게 내어준 상태에 관하여, 미신에 빠져 살다보면 결국은 육체적으로 뿐 아니라 정신적으로, 현실적으로 각종의 질병과 어려움과 실패를 맛보다가 죽음에까지 이르게 된다고 말했다(『복음편지』 pp. 99, 144, 165, 206).

칼빈과 모리스와 박윤선과 이상근 등이 고린도전서 5:5을 주해한 것을 종합해 보면, '사탄에게 넘겨준다'는 것은 디모데전서 1:20에 비추어 볼 때 교회 밖으로 출교하는 징계를 의미하고, '육신은 멸망을 당한다'는 것은 사도행전 5장의 아나니아와 삽비라의 죽음과 고린도후서 12:7의 육체의 가시, 그리고 신명기 28:20-24에 나타나 있는바 하나님의 징계로 말미암은 각종의 질병, 욥기 2:6-7에서 욥이 당한바 사탄이 준 질병 등에 비추어 볼 때 출교의 결과로 당하는 질병의 고통을 의미한다.

그리고 "그 영은 주님의 날에 구원을 받게 하려는 것이다"는 것은 교회의 징계가 일시적인 것으로 주 예수의 날에 그 범죄한 자가 회개하고 구원 받게 되기를 기대한다는 것을 의미한다.

이 같은 개혁주의자들의 주해에 비추어 보면 류 목사의 말이 크게 잘못된 것 같지 않고, 오히려 그들의 주해와 핵심적인 부분에서는 일치하고 있음을 알 수 있다.

한편, 고려총회 신학부는 류 목사가 고린도전서 5:5에 관하여 말한 것을 놓고서 궁극적 구원을 부인한 것으로 판단했다. 그러나 류 목사는 말하기를, 예수님을 믿으면 모든 저주와 재앙에서 해방되고(『복음편지』 p. 81), 예수님께서 우리의 질병까지도 친히 담당하셨기 때문에(사 53:4-5; 마 8:17) 예수의 이름으로 기도하면 질병에서의 치유도 가능하며(『복음편지』 p. 231), 하나님은 그가 함께 하시는 자녀들이 실수를 범하여 넘어질지라도 끝까지 버리지 않고 인도하시며 성화시킨(『복음편지』 p. 148) "그리스도 예수의 날까지" 완성시켜 나가신다(『복음편지』 p. 17)고 했다.

아무도 예수의 생명을 가진 자를 결코 멸망시킬 수가 없다(롬 8:31-39)고도 말했다(『복음편지』 p. 148). 실례로, 베드로가 예수님을 부인하고 배반하였으며(마 26:69-75), 부활의 주님을 보고서도 원래대로 도망가기도 했지만(요 21:3), 예수님은 그를 버리지 않고 먼저 찾아 주시고 사랑을 확인시키는 가운데 구원의 은혜를 끝까지 누리게 하셨다는 것을 말하기도 했다(다락방전도운동 메시지 자료모음, 2011년 1월 15일자 설교, "베드로의 신앙고백과 발견": 마 17:1-8).

이로 보건대, 류 목사가 성도들의 궁극적 구원을 부인했다고 한 고려 총회 신학부의 판단은 적합하지 않다. 사실상, 류 목사는 하나님이 함께 하시어 예수의 생명을 가진 성도마다 마침내 내세에 천국 보좌에 앉게 된다(엡 2:6)는 사실을 인하여 구원의 확신이 흔들려서는 안 된다고 강조했다(참고,『복음편지』현장 메시지 1, pp.12-13).

3) 예수재영접설

● 류광수 목사의 주장

류광수 목사에 의하면, 구원을 얻는 데는 다섯 단계가 있다.
첫째, 예수 그리스도의 이름을 아는 단계(요삼 1:2),
둘째, 믿는 단계(요 3:16),
셋째, 영접 단계,
넷째, 시인하는 단계(롬 10:9-10),
다섯째, 나타내는 단계이다(다락방 개요, 수영로 8-9;『복음편지』p. 168).

● 류광수 목사의 주장에 대한 고려총회 신학부의 판단

류 목사가 말하는 영접은 요한일서 3:8의 말씀, 곧 예수께서 마귀를 멸하러 오신 것을 알고 받아들이는 것을 의미한다. 즉 마귀를 멸하신 예수님을 영접해야 능력이 오고, 기도응답을 받는다는 논리이다.

요한복음 1:12에서 "영접하다"와 "믿는다"는 단어들이 현재분사형으로서 믿음의 지속성을 나타내고 있는데도 불구하고, 류 목사는 영접과 믿음을 별개의 것으로 해석하고 있다. 그래서 믿음의 단계를 구분하고 있는 것이다.

이 같은 류 목사의 단계 구은 위트니스 리가 말하는 바, 찬성하고 인정하고 영접하는 것이 믿음이라고 한 것과 일맥상통한다(『성경요도』 1권, pp. 105-106).

사실상 류 목사가 말하는 영접은 예수를 믿는다는 개념이 아니라 성화의 과정에서의 은혜 체험이라고 보아야 할 것이다.

요약하자면, 류 목사가 말하는 것은 마귀론에 근거한 예수재영접설로서 지방교회의 위트니스 리의 믿음에 관한 사상과 흡사하기 때문에 개혁주의가 아니다.

● 고려총회 신학부의 판단에 대한 평가

먼저 류광수 목사가 말하는바 믿음의 다섯 단계가 무엇을 의미하고 있는가를 정확하게 이해할 필요가 있다.

첫째 단계는 예수 그리스도를 바르게 깊이 아는 것이다. 그가 인용한 성경 구절인 이사야 53:5, 요한삼서 1:2, 요한일서 3:8 등을 고려해 보면, 예수 그리스도가 우리의 죄악을 인하여 채찍에 맞고 십자가에 못 박혀 죽으심으로 우리가 죄사함을 받고, 영육 간에 강건해지며, 또한 예수님이 십자가로 마귀를 멸하고 승리하셨음을 지적으로 알 때 믿음이 시작된다는 것이다.

둘째 단계는 성경에 계시된 성삼위 하나님의 능력을 믿는 믿음이 깊어져야 한다는 것이다. 즉, 요한복음 3:16의 말씀대로 하나님이 그의 유일하신 아들을 보내어 주시고 그를 믿음으로 영생 얻게 하는바 하나님의 깊은 사랑이 우리의 가슴에 깊이 새겨져야 한다는 것이다. 다시 말해서, 예수 그리스도를 머리로 알기 시작한 단계에서 가슴으로 하나님의 사랑을 느끼는 단계로 발전하는 것이다.

셋째 단계는 예수 그리스도를 우리의 삶의 중심 자리에 모시고 다녀야 한다는 것이다. 즉, 예수님께서 우리의 삶의 중심에 계시어 우리의 삶을 어디에서든 주관하시도록 해야 한다는 것이다. 예수 그리스도를 우리의 주인으로 모시고 신뢰한다.

넷째 단계는 예수 그리스도의 이름과 권능을 시인하고 간증하는 것이 생활 속에서 행해져야 한다는 것이다. 로마서 10:9-10, 마태복음 10:32-33, 16:13-18, 그리고 사도행전 2:21 등의 구절들을 인용한 것으로 보아, 공개적인 신앙고백과 간증을 해야 한다는 것이다.

다섯째 단계는 예수 그리스도가 주인이 되시면 성령의 능력을 입게 된다는 것이다. 사도행전 1:8을 인용한 것으로 보아, 믿음의 최고의 단계는 성령의 능력을 얻어 복음의 증인이 되는 것이다(참고, 『복음편지』 p. 168).

류 목사가 말한 바를 살펴보면, 예수를 그리스도로 믿는 것에 영접하는 것이 포함되어 있기 때문에, 그에게는 믿는 것이 곧 영접하는 것이다(참고, 『복음편지』 p. 76). 그가 말하는 믿음의 단계들을 간략하게 정리하면, 정확한 지식(notitia), 감정적 찬동(assensus), 신뢰(fiducia), 간증(confession), 그리고 능력의 증인(witness)이다. 이 같은 류 목사의 단계 구분은 칼빈이 말하는 신앙의 요소와 관련된 단계들과 일맥상통한다(참고, 『기독교강요』 3권 2장). 그래서 벌코프와 박형룡, 레이몬드 등의 신앙관을 상당 부분 반영하고 있다(참고, 박형룡, 『교의신학: 구원론』 pp. 249-254).

우리의 믿음은 우리의 삶 전체에 걸쳐 지속되는 것이지만, 시작이 있고 완성이 있으며(참고, 히 12:2), 따라서 믿음의 성장 단계가 있는 것이다. 로마서 1:17 "믿음에서 믿음에 이르게 한다"는 문구에 대한 어거스틴과 칼빈 등의 주해에 의하면 믿음에는 초보적 단계로부터 성숙한 단계로의 발전이 있다(참고, 이상근, 『신약주석 로마서』 p. 48). 또한 성숙한 믿음은 순종의 행동으로 나타난다(롬 1:5; 참고, 박형룡, 『교의신학: 구원론』 p. 255).

이상에서 살펴본 대로, 류 목사의 신앙의 단계 구분은 개혁주의자들과 일맥상통하고 있기 때문에, 위트니스 리와 연결 지어 고려총회 신학부가 류 목사를 이단으로 규정한 것은 합당하지 않다.

5. 교회관

● 류광수 목사의 주장

류광수 목사에 의하면, 전도에 관심이 없는 기성 교회는 사탄의 교회로 간주된다.

"한국 교회 98%가 지금 시험에 들었습니다 … 한국 교회 90%가 싸움해서 쪼개져 생겼대요. 그것도 내가 낸 통계가 아니고 … 책에 나왔습니다 … 그게 무슨 말입니까? 한국 교회 98%가 마귀에게 잡혔어요 … 인기, 명예 따라 움직이면서 복음은 하나도 안 전하고 복음 전하는 것 다 막고 … 너무 한국 교회가 컬컬해요"(다락방 개요 – 수영로 11).

● 류광수 목사의 주장에 대한 고려총회 신학부의 판단

류광수 목사는 기성 교회를 사탄이 역사하는 종교로 간주하고 교회의 중직자들과 목회자들에 대하여 상당한 혐오감을 노출해 왔다. 그는 기성 교회를 무시하고 자신의 전도운동만 부각시키면서 균형과 협력을 통하여 하나님 나라를 선포해야 한다는 기본적인 덕목을 상실하였다. 이로써 성도간의 이간과 반목, 질시, 심지어는 교회가 분열되는 현상을 초래하기도 했다.

● 고려총회 신학부의 판단에 대한 평가

　2004년 2월 예장 전도총회(당시 총회장 정은주 목사)는 성명서를 발표하여 예장합동교단을 비롯하여 한국 교회 앞에 기성 교회를 폄하하는 발언에 대하여 사과하고, 한국 교회와 함께 그리스도 안에서 복음 전하는 일에 합력할 것을 약속한 바 있다. 이로써 2004년 9월 제 89회 예장합동총회에 복귀 청원서를 내기도 했다.
　기성 교회를 지나치게 폄하하는 표현을 사용한 류 목사의 발언들을 고려총회 신학부가 윤리적으로 부덕한 것으로 책망한 것은 지극히 당연하다. 교회는 그리스도께서 피로 값 주고 사신(행 20:28)바 그리스도의 몸이요. 성령이 거하시는 하나님의 성전이며(고전 3:16), 하나님의 거룩하고 영광스러운 교회(고전 1:2; 엡 5:27)일 뿐 아니라,
　칼빈의 말대로, 성도들의 어머니이자 학교(『기독교강요』 Ⅳ. i. 4)이기 때문에, 비록 지역교회가 고린도교회와 같은 경우에서 볼 수 있듯이 교회 안에 허물과 분열과 부패함이 있을지라도, 바울이 교회를 사랑할 뿐 아니라 자랑했듯이(롬 1:8; 고전 1:4) 우리는 교회를 사랑하고 존중해야한다. 그래서 칼빈은 교회가 성도들의 공동체이기 때문에 그리스도를 머리로 하여 형제 사랑으로 연합하고 하나님의 복들을 서로 함께 나누어 갖기를 힘써야 한다고 가르쳤다(『기독교강요』 Ⅳ. i. 3).
　어떤 반기독교적 인물들은 지구상에서 교회가 가장 타락한 제도요 하나님이 죽은 무덤이 되었다고 진단하기도 한다. 하나님의 신령한 은혜와 복을 특별하게 많이 받아 누리고서도 부패 타락한 교회의 겉모습을 보면, 장미꽃이 시들면 꽃들 가운데 가장 추해 보이듯이, 지구상에서 교회가 가장 타락한 제도로 보일 것이다(참고, 스프롤, 『보이지 않는 손』 pp.188-189). 그러나 교회는 복음으로 진격하는 힘이 지옥의 권세보다 더 강하고, 교회의 머리되신 주님이 자신의 몸된 교회를 보호하시며 성령이 교

통하시며 지키시고 각종의 은사들을 주시기 때문에, 교회가 비록 죄인들로 구성되어 있을지라도 예수 그리스도의 보혈로 말미암아 지구상에서 가장 거룩한 제도이다.

칼빈이 말했듯이, 말씀 선포와 성례 집행이 교회 안에서 건전하고 순수하게 계속적으로 시행되고 있는 경우에는 어떠한 도덕적 과실이나 병폐가 있더라도 '교회'라는 이름으로 불리는 데에 문제가 전혀 없기 때문에(『기독교강요』IV. ii. 1), 우리는 교회를 함부로 폄하해서는 안 된다. 교회를 폄하하는 것은 교회의 주인되신 예수 그리스도를 모욕하는 것과도 같다.

그러나 기성 교회 특히 보수적인 장로교회와 목회자들은 최근의 교회 성장의 정체 현상과 세상으로부터의 맹렬한 비난(예, 기독교를 개독교로 비하함)을 겸허히 받아들여 반성할 뿐 아니라, 성령의 능력적 은사중지론으로 말미암아 순복음 계열의 교회들로 장로교 성도들이 상당수가 수평 이동하였고, 구원의 확신을 강조해 주지 아니함으로 말미암아 구원파 계열의 집단으로 이동하였으며, 복음의 진수를 밝히 가르치는데 소홀하다가 신천지 이단에게 성도들을 빼앗기고, 지역사회 봉사와 지역사회 안에서의 관계 전도를 소극적으로 함으로 말미암아 로마 가톨릭교회에게 성도들을 빼앗기고 있는가 하면, 교회와 성도들을 섬기기보다는 교권 싸움하다가 교회가 분열됨으로 말미암아 성도들을 세상 마귀에게 빼앗기고 있는 현실을 깊이 반성해야 한다.

전도총회는 기성 교회를 부정적으로 폄하하는 대신 존중하고 협력해야 하고, 기성 교회는 전도하는 일에 더욱 힘쓸 뿐 아니라 교회의 침체 현상과 반기독교인들의 비난의 여론에 대하여 겸허하게 자기반성을 해야 할 것이다.

6. 나가는 말: 결론적 평가

고려총회 신학부가 류광수 목사와 전도총회를 판단함에 있어서 권신찬의 구원파와 김기동의 귀신론과 지방교회의 위트니스 리의 예수재영접설 등에 영향을 받은 사탄신학 또는 축사신학의 사이비 기독교 운동으로 결론지었다.

고려총회 신학부가 류광수 목사의 신학사상을 판단하는 신학적 배경에는 계시종결론과 은사중지론이 있다. 계시종결론에 의하면 성경 외에는 계시가 없다는 것이고, 은사중지론에 의하면 계시적 은사인 예언과 방언의 은사와, 계시를 확증하는 표적(sign)인 이적을 행하는 능력적 은사인 치유와 축사의 은사가 지금은 중지되고 없다는 것이다.

이 같은 계시종결론과 은사중지론은 워필드의 신학사상에 크게 영향을 받은 박형룡의 신학을 오해한 데서 비롯되었다. 박형룡의 『교의신학: 서론』에 보면, 구원의 방도는 오직 성경에만 있고, 오직 성경만이 구원을 위한 계시이며, 성령은 진리의 새 계시를 주시지 않고, 이미 계시된 진리를 사용하여 조명하시는 까닭에 다른 계시가 불필요하다. 이제는 다른 복음이 없듯이(갈 1:8-9) 다른 계시도 없는 것이다(pp. 288, 289, 295).

또한 예수 그리스도가 하나님의 특별계시의 절정으로서 최고의 최종적 계시로서 하나님을 확실하고도 충분하게 계시하셨기에(요 1:18) 다른 계시가 필요 없다. 이 같은 박형룡의 글과 웨스트민스터신앙고백이 "하나님께서 자기 백성에게 자신의 뜻을 직접 계시해 주시던 과거의 방식들은 이제 중단되었다"는 진술에 근거하여 하나님의 계시가 성경으로 종결되고, 이제는 성경 외에 계시가 없다고 보고서 계시종결론을 주장하는 것이다.

한편, 박형룡의 『교의신학: 신론』에 보면, 계시의 증명에 필요한 이적은 정경의 완성과 함께 중지 되었고, 기도를 통한 섭리적 응답으로 치유의 역사가 있을 뿐이다(pp. 479, 488, 489). 이 같은 박형룡의 글에 근거하여 은사중지론을 주장한다.

그러나 박형룡은 베르카우어의 주장과 피선교지에서의 많은 이적의 역사들을 인하여 이적의 가능성을 열어 놓고 언제라도 이적은 있을 수 있다고 부연 설명했다(pp. 491-492). 또한 하나님의 계시와 관련해서도 하나님께서는 이미 주신 계시를 가지고 자신과 자신의 뜻을 알리신다(즉, 조명하신다)고 했다(『교의신학: 서론』 p. 295).

하나님의 계시에 대한 박형룡의 정의에 의하면, 계시는 하나님이 사람에게 자신을 나타내시거나 혹은 진리를 시달하는 행위와 그 행위로부터 얻어지는바 하나님을 아는 지식이다(『교의신학: 서론』 p. 189). 이 계시에는 자연계와 역사(history)와 양심을 통한 일반계시와, 신현(하나님의 나타나심)과 예언과 이적을 통한 특별계시가 있다. 그런데 최고의 신현, 최종적 예언, 최고의 이적은 바로 예수 그리스도이시므로 기독론적으로 볼 때 이제는 다른 새로운 특별 계시가 더 이상 필요 없다.

하나님의 계시와 이적에 대한 박형룡의 글을 정확하게 살펴보면, 하나님의 새 계시와 관련해서 계시가 종결되었으나, 하나님은 여전히 예수 그리스도와 성경을 통해서 계시와 진리의 성령으로 말미암아 지금도 자신을 알리신다고 하였다(『교의신학: 신론』 p. 295). 그리고 칼빈도 말했듯이, 하나님은 전체 자연계와 역사와 양심을 통해서 뿐만 아니라 하나님의 섭리를 통해서 우리의 삶과 역사 속에서 오늘도 여전히 항상 자신을 계시하신다. 일반계시가 지금도 계속되고 있다면, 그 계시를 밝혀주는 특별계시도 계속되어 마땅한 것이다.

그래서 베드로는 성경말씀이 항상 있고 살아있다고 하였다(벧전 1:23). 그리고 히브리서 기자도 하나님의 말씀은 살아 있고 운동력이 있다고 했다(히 4:12). 즉, 지금도 성령은 은혜의 외형적 방편인 하나님의 말씀(말씀선포와 묵상), 기도와 찬송, 성례, 성도의 교제뿐만 아니라 자연계와 섭리 및 이적 등을 통해서 하나님과 하나님의 뜻을 생생하게 우리에게 계시해 주고 있는 것이다.

우리가 성경말씀을 묵상하거나 선포할 때, 성경말씀을 가지고 기도하고 찬송할 때, 그리고 성경말씀대로 순종할 때 하나님은 우리에게 자신과 자신의 뜻을 직접적으로 알려주신다. 또한 기도가 하나님과의 대화인 점을 고려해 보면, 하나님은 기도를 통해서 친히 말씀하시는 것이다.

박형룡의 신학을 오해하여 극단적인 계시종결론과 은사중지론에 치우쳐 하나님의 계시활동과 계시적 은사와 능력적 은사를 제한하는 것은, 목회현장과 선교현장에서 실제로 나타나는 하나님의 사역을 곡해하게 만든다. 이 같은 곡해로 말미암아 고려총회 신학부가 류광수 목사의 마귀결박론(축사론)을 사이비 기독교운동으로 판단한 것으로 보인다.

앞으로도 전도총회의 더 많은 자료들 및 목회 현장과 전도 현장에 대한 조사 연구가 지속적으로 이루어져야 되겠지만, 고려총회 신학부가 연구하여 판단한 자료를 중심으로 볼 때 류목사에 대한 고려총회 신학부의 판단은 적합하다고 볼 수가 없다.

2011년 4월 16일

II. 한국기독교총연합회의 검증보고서

한국기독교총연합회 이단사이비대책전문위원회는 류광수 목사를 2012년 12월 5일에 직접 대면하여 심문하고, 문서로 된 각종 자료를 근거로 류광수 목사에 대한 비판과 그 비판에 대한 류광수 목사의 저술을 통해서 진위여부를 조사하였다.

- 다 음 -

1-1. 출신학교를 진술해 주시기 바란다.

답변

고신대학교 신학대학원 2년을 수료하고(1984) 총신대학교 신학대학원 3학년에 편입학하여 동 대학원을 1985년에 졸업한 이후 부산노회에서 안수를 받았다.

1-2. 목사면직에 대해서 진술해 주시기 바란다.

답변

이태화 목사님 교회가 건물을 크게도 하고 줄이기도 하는 방식이라 그 건물을 시찰하려고 갔었다. 그런데 그 문제를 이단교회방문, 이단고무찬양을 했다고 하면서 잘못했다고 하라고 했다. 이 사실을 안 교인들이 화가 나서, 교단을 탈퇴하니까 바로 목사면직을 했다. 저는 합동 측과 함께 가고 싶다.

이웃교회와의 시비문제, 음주사고 문제, 88년도 사건은 노회에서 앞장서서 오해를 풀어 주었는데, 그 이후 정치적인 이유와 괘씸죄가 있다고 생각한다.

2. 예장합동 제80회 총회는 "다락방확산방지 및 이단성 규명에 관한 조사위원회"를 구성하고 위원장에 이상강 목사를 선임하였고, 이 목사가 1996년 1월 30일 류광수 목사의 신학을 직접 사실하고 이단성이 없다고 결론지었으나, 총회 신학부가 위원장을 박학곤 목사로 교체하고 총신대

학교 교수들에게 연구를 의뢰하여 연구 보고하게 한 끝에 제81회 총회에서 이단으로 정죄하였다.

이 연구보고서에 의하면 1987년 12월 20일경에 있었던 음주운전과 관련하여 류 목사의 도덕성을 여전히 문제 삼았고, 또 신학적으로는 김기동의 귀신론과 권신찬과 박옥수의 구원파 구원론과 지방교회 위트니스 리의 재영접설 등과 밀접하게 관련된 것으로 간주하였다.

그렇다면, 류 목사는 음주운전사고가 목사직 면직과 직접 관련이 있을 만큼 도덕적으로 문제가 있었으며, 김기동과 구원파와 지방교회의 집회 참석이나 책자 등을 통하여 그들의 신학이나 교리를 배운 사실이 있는가?

그리고 그들 전부 또는 그들 가운데 일부의 신학이나 교리에 대해 공감하여 받아들인 사실이 있는가?

답변

첫째, 예장합동 "다락방확산방지 및 이단성 규명에 관한 조사위원회"의 위원장이었던 이상강 목사는 초지일관 1996년 당시부터 2012년 현재까지 류 목사의 다락방 운동에 이단성이 전혀 없다고 주장하고 있다(참고, 이상강, 『성경대로 복음을 전하는 류광수 다락방전도운동』, 도움의 돌, 2008).

둘째, 1987년 12월에 실수로 범한 음주운전의 건은 부산노회에서 3개월 근신처분으로 종결되었고, 1991년에 있었던 목사면직 처분과는 전혀 상관이 없었으며, 다락방전도운동의 이단성 규정과도 관련이 없었다.

셋째, 2012년 12월 5일 한기총 이단사이비대책전문위원회 앞에서 김기동의 귀신론이나 박옥수의 구원론이나 위트니스 리의 지방교회의 신학이나 교리적 주장을 전혀 배운 사실이 없고, 그들의 주장에 조금도 동조한 일이 없다고 진술했다.

3. 류광수 목사는 구원을 얻는 믿음에는 다섯 단계 곧 예수 그리스도를 아는 단계, 믿는 단계(요 3:16), 영접(요 1:12; 계 3:20), 시인 단계(롬 10:9-10), 나타내는 증거 단계가 있다고 말했다(전도기초훈련 69, 79). 예장합동 이단(사이비)피해대책 조사연구위원회는 구원론과 교회론에 심각한 문제를 다음과 같이 제기하였다(2010 이단·사이비연구자료, 68).

이러한 주장이 비성경적이라고 지적하면서 류광수 씨는 예수를 믿는 것과 영접하는 것을 구분하고, 특히 여기 영접이라는 말을 요한일서 3:8 "하나님의 아들이 나타나신 것은 마귀의 일을 멸하려 하심이니라"는 말씀에 근거하여 예수를 영접한다는 의미로 사용함으로써 예수를 믿음으로 구원받는 것 외에 영접하는 단계가 필요하다고 역설하고, 이를 통해 "영접"하는 자를 요원화하고 결국 다락방화하는 자세를 취하고 있다.

이는 지방교회의 위트니스 리의 재영접설과 상통하는 것이 아닌가? 지방교회의 경우 그리스도의 영접과 성령의 내주를 동일시하고, 영접만이 믿음이라고 하는데, 류 목사가 지방교회의 영접설을 동조하는가?

류 목사가 영접과 믿음을 구별하는 특별한 이유가 있는가?

답변

지방교회의 위트니스 리의 재영접설과는 무관하고, 전도현장과 관련되어 있을 뿐이다. CCC나 전도폭발이 즐겨 사용하는바 전도현장에서의 영접기도와 상통하고 있다.

검증1

믿음의 다섯 단계는 칼빈이나 벌코프나 박형룡 등 복음주의 신학자들이 말하는바, 믿음의 지식과 찬동과 신뢰의 삼단계를 좀 더 세분화한 것으로, 그는 지식으로서의 믿음과 예수님의 삶의 중심에 모시는바 찬동으로서의 영접을 구별한 것에 지나지 않는다. CCC가 사용하는 사영리가 강조하는바 예수 그리스도를 삶의 중심에 모시는 믿음의 영접을 염두에 둔 것일 뿐(『복음편지』 p.169), 지방교회의 재영접설과는 무관하다.

검증2
우리의 믿음은 초보적 단계로부터 성숙한 단계로 발전해야 하는 것이요, 전도하다 보면 영접기도를 시켜 구원의 확신을 갖도록 하는 것이다. 류 목사는 예수를 그리스도로 믿는 것에 영접하는 것을 포함시켜, 믿는 것이 영접하는 것이라고 말하기도 했다(참고, 『복음편지』 pp. 76-77).

4. 예장 고려파나, 총신대학교 박용규 교수나 세계한인기독교이단대책연합회의 최삼경 목사, 예장합동 이단(사이비)피해대책 조사연구위원회는 이러한 주장을 다음과 같이 지적하였다.

"예수를 믿는 단계와 예수 이름으로 사탄을 결박하고 사탄의 권세를 이기는 영접하는 단계를 상호 구분하는 것은 교회 안의 신자들을 구별하는 이론으로서 그리스도를 머리로 하고 신자들이 그리스도의 한 몸을 이룬다는 공교회의 교회론에 어긋난다고 생각하는바이다."

이와 같이 류 목사의 배타적인 교회론을 지적하고 있다. 무슨 의도로 한국 교회 98%가 마귀에게 사로잡혀 시험에 들었다고 말하고, 한국 교회 90%가 싸움에서 쪼개져 생겼다고 하는가 하면, 한국 교회는 복음을 전하는 대신에 복음을 막고 있다고 했고, 또 다락방전도운동만이 교회사에서 2000년 만에 복음을 제대로 깨닫고서 전하는 유일한 단체라고 강조하였는가?

이 같은 류 목사의 배타적인 교회론으로 인하여 오히려 류 목사와 다락방전도운동이 한국 교회로부터 배척당하게 될 것을 예견하지 못했는가? 그리고 성도 뿐 아니라 교회 간에 이간과 분열이 생겨날 것을 예상하지 못했는가?

답변

이런 까닭에 2004년 2월에 류광수 목사가 소속된 다락방 전도총회(총회장 정은주 목사)는 성명서를 발표하면서 한국 교회 앞에 정중하게 사과하고, 앞으로 한국 교회를 존중하고 협력하여 섬길 것을 발표하고 다짐하고 약속하였으며, 2011년 6월에 예장 개혁교단으로 영입되는 과정에서도 거듭 사과하였다.

또한 12월 5일에 한기총 이단사이비대책전문위원회 앞에서 이 점에 관해서 거듭 사과하고 한국 교회에 대한 비판적 발언을 어떤 이유로든 삼갈 것을 약속하였다.

검증1

하나님의 신령한 은혜와 복을 특별하게 많이 받아 누리고서도 부패 타락한 교회의 겉모습을 보면, 장미꽃이 시들면 꽃들 가운데 가장 추해 보이듯이 지구상에서 교회가 타락하면 가장 타락한 제도로 보일 것이다(스프롤, 『보이지 않는 손』 pp. 188-189). 그러나 교회는 복음으로 진격하는 힘이 지옥의 권세보다 더 강하고 그리스도의 보혈로 덮을 뿐 아니라 값 주고 사신 까닭에 비록 죄인들로 구성되어 있을지라도 지구상에서 가장 거룩한 제도이고 하나님의 교회인 것이다(『기독교강요』 제4권 2장 1절). 그러므로 우리는 교회를 결코 비판적으로 폄하해서는 안 된다.

5. 류광수 목사의 다락방전도운동을 이단으로 규정함에 있어서 주요하게 문제된 것은 사탄결박권과 천사동원권에 관한 것이다. 사탄결박권과 천사동원권은 하나님이신 예수 그리스도에게만 있는 권세일 뿐, 성도들의 경우는 그들이 비록 하나님의 자녀요 왕 같은 제사장일지라도 단지 피조물에 지나지 않기 때문에 그 같은 권세가 없는 것이 아닌가? 피조물

인 성도들이 어떻게 그런 권세들을 가지고서 활용할 수 있는 것으로 볼 수 있는가?

> 답변

김기동의 귀신론을 처음에는 전혀 몰랐고, 나중에 알게 된 후에는 김기동 측에 서면으로 그의 귀신론의 비성경적인 점들을 들어 질의하기까지 한 사실이 있다.

예수를 그리스도로 영접하여 믿는 자는 하나님의 자녀의 권세와 천국시민권을 얻게 되는바, 성도들이 예수 그리스도의 이름으로 기도하면 기도의 응답으로 예수님의 권능으로 사탄의 세력을 결박하여 멸할 수 있게 하나님께서 천사들을 보내어 역사한다고 생각합니다(『복음편지』 p. 207).

> 검증1

이 같은 까닭에 예장합동의 "류광수 다락방 확산방지 및 이단성 규명위원회"의 위원장이었던 이상강 목사는 류광수 목사의 사탄결박권과 천사동원권이 김기동의 귀신론과는 근본적으로 다르며, 총신대학교 교수들의 연구보고서는 잘못된 것이라고 비판하였던 것이다(참고, 이상강, 『성경대로 복음을 전하는 류광수 다락방전도운동』 pp. 47-56).

> 검증2

천사들의 동원과 관련된 주요 성경 구절인 히브리서 1:14에 관한 주해에서 칼빈이나 존 오웬과 박윤선은 "천사들은 성도들에 대하여 영적으로 시중들어 사탄을 대적하도록 돕게 하려고 조력자로 보냄을 받는다"고 밝힌 바 있다(참고, 칼빈, 『기독교강요』 1권 14장 6-7절). 성도들은 하나님의 자녀요 천국시민이며 그리스도의 지체이기 때문에 그리스도에게 왕과 제사장과 선지자의 삼중직의 권세가 있어 사탄을 대적하여 승리하는 권세와 천사들의 도움을 받을 수 있는 권세가 있는 것이다(참고, 윌리암슨,『웨스트민스터신앙고백서강해』p. 76; 후크마,『개혁주의인간론』, CLC, 2007).

사실상 예수님께서는 자기의 제자들에게 사탄을 제압하고 쫓아내는 권세를 주셨고(마 10:1; 막 3:15), 믿는 자들에게도 예수의 이름으로 마귀를 쫓아내는 권세를 주셨다(막 16:17).

6. 류 목사는 계시론에 있어서 성경 외에 새로운 다른 계시가 있다고 보는가? 그리고 마귀도 계시할 수 있다고 인정하는가? 다시 말해서 꿈과 환상 및 마귀 계시 등에 대해 류 목사가 어떤 입장을 가지고 가르쳤는가?

답변

성경 외에 특별계시가 필요치 않고 마귀 계시란 설교 서론에서 무속인들이 마귀의 소리를 자꾸 듣는데 우리는 하나님의 말씀을 들으라는 뜻이고 신학적으로 말한 것이 아니라 일반적으로 한 말이 그렇게 된 것이다. 성경과 예수 그리스도만이 하나님의 유일한 계시이고 그 외에는 어떠한 새로운 다른 계시가 있을 수도 없고 있지도 않다고 가르친다.

검증1

류 목사를 이단으로 규정하는 교단이나 연구가들은 사도행전 2장에 언급된바 말세에 성령으로 주어지는 꿈이나 환상이 일체 지금은 전혀 없다고 주장하는 듯하지만, 칼빈주의자인 조나단 에드워즈(『신앙과 정서』, 지평서원, 1994)나 개혁주의 신학자인 하워드 라이스(『개혁주의 영성』, CLC, 1995) 등은 하나님과의 만남의 경험으로 꿈과 환상을 인정하고 있다.

웨스트민스터신앙고백도 1장 1항에서 계시의 구약의 방식(약속, 예표, 희생제사)이 종결되었다고 하였고, 하나님의 계시 자체가 종결되었다고 말하지 아니하였다. 계시의 수단과 관련하여 벌코프나 박형룡에 의하면 일반계시의 수단으로는 인간의 본성과 자연 현상과 역사적 사건 등이 있고 특별계시의 경우는 신현(천사들의 나타남), 예언(꿈, 환상, 음성) 그리고 표적과 기적 등이 있는 것이다.

그러므로 지금은 꿈이나 환상 등이 전혀 없다고 말하거나 가르치는 것이 오히려 비복음주의적이고 비성경적이다.

7. 류광수 목사는 창세기 3:15과 관련하여 예수님이 여인의 후손일 뿐 아담의 후손이 아니기에 원죄가 없다고 하였다. 그렇다면 예수님을 다윗의 후손이라고 한 성경의 표현이나 예수님께서 성령으로 잉태된 까닭에 원죄가 없다고 한 웨스트민스터신앙고백의 진술(제8장 2항)에 대해서 어떻게 생각하는가?

답변

예수님은 죄 있는 아담의 후손이 아니라 하나님께서 특별히 준비하신 한 동정녀의 몸에서 나실 자여야 한다는 점을 말하고자 한 것이다.

검증1

예수님께서는 원죄가 없어야 한다는 말을 하는 가운데 "인간의 몸으로 왔지만 아담의 후손이 아니어야 합니다. 동정녀에게서 나셔야 합니다(사 7:14). 죄의 댓가로 죄 없는 몸이 십자가에서 죽어야 합니다"(『복음편지』p. 101)라고 말했다.

검증2

"아담의 후손이 아니어야 합니다"라는 말은 마태복음 1:1 "다윗의 후손이요 아브라함의 후손이다"와 누가복음 3:38에 언급된바 아담의 후손이라는 사실을 염두에 둔 것이 아니고 창세기 3:15과 갈 4:4의 말씀대로 예수님이 여자에게서 나신 자, 특히 이사야 7:14의 예언대로 동정녀에게서 나실 자인 것을 강조한 것이었다. 또한 로마서 3:10과 23, 그리고 5:12과 엡 2:1-3 등을 고려하여 아담의 후손 곧 모든 인류가 원죄 아래 있고 또한 사탄의 손에 장악되어 있다는 사실을 염두에 둔 것이었다(참고, 『복음편지』 p. 99).

8. 최삼경 목사는 류 목사가 "하나님 자신이 예수님의 영으로 들어온 것이 그리스도이고 그리스도가 하나님 자신이며 동시에 성자이고 성령이다"고 가르치고 있다고 결론지어 위트니스 리의 지방교회의 양태적 삼위일체론과 동일하다고 간주하였다. 이러한 주장에 대한 류광수 목사의 입장은 어떤 것인가?

답변

① "창조주 하나님께서는 그리스도를 보내어 우리를 구원하셨고 지금 성령으로 우리 속에 역사하시며 우리와 함께 계십니다"(『복음편지』 p. 82).

② "성부 하나님, 성자 하나님, 성령님께서 늘 함께 하십니다 이것이 삼위일체입니다"(『복음편지』 p. 77).

③ "예수님을 모신 자는 성령님께서 그의 삶을 주장합니다. 성령이 계신다는 말은 하나님께서 계신다는 말입니다(고전3:16)"(『복음편지』 p. 122)라고 믿습니다.

검증1

고려파의 연구보고서에 의하면 "삼위일체 하나님이 우리 안에 계신다고 하는 것은 전통적 삼위일체론이 아니다"라고 했는데, 요한복음 14:23과 고린도전서 3:16에 관한 칼빈, 모리스, 핸드릭슨, 박윤선, 이상근 등의 주해를 살펴보면 고려파의 주장이 오히려 잘못된 것이다. 성부와 성자와 성령이 함께 우리를 거처(또는 성전) 삼아 우리 안에 거하고 계신다는 것이 복음주의자들의 공통된 견해이다.

검증2
최삼경 목사의 경우는 한기총의 질서위원회가 밝힌 대로 최 목사 자신이 삼신론자이며 예수님의 성육신과 관련해서는 마리아의 월경잉태설을 주장한 까닭에 삼위일체론과 관련하여 예장 고려파와 최삼경 목사가 류 목사를 이단으로 규정한 것은 근본적으로 부적절하다.

검증3
총신대학교 박용규 교수의 논문에서는 류 목사의 삼위일체론을 문제 삼은바 없다.

8-1. 최삼경 목사는 류 목사의 "예수님의 무죄성에 대한 왜곡된 기독론"을 비판하면서 류 목사의 『복음편지』(제3과)의 글을 인용한 것은 무슨 뜻인가?

답변
동정녀의 몸에서 성령으로 잉태되시는 까닭에 죄가 없는 예수님이 하나님의 정하신 때에 인간의 몸으로 이 땅에 오셨다는 것이다. "왜 우리에게 예수만이 길이 되는가?"에서 밝힌 대로, 예수님이 원죄 아래 있는 몸으로 태어나신 것이 아님을 밝힌 것이다(『복음편지』 초판 1쇄 2002, 초판 10쇄 2010 제4과).

검증1

류 목사는 그의 최근의 저서인 『내 인생 최고의 선물』(도서출판 생명, 2010)에서는 "죄가 없는 동정녀의 몸에서 성령으로 잉태될 예수, 그가 바로 그리스도로 오셨다"라고 밝혔다(p. 68).

류 목사의 개정된 『복음편지』와 최근의 『내 인생 최고의 선물』에 비추어 보면, 동정녀 마리아에게서 성령으로 잉태된 예수님이 죄가 없으시고 그래서 십자가에서 온전한 희생제물이 되실 수 있었다고 그는 가르쳤던 것이다.

검증2

최삼경 목사의 경우 그가 마리아의 월경잉태설을 주장한 까닭에 이 문제에 관련해서 판단할 만한 신학적 소양을 갖추고 있다고 볼 수도 없다.

9.

① 고려파 신학부의 연구보고서에 의하면 사탄의 문제만 해결되면 구원을 얻는다고 보는 류 목사의 구원관은 개혁주의적이 아니라고 규정한다. 그리고 "주님을 영접할 때 사탄이 쫓겨나가는 것이지 사탄을 쫓아냄으로 구원을 받는 것이 아니다"라고 했는가 하면, "구원은 예수를 믿음으로 하나님의 자녀의 권세를 얻는 것이다"라고도 했다.

② 또한 총신대학교 박용규 교수도 류 목사가 죄와 사탄의 불가분성을 주장하여 미혹의 영인 사탄의 유혹을 받아 사람들이 피동적으로만 범죄하는 것처럼 가르친 것이 개혁주의적이 아니라고 비판한 것에 대한 류 목사의 생각은 어떤 것인가?

답변

나는 김기동 목사 측에 귀신론이 잘못되었다고 문서를 보낸 사실이 있고, 김기동 목사에게 배운 적이 없고, 예수를 믿고 영접함으로 구원을 받고 예수님의 십자가의 보혈의 능력으로 죄에서 깨끗하게 되어 자유롭게 된다고 믿는다.

검증1

박용규 교수가 말한바 김기동의 귀신론에 의하면 "하나님은 마귀를 멸하기 위하여 천지를 지으셨고 하나님의 형상대로 사람을 지으셨으며 독생자를 보내기 위하여 처음부터 인간을 창조했다"고 하였다는 주장이다. 이 같은 귀신론의 주장은 류 목사의 경우에는 전혀 찾아 볼 수가 없다.

검증2

칼빈에 의하면 사탄 마귀가 모든 사악과 불의의 창시자이며(『기독교강요』1권 14장 15절), 아담을 미혹하여 타락하게 하고 하나님을 배반하여 떠나게 함으로 인류 전체가 저주를 받아 불행과 비참에 빠지게 되었으며(2권 1장 1절), 따라서 우리는 마귀를 대적하여 전투해야 한다고 하였다(1권 14장 14절). 그러므로 류 목사가 구원을 사탄과 관련지은 것을 두고서 개혁주의 구원론이 아니라고 규정한 것은 옳지 않다.

검증3

류 목사는 구원에 대하여 가르침에 있어서 예수를 믿고 영접함으로 구원을 받고 예수님의 십자가의 보혈의 능력으로 죄에서 깨끗하게 되어 자유케 된다고 하였다(『복음편지』pp. 48-49). 이 같은 류 목사의 구원론은 개혁주의와 일치한다.

10. 지방교회의 위트니스 리가 즐겨 사용하는 바 "그리스도를 누리는 것이 그리스도의 비밀이다"라는 말처럼 류광수 목사도 "그리스도를 누린다"라는 표현을 사용하고 있는데 과연 양태적 삼위일체론 때문인가?

답변

예수 그리스도가 우리 안에 계시게 되고 우리 또한 예수님 안에 있게 되는바 임마누엘의 축복을 누리게 된다는 것이다.

다시 말해서, 예수 그리스도가 우리의 삶 전체를 지배하도록 우리가 예수 그리스도 안에 예수님이 우리 안에 계시는 것이 바로 "그리스도를 누리는 것"이다(『복음편지』 p. 208). "하나님이 항상 함께 하심"을 누리는 임마누엘의 축복이 그리스도의 비밀이요 최대의 축복이다(『복음편지』 pp. 63, 67, 113)라는 것이다.

검증1

사실상, 웨스트민스터 대소요리 제1문답이 가르치는 대로 인생의 제일되는 목적은 하나님께 영광과 감사와 찬양을 돌려드리고 하나님을 충만하게 영원토록 즐거워하는(enjoy) 것인바, 류 목사가 말하는 임마누엘 곧 그리스도를 누린다는 가르침과 상통한다.

검증2

류 목사가 말하고자 하는 임마누엘의 축복은 우리가 범죄하여 하나님과 단절되어 하나님 없이 살다가 마귀를 좇아 미신에 빠져 살았으나 이제는 성령으로 예수 그리스도 안에서 하나님과 함께 하심을 누리는 것이 구원이요 축복이요 하나님의 자녀의 권세라는 것이다. 그러므로 류 목사의 임마누엘의 비밀은 지방교회의 위트니스 리와는 관련이 없고 오히려 웨스트민스터 대소요리 제1문답과 관련이 있다.

11. 총신대학교 박용규 교수의 말대로 류광수 목사는 예수님의 십자가와 부활에 대해 강조한 일이 없는가? 없다면 그 이유는 무엇인가?

답변

예수님이 십자가를 지시고 피를 흘리심으로 우리를 대신해 대속 제물로 죽으셨다고 말했다(『내 인생 최고의 선물』p. 172). 또 예수님께서 십자가에서 보혈을 흘리시고 돌아가셨으며 장사 지낸지 제삼일에 부활 승천하여 하나님 보좌에 앉으셔서 지금 구원받은 성도의 마음속에 성령으로 거하고 계신다고 고백했다(『복음편지』p. 131).

검증1

총신대학교의 박용규 교수는 류광수 목사가 예수님의 십자가와 부활에 대하여 강조한 일이 없다고 하였으나 류 목사의 구원론이 사탄 마귀를 예수님께서 십자가의 죽으심과 부활을 통해서 결박하고 멸하여 승리한 사실에 치중되어 있다는 사실 자체만 고려해 보더라도 류 목사가 예수님의 십자가와 부활을 강조하지 아니했다고 하는 박용규 교수의 비판은 적합하지가 않다.

12. 총신대학교 박용규 교수와 세계한인기독교이단대책연합회 최삼경 목사는 류광수 목사가 김기동의 귀신론의 영향을 받아 사탄배상설을 가르친 것으로 간주하고 그를 이단으로 규정하였다. 류광수 목사가 사탄배상설을 의도적으로 가르친 것이 사실인가? 아니면 실수로 그렇게 잘못 말한 것인가?

답변

마가복음 10:45에 관해 해설하는 중에 "예수님이 대속물로 자신의 몸을 내어 주신 것은 사탄에게 우리의 모든 죄의 댓가를 다 갚아 버리기 위함이었다"(평신도 전도이론 강의 테이프 6)라고 말한 일이 있었습니다. 그러나 실수한 것을 알고서 나중에는 "죄의 댓가로 죄 없는 몸이 십자가에 죽어야 합니다"(『복음편지』 p. 101)라고 바로 잡아 가르쳤습니다.

검증1

고려파 신학부의 연구보고서는 류 목사의 사탄배상설에 대해 단순한 실수로 간주했던 것이다.

검증2

류 목사의 사탄배상설에 대한 언급이 김기동의 주장과 상관이 없다고 볼 수 있는 것은 김기동의 경우 그리스도의 보혈이 마귀가 아닌 하나님께 지불된 댓가로 주장했기 때문이다(참고, 김기동, 『마귀론 상』 p. 115).

13. 류광수 목사가 죄의 종류를 말할 때 원죄와 자범죄 외에 조상의 죄를 언급한 것은 한국 교회 안에서 이미 이단성 있는 것으로 규정된 바 있는 가계 저주론과 상통하는 것으로 볼 수 있는가? 가계 저주론이 주장하는 것처럼 류 목사는 조상의 죄가 유전된다고 가르친 것이 사실인가?

답변

박윤선 목사와 칼빈의 해석처럼 조상의 우상숭배 죄가 대물림되어 삼사대까지 저주를 받기 쉽기 때문에 우리는 십자가로 마귀를 멸하신 예수 그리스도를 믿음으로 저주의 대물림을 끊고 구원을 얻어야 한다는 의미와 같은 뜻이다.

이 세상에는 의인은 하나도 없으며 사람마다 연약하여 율법을 지켜 정의와 공의를 온전하게 행할 자가 없기 때문에 자신의 의로는 사탄 마귀의 손아귀에서 벗어날 자가 없고 스스로 영생을 얻을 자가 없다. 그런 까닭에 오직 예수 그리스도를 믿는 믿음의 의를 통해서만 영생을 얻을 수 있는 것이다. 우리에게 오직 예수, 오직 은혜, 오직 믿음으로만 조상의 우상숭배 죄와 그로 말미암은 저주와 형벌에서 해방될 수 있다.

조상의 죄의 대물림을 강조하게 된 것은 부산 지역에서 복음을 전하던 가운데 우상숭배하고 무당굿과 점을 치는 조상들의 악한 죄를 대물림하여 저주 받아 사는 사람들의 비참함을 목격한 까닭이었다. 우상숭배 죄와 사주팔자에 얽매어 하나님의 은혜와 통치권을 무시하고 하나님 없이 사는 나쁜 악습은 자손들에게 대물림되기 쉽기 때문에 조상의 죄로 말미암은 저주와 진노의 대물림을 예수 그리스도를 통해 끊어내고 그 비참한 저주와 진노에서 자유케 될 것을 가르친 것이다.

검증1

류광수 목사는 출애굽기 20:4-5과 관련하여 조상들의 죄가 자녀에게 대물림되는 경우가 있음을 실례로 들었다. 가계에 대물림되는 죄의 저주와 형벌이 있다고 가르쳤다. 이는 하나님을 떠난 인간은 죄와 허물로 죽은 까닭(엡 2:1-2)에 미신과 우상숭배에 빠져 점을 치고 굿을 하며 풍수지리를 따르고 운명과 사주팔자에 묶여 살다가 불안, 허무, 절망, 불면증과 우울증 등 마귀가 주는 각종의 저주에 사로잡혀 망해가고 하나님을 부인하고 세상의 풍조만 따르다가 영원한 지옥 형벌을 받는다고 말했다(『복음편지』pp. 47, 99-100, 206). 그렇기 때문에 예수 그리스도를 믿음으로 과거와 현재와 미래의 모든 죄 문제에서 죄인 된 자마다 해방되어야 할 것을 강조하였다.

즉, 과거의 원죄와 원죄의 결과로 말미암은 현재의 자범죄와 우상숭배의 결과로 자손들에게 재앙이 미치게 되는 미래의 조상의 죄에서 완전히 해방받기 위해서는 십자가에서 희생제물이 되심으로 사탄의 권세를 이기신 예수 그리스도를 믿고 영접할 때만이 가능하다는 것을 주장한 것이다(『복음편지』 p. 102).

검증2

출애굽기 20:5에 의하면 부모의 우상숭배의 죄에 대한 형벌이 삼사대까지 미친다고 하였으나 에스겔 18:14-17에는 아버지가 신 포도를 먹는데 자녀들의 이가 시리다는 속담이 있으나 죄를 짓는 자마다 자기가 범한 죄로 인하여 죽고 아비의 죄악 때문에 죽지 않는다고 말씀되어 있다.

이 두 상반되어 보이는 말씀에 대하여 박윤선과 칼빈이 주석한 것을 보면 하나님을 미워하여 끝까지 회개하지 않으면 그 자손들도 동일하게 죄 값을 당하게 된다는 것이다. 그러나 그 같은 우상숭배자의 자식일지라도 회개하여 정의와 공의를 행하여 하나님의 율법을 지키면 죄 값을 당하지 않고 생명을 얻게 된다.

14. 류광수 목사는 렘넌트(Remnant, 남은 자)라는 용어를 사용하여 다락방운동의 정체성을 확립하였다. 이로써 다락방전도운동에 참여하는 사람들을 일반교회 성도들과 차별화하고 요원화하는 것으로 보인다. 이 같은 호칭 사용은 안식교나 여호와의 증인이나 신천지 같은 이단종파들이 자신들을 차별화하여 배타적 개념으로 지칭하는 경우(예, 파수꾼, 추수꾼 등)와 무엇이 다른가? 일반교회로부터 오해 받을 소지가 다분히 있지 않은가?

[신학교의 명칭을 '렘넌트신학훈련원'(Remnant Theological Seminary)이라고 하고 다락방전도운동에 참여하는 청년들과 다음 세대의 청소년들을 특별히 렘넌트라고 부른다. 또한 직장복음화와 학원복음화를 위해 훈련받아 헌신된 다음 세대의 리더들을 일컬어 사용하는 용어이다]

답변

다른 이단종파의 경우처럼 렘넌트만이 구원받을 남은 자로 보는 것이 아니다. 따라서 일반교회 성도들과 자신을 차별화하거나 자신들만이 참된 성도요 새 이스라엘이며 십사만사천의 남은 자들이라는 선민의식은 전혀 없다.

그래서 다락방전도운동에 참여하는 교회와 목회자들과 성도들은 한마음으로 한국의 모든 교회들과 함께 하나님의 나라를 확산시키며 세계복음화운동을 할 수 있기를 열망하는 것이다.

15. 총신대학교 박용규 교수는 류광수 목사가 오직 전도만 알고 있기 때문에 윤리적 삶에 대한 강조가 부족하고 사탄으로부터의 해방(liberated from)은 강조되고 있으나 하나님의 나라와 영광을 위한 해방(liberated for)은 없어 보인다고 비판했다. 즉 구원파처럼 그리스도로 말미암아 과거와 현재와 미래의 모든 문제가 해결된 것만을 강조한 나머지 회개를 통한 죄사함에 대한 언급이 부족하다는 것이다. 과연 류 목사는 하나님 나라에 대해 관심이 없고 회개를 강조하지 아니했는가? 즉 회개 없는 믿음이나 하나님의 나라를 구하지 않은 기복적 축복만을 가르쳤는가?

답변

허물과 죄로 죽은 우리의 영이 성령과 말씀으로 새롭게 변화되어야 하나님을 볼 수 있다고 했다(『복음편지』 p. 46). 그리고 매일의 삶 속에서 죄의 문제를 회개하고 예수님이 십자가에서 흘리신 보혈로 죄 씻음 받고 사함 받음으로 죄의 문제가 해결된다고 하였다(『복음편지』 pp. 48, 79).

또한 시 66:18과 요일 1:9에 근거하여 회개함이 없이는 죄사함도 없고, 기도의 응답도 없다고 가르쳤다(『복음편지』 p. 24). 천 번을 넘어져도 천 번 용서하시는 하나님의 은혜 안에서 사죄의 확신 가운데 거하는 것이 승리하는 믿음임을 강조하기도 했다(『내 인생 최고의 선물』 p. 86).

성경적 복음이 아닌 다른 능력 체험만을 강조하는 신비주의나 하나님의 자녀됨의 복보다는 그저 육신적인 복을 달라고 하나님께 부르짖는 기복신앙을 사탄적인 것으로 간주하여 경계했다. 오직 예수 그리스도가 우리의 삶 전체를 지배하도록 성령의 인도를 받는 삶을 사는 것이 신령한 복임을 류 목사는 가르쳤다(『복음편지』 pp. 175-176, 184).

검증1

류 목사는 2004년 5월 24일에 청소년들의 학원복음화를 위한 집회에서 에스라서를 강의하는 중에 에스라 10:1-4의 말씀에 따라 회개운동이 생명의 길임을 강조하였다. 예로 노아와 아브라함과 요나와 바울의 회개를 소개하고 하나님이 싫어하시는 우상숭배 죄에 대한 회개를 강조하였으며 민족적으로 통회 자복하는 회개운동의 필요성도 언급했다(『전도와 신학』 2012년 겨울 32호, p. 112).

검증2

다락방전도운동의 목표가 세계를 복음으로 변화시키는 것이라는 사실을 고려해 보면 죄에서의 해방된 목표가 분명하다는 것을 알 수 있기 때문에 총신대학교 박용규 교수의 비판은 근거가 없는 억지 주장인 것이다.

16. 류광수 목사는 모든 질병의 원인을 김기동의 귀신론의 경우처럼 마귀 또는 귀신에게서 찾고 있는가? 정신적 우울증의 원인이 마귀에게 있는 것으로 가르쳤는가?

답변

귀신을 죽은 자의 혼령으로 보는 김기동의 마귀론과는 근본적으로 다르다. 성경에는 사탄 마귀, 악령(또는 귀신), 미혹의 영 등이 거론되어 있는 바, 사탄은 하나님의 일을 방해하는 자요, 인간으로 하여금 하나님을 모르게 만들고 영광의 복음의 광채를 보지 못하게 하며(고후 4:4), 인간을 넘어뜨리고 괴롭히며 멸망시킨다. 귀신 또는 악령은 사탄의 졸개들로서 인간이 질병에 걸리게도 하고 우상숭배에 사로잡히게도 한다. 사탄은 교만 때문에 하늘에서 쫓겨난 타락한 천사요(계 12:1-9; 겔 28:14-19), 공중의 권세를 잡은 자이다(엡 2:2)(『복음편지』p. 28).

사람이 마귀의 자녀로 살면 원인 모를 육신적 정신적 영적 고통을 당하는바(행 8:7; 10:38; 16:16-18) 우울증에 걸리는 수가 많다(『복음편지』pp. 29, 165).

검증1

모든 병의 원인을 김기동의 경우처럼 귀신들림에서 찾아서는 안 되지만 귀신들림에서 오는 경우도 있다고 류 목사는 말했다. 그래서 나사렛 사람 예수님의 이름으로 귀신을 쫓아내면 원인 모를 질병에서 치유되는 일이 성경에 나타나 있음(막 5:1-15)을 류 목사는 언급했다(『복음편지』pp. 229, 232).

17. 그 동안 류 목사를 이단으로 정죄한 단체나 개인이 변론의 기회를 주거나 심문한 적이 있습니까?

답변
없습니다.

17-1. 대한예수교장로회(합동) 제81총회에서 류 목사님을 이단으로 규정을 하였는데 당시 이단사상조사위원회 위원장 이상강 목사, 서기 박학곤 목사, 신학부장 이재영 목사 등이 조사를 하였는데 위원장 이상강 목사에게 조사를 받은 사실이 있습니까?

답변
네. 많은 것을 조사받았습니다.

17-2. 이단조사위원장 박학곤 목사에게 조사를 받거나 대질을 받은 사실이 있습니까?

답변
없습니다.

17-3. 당시 신학부장 이재영 목사로부터 소환을 받거나 질의응답하거나 대질한 사실에 있습니까?

답변
전혀 없습니다.

17-4. 그러면 이상강 목사가 조사를 할 때는 이단성이 없다고 발표를 하자 이 문제로 신학부장이 위원회를 재구성하여 서기였던 박학곤 목사

를 위원장으로 선임한 뒤 이상강 목사가 조사한 과정에 대해서 비판하거나 검토한 사실이 있습니까?

답변

그런 사실이 없습니다.

18. 위원장: 류 목사의 신앙을 고백서로 작성했는데 위원이 지켜보는 앞에서 위원장에서 입으로 고백하시겠습니까?

답변

네. (위원장과 류광수 목사가 일어서서 마주보고 류광수 목사가 미리 작성해 가지고 온 신앙고백서를 오른손을 들고 큰소리로 고백한다)

참고 문헌

대한예수교장로회 총회 이단(사이비)피해대책조사연구위원회, "류광수(세계복음화전도협회)," 「2010이단·사이비연구자료」, 대한예수교장로회총회, 2009.

예장고려파신학부의 연구보고서, "개혁주의 입장에서 본 류광수 씨의 다락방전도운동," 1995.

박용규, "류광수 다락방전도운동 비판," 「신학지남」 2005년 봄호, 제282호.

최삼경, "류광수 다락방에 대한 연구보고서," 세계한인기독교이단대책연합회, 2012년 11월 23일.

예장개혁신학위원회(위원장 나용화 박사), "전도총회 류광수 목사의 신학적 문제에 대한 평가," 2011.

류광수, 『복음편지』(도서출판 생명, 2002).
_____, 『내 인생 최고의 선물』(도서출판 생명, 2010).
_____, 『전도운동에 관한 이론과 실제』(전도총회, 2011).

III. 다락방전도운동에 대한 비판적 견해들에 대한 반론[2]

가. 한국교회연합 바른신앙수호위원회의 다락방연구보고서의 신학적 편견

2013년 8월 23일자 한국교회연합 바른신앙수호위원회가 연구 작성한 다락방연구보고서는 신학적 편견과 무지로 일관되어 있어, 이에 그 연구보고서의 신학적 문제점을 밝힌다.

1. 다락방전도운동의 신학을 베뢰아의 귀신론, 구원파, 그리고 지방교회와 연결지어 이단으로 정죄한 것은 억지요 날조이다. 다락방전도운동은 베뢰아의 귀신론이나 구원파 그리고 지방교회를 전혀 알지 못하고, 아무런 관련이 없다. 따라서 교리상으로 같을 리가 없다.

2. 다락방전도운동의 삼위일체론을 양태론적 단일신론으로 단정하고, 그리스도의 위격과 본성에 대하여 4세기의 이단인 아폴리나리우스의 기독론 사상과 같다고 결론지은 것은 전혀 사실과 다르다. 다락방전도운동

---

[2] 다락방전도운동의 류광수 목사의 신학사상을 한국기독교총연합회가 재검증하여 이단성 없음을 밝히자, 이에 반발하여 분열한 한국교회연합이 바른신앙수호위원회를 구성하여 한기총의 재검증을 시비하였다. 이에 대해 반론한 편집자의 글들을 모았다.

의 류광수 목사가 말한바 삼위일체론에 의하면, 삼위 하나님 곧 성부와 성자와 성령은 모두 본질(또는, 본체)에 있어서 영이시고, 삼위는 구별되어 있으면서 항상 함께 하시고 함께 또 일하시기 때문에 우리 안에 그리스도가 내주해 계시는 동시에 성부 하나님도, 그리고 성령 하나님도 함께 계시며, 성령이 하나님이시기에 성령이 내주해 계시는 것이 바로 하나님이 계신다는 것이다. 이 같은 삼위일체론은 요한복음 14:16, 20, 23, 로마서 8:9-10, 고린도전서 3:16, 고린도후서 6:16에 확실하게 나타나 있고, 칼빈의 『기독교강요』 제1권 13장에 진술되어 있는 대로이다.

류 목사가 삼위 간에 있는 구별을 모르고 있다고 이 보고서는 강변하나, 류 목사는 성부 하나님이 자신을 계시하시기 위해 성자를 보내셨고, 성자는 부활하신 후 성령을 보내셨다고 말한 것만 보아도 삼위의 구별을 알고 있는 것이다(참고, 류광수, 『조직신학과 신앙발판』 pp. 78, 121). 또 이 보고서에는 류 목사가 성부와 성자와 성령이 같은 하나님이라고 했기 때문에 삼위 간의 구별성을 무시했다고 하였으나, 삼위 하나님은 본질(또는 본체)에 있어서 한 하나님이시기에 같은 하나님이신 것이다(참고, 『기독교강요』 제1권 13장 5절).

성부 하나님과 함께 성자도 참 하나님(요일 5:20)이시기에 같은 하나님이시다고 한 것이나, 성령이 하나님의 영이실 뿐 아니라 그리스도 예수의 영(롬 8:9) 이시기 때문에 예수님의 영을 가리켜 성령이라 류 목사가 말한 것은 성경적으로 너무나 당연함에도 불구하고 이 보고서가 류 목사의 삼위일체론을 양태론적 단일신론으로 단정하여 이단이라 한 것은 악의적인 편견이다. 류 목사의 삼위일체론은 칼빈의 『기독교강요』에 진술된 삼위일체론을 따른 것이다.

3. 다락방전도운동의 류 목사가 그리스도의 온전한 인성을 부인하였다고 이 보고서는 단정하였다. 류 목사는 신성과 인성을 가지신 예수

님이 신성, 곧 살려주는 영(고전 15:45)으로서는 하나님이시고, 인성 곧 몸은 사람이다(요 1:14)고 한 것을 두고서 예수님의 인성의 영혼의 존재를 부인했다고 단정하고서 아폴리나리우스의 이단과 동일시했다. 류 목사는 하나님이 인간의 몸을 입고 이 땅에 오셨는데 그 분이 바로 예수 그리스도라고 말한 것인데도(참고, 류광수,『그리스도인의 확신』p. 215) 불구하고 예수님의 인성을 류 목사가 부인했다고 터무니없이 이 보고서가 억지를 부렸다. 류 목사의 기독론은 요한복음 1:14에 기본적으로 근거하고 있다.

4. 인류의 모든 불행이 사탄의 유혹으로 말미암은 아담의 타락에서 연유하여 결과적으로 각종의 질병과 실패 등 인간의 비참한 문제가 발생하였는바, 이 모든 문제의 원인자인 사탄을 멸하기 위해서 예수님이 오셨고, 이 사탄 마귀에게서 벗어나는 것이 구원이라고 류 목사가 주장한 것을 보면, 베뢰아의 귀신론과 류 목사의 사상이 동일하기 때문에, 이 보고서는 류 목사를 이단이라고 단정했다.

베뢰아 귀신론의 핵심은 죽은 자들의 영혼, 곧 귀신들이 모든 사고와 질병의 원인으로 보고 있는바, 창세기 3장을 배경으로 한 류 목사의 마귀론과는 본질적으로 다르다. 류 목사는 창세기 3장을 근거로 하여 마귀를 죄의 조성자(또는, 창시자)로 보았고, 아담의 타락으로 말미암아 인간의 비참함과 고통이 결과 되었다고 말한 것이다.

따라서 죄의 조성자인 마귀를 멸할 뿐 아니라(히 2:14 ; 요일 3:8), 마귀가 범하게 한 죄를 멸하고자(히 9:26) 예수님이 마지막 때에 사람으로 오셔서 십자가에서 단번에 마귀를 결박하여 승리하심으로(골 2:15) 우리를 죄와 마귀의 올무에서(참고, 딤후 2:26; 엡 2:1-3) 구원하셨다고 류 목사가 말한 것은 성경적일 뿐, 베뢰아의 귀신론과는 전혀 무관하다(참고, 레이몬드,『개혁주의 기독론』pp. 414-416;『기독교강요』제1권 14장 15절). 류 목사의 마귀론은 칼빈의 『기독교강요』와 개혁주의 신학자 레이몬드의 가르침과 전혀 다르지 않다.

5. 하나님의 축복을 아담이 사탄에게 빼앗겼다고 류 목사가 말했는바, 그렇다면 사탄 마귀가 축복 받은 존재가 되어야 한다는 식의 말이기 때문에, 류 목사의 마귀론이 이단이라고 이 보고서는 단정했다. 그러나 이 같은 단정은 참으로 유치하고 해괴하기 짝이 없는 억지이다.

예를 들어서, 강도가 어떤 성도에게서 금은보석을 빼앗아 가면 그가 축복 받은 자가 되는가? 축복 받은 자가 되기는커녕 범죄자가 될 뿐이다. 그리고 어떤 성도가 동물원 원숭이에게 보석 목걸이를 빼앗겼을 경우 그 원숭이가 축복받은 미인이라도 되는가? 동물원 사육자에게 야단만 맞게 될 것이다. 욥의 경우에서 볼 수 있듯이(욥 1:13-18, 2:7-8), 마귀는 우리의 훼방자, 대적자, 원수로서 하나님의 자녀의 축복을 우리에게서 빼앗아간 악한 자이다(참고. 마 13:19; 벧전 5:8; 요일 3:12).

6. 사탄 마귀를 멸하러 오신 예수님이 인생의 비참한 문제의 유일한 해결자이시고, 그 예수님을 우리가 믿고 영접하면 하나님의 자녀의 권세를 얻어 지난날 마귀에게 빼앗긴 하나님의 모든 축복을 회복할 수 있다고 류 목사가 말했는바, 이 같은 주장은 종말론적으로 볼 때 있을 수 없는 것이라고 이 보고서는 결론지었다. 즉 류 목사의 이 같은 주장이 성경적으로 틀린 이단이라는 것이다.

이 보고서에 의하면, 하나님의 모든 축복은 그리스도의 재림 이후 우리의 몸이 영화롭게 될 때에야 비로소 완전하게 최종적으로 누릴 수 있는 것이지, 지금 여기서는 아직도 질병과 재앙과 고통이 있기 때문에, 모든 축복을 다 누릴 수 있다고 주장해서는 안 된다는 것이다.

그러나 이 보고서의 논리나 해석은 앞의 경우처럼 유치하기 짝이 없고, 성경은 물론 성경해석학의 기본도 모르고 있는 무지의 소산이다. 에베소서 1:3-4과 로마서 8:32에 보면 하나님께서는 예수님 안에 있는 자들, 곧 하나님의 자녀들에게 "하늘에 속한 모든 영적인 복" 뿐 아니라, "모든 것"을 주신다. 여기서 말하는 "모든"은 하나도 빠짐없이라는 의미이기 보다는 우리에게 필요한 대로 충분하게라는 뜻이다. 이는 마치 칼빈주의의 제한속죄 교리의 경우 "모든"이나 "세상"의 의미가 인류 가운데 한 사람도 빠짐없이라는 뜻이 아니고, 모든 민족과 남녀노소 빈부귀천을 막론하고 하나님의 택함 받은 자를 의미하는 것과도 일맥상통한다(참고, 레이몬드, 『개혁주의 기독론』pp. 449-466).

7. 이 보고서에 의하면, 류 목사가 예수님의 성육신과 성령의 내주를 같은 것으로 보고 있다고 단정하여 이단이라 하였다. 류 목사가 말하고자 한 것은, 예수를 믿으면 그분의 영이신 성령이 우리 안에 내주하여 임마누엘, 곧 예수님이 우리와 함께 하시는 복을 누리게 된다는 것이다(참고, 『그리스도인의 확신』 p. 94).

이 같은 임마누엘의 축복을 로마서 8:9-11로 미루어 볼 때 성경적임에도 불구하고, 임마누엘을 성육신 사건(참고, 마 1:23)과 연결지어, 이 보고서는 무지하게도 성육신과 성령의 내주를 류 목사가 동일시 한 것으로 억지를 부렸다. 그런가 하면, 인간이 성령의 내주를 통해서 마치 하나님이나 된 것처럼 천사동원권과 사탄결박권 등 하나님만이 하실 수 있는 권세를 사람도 행할 수 있는 것처럼 류 목사가 주장하고 있다고 간주하여, 이것이 지방교회의 '신화사상'과 상통한다고 이 보고서는 단정하고서 류 목사를 이단으로 보았다.

류 목사가 말하고자 한 것은, 예수님을 믿으면 하나님의 자녀의 권세(요 1:12)가 있기 때문에, 히브리서 1:14대로 우리가 기도할 때 하나님이 천사들을 시켜 하나님의 자녀된 우리를 돕게 하기 때문에 우리의 심부름 꾼인 천사들에 대해 권한이 있는 것이며(참고,『그리스도인의 확신』p. 353), 예수님의 이름으로 기도하면 마귀의 권세를 꺾는 권세가 있다(참고,『그리스도인의 확신』pp. 96, 352)는 것이다.

하나님께서 우리에게 하나님의 전신갑주를 입혀 주시고 사탄 마귀를 대적하게 하신 것(엡 6:10-17)이나, 하나님께서 사탄 마귀를 하나님의 자녀 된 우리의 발 아래서 멸망되게 하시는 것(롬 16:20)은 우리에게 사탄을 결박하는 권세가 있음을 보여 주고 있다. 류 목사의 사탄결박권은 마태복음 12:28에 근거하였고, 천사동원권은 히브리서 1:14에 근거하였으며, 칼빈과 박윤선과 이상근의 주석과도 다르지 않다.

8. 이 보고서에 의하면, 류 목사가 예수님을 인생의 모든 문제의 최종적 유일한 해결자로 주장한 것은 비성경적이고, 또 성령이 임하여 그리스도 예수님을 우리의 구주로 영접한다하여 모든 문제가 해결되는 것이 아니라고 하였다. 이 보고서 대로 예수님이 모든 죄 문제와 죄의 결과로 말미암은 인간의 비참함의 문제에 대한 최종적 유일한 해결자가 아니라고 하면, 예수님은 우리의 생명의 구주가 결코 아니라는 말이 되기 때문에, 이 보고서가 오히려 비성경적 이단이다.

예수 그리스도의 속죄 사역은 단번에(once for all) 모든 죄와 죄의 결과들을 해결하였기에(히 7:27; 9:26-28) 유일하고 최종적이며, 본질적으로 모든 문제를 해결하는 능력이 있는 것이다(참고, 레이몬드,『개혁주의 기독론』, CLC, 2011, pp. 425-427).

또한, 이 보고서는 류 목사의 신학을 번영의 신학으로 규정하고 있으나, 사실상 그의 신학은 예수 그리스도의 십자가 중심의 신학일 뿐이다. 그 십자가로 말미암아 하나님의 자녀가 누리는 바 사탄 마귀와 죄로부터의 승리와 자유와 행복을 강조했을 뿐이다(참고,『그리스도인의 확신』pp.

269-279; 330-341). 류 목사의 속죄론은 레이몬드의 가르침과 정확히 일치할 뿐이다.

결론

한국교회연합 바른신앙수호위원회가 연구 작성한 다락방 연구보고서는 다락방전도운동의 류광수 목사를 베뢰아의 귀신론, 구원파, 그리고 신화사상을 주장한 것으로 간주된 지방교회와 연결지어 이단으로 단정하였으나, 위에서 밝힌 대로 류 목사의 신학은 성경적으로나 칼빈 및 개혁주의 신학에 비추어 볼 때 전혀 문제가 없음은 물론, 성경적이고 개혁주의 신학에 충실한 것이다. 다락방전도운동은 단지 사도행전 중심의 성경적 전도운동을 펼치고 있을 뿐, 그 이상도 그 이하도 아니다.

다락방전도운동의 중심적 훈련장인 렘넌트신학연구원(경이도 이천시 호법면 매곡리 914번지)에서는 칼빈의 『기독교강요』를 비롯하여 웨스트민스터신앙고백서, 레이몬드의 『개혁주의 기독론』(CLC, 2011), 후크마의 『개혁주의 인간론』(CLC, 1994) 『개혁주의 구원론』(CLC, 1995) 그리고 『개혁주의 종말론』(CLC, 2006) 등이 중점적으로 가르쳐지고 있으며, 로날드 월레스의 『칼빈의 기독교생활원리』(CLC, 1996)도 읽혀지고 있다.

그리고 자체적으로 운영되고 있는 인터넷 방송 매체를 통해서 국내외의 소속 교회 직분자들을 대상으로 개혁주의 조직신학 강의가 체계적으로 시행되고 있다. 또한 소속 목회자들이 개신대학원대학교의 목회자계속교육에 참여하고 있다.

대한예수교장로회 개혁교단과 개신대학원대학교는 다락방전도운동의 신학을 검증하고서 이단성이 없음을 확인하였고, 한국기독교총연합회도 개혁교단의 요청에 따라 자체적으로 검증하고서 이단성 없음을 확인하고 이단 해지를 결정한 바 있다. 또한 합동총회가 "다락방확산방지대책위원회" 위원장으로 선임했던 대구의 이상강 목사는 그 당시부터 지금까지 다락방전도운동과 류광수 목사에게는 이단성이 전혀 없다고 공개적으로 밝혀왔다.

그럼에도 불구하고 한국교회연합 바른진리수호위원회가 정통개혁주의 신학에 충실한 성경적 다락방전도운동과 류광수 목사를 이단으로 정죄하기를 고집하는 것은 신학적 편견과 악의에서 비롯된 것으로, 예수님께서 말씀하신 바 성령모독죄(마 12:31)를 범하는 것과 다를 바 없다.

나. 총신대학교 박용규 교수의 "다락방전도운동 비판"에 대한 반론

다락방전도운동의 류광수 목사를 이단으로 정죄하는데 결정적 역할을 한 총신대학교 박용규 교수(역사신학)의 논문, "류광수 다락방전도운동 비판"(「신학지남」 282호, 2005년 봄호: pp. 61-113)에 나타난 그의 신학은 성경과 칼빈과 웨스트민스터신앙고백에 비추어 볼 때 성경적이며 개혁주의적인가? 그의 논문의 주요 주제 다섯 가지를 중심으로 살펴본다.

1. 다락방전도운동의 능력전도는 반성경적, 반개혁주의적인가?

박 교수는 다락방전도운동의 능력전도가 예수님의 십자가의 보혈과 부활을 강조하지 않고 전도에서 나타나는 현상과 증거를 강조하는 까닭에 반성경적, 반개혁주의적이라고 비판했다. 그러나 성경에 보면, 복음에는 능력이 있어서(롬 1:16 ; 고전 1:24) 복음이 선포되는 곳에서 능력이 나타나 병자들이 치료되고 악령이 쫓겨나가는 일들이 일어났다(마 4:23-

24; 막 1:21-28; 9:14-29). 바울의 경우, 복음을 전할 때 지혜의 설득력 있는 말로 하지 않고 성령과 능력의 나타나는 증거를 통해서 했다(고전 2:4). 한 마디로, 사도들의 복음전도는 능력전도였다. 이로 보건대, 복음 선포에 나타나는 능력을 모르고서 능력전도를 반성경적 이단으로 박 교수가 규정한 것은 성경에 어울리지 않는다.

2. 예수님의 오심의 목적을 사탄의 정복으로 보는 다락방전도운동은 반성경적, 반개혁주의적인가?

박 교수는 창세기 3:15과 요한일서 3:8을 구속사의 축으로 삼아 예수님의 오심의 목적을 사탄의 정복으로 보는 다락방전도운동이 반성경적 반개혁주의적이라고 비판했다. 그러나 예수님의 사역을 보면, 유대광야에서 사탄 마귀와의 싸움으로 시작해서 십자가에 못 박히심으로 사탄을 무장해제하고 승리하시고(골 2:15), 부활하심으로 사망을 이기는 것으로 마무리하셨다. 그런 까닭에, 히브리서 기자와 사도 요한이 예수님의 오심의 목적을 사탄을 멸하는 것이라고 강조한 것은 당연했다(히 2:14; 요일 3:8). 이로 보건대, 창세기 3:15과 요한일서 3:8에 근거하여 원죄에 대한 원복음과 마귀의 멸망을 다락방전도운동이 강조한 것은 지극히 성경적이고 개혁주의적이다. 예수님의 구속사역을 사탄 마귀의 파멸과 관련지어 강조한 것은 성경적으로 당연하다.

3. 아담의 범죄를 사탄의 유혹에 의한 피동적 범죄로 보는 다락방전도운동은 반성경적, 반개혁주의적인가?

박 교수에 의하면, 아담의 범죄를 아담 자신이 하나님의 말씀에 불순종하여 범한 능동적 범죄로 보지 않고, 사탄의 유혹에 의한 피동적 범죄로 다락방전도운동이 해석한 것은 어거스틴과 칼빈의 인죄론과 상치되는 바, 반성경적 반개혁주의적이라 하였다. 그러나 바울은 하와와 아담이 사탄에게 속임을 당하여 범죄했다고 말했고(딤전 2:14), 칼빈도 말하기를, 죄의 창시자이고 하나님의 대적자인 사탄이 사람들을 미혹하여 하나님께 불순종하게 한다고 하였다(『기독교강요』 1권 14장 15절). 그리고 웨스트민스터신앙고백에도 "우리의 시조들은 사탄의 간계와 시험에 유혹을 받아 범죄하였다"(제6장 1항)고 분명하게 진술하고 있다.

이로 보건대, 하와와 아담이 선악과를 먹음으로 하나님의 말씀에 불순종하여 범죄하게 된 근본적 원인은 사탄의 유혹을 받은 때문이었다. 그런 까닭에, 아담의 범죄가 사탄의 유혹에 의한 피동적 범죄인 사실을 제대로 알지 못한 박 교수의 주장이 오히려 성경과 칼빈과 웨스트민스터신앙고백에 맞지 않다.

한편, 박 교수는 죄와 사탄 간의 불가분한 연계성을 주장한 다락방전도운동을 반개혁주의라고 비판했다. 그러나 창세기 4:7에 언급된 죄를 사탄으로 대부분의 신학자들이 동일시하였고, 바울은 로마서 7장에서 창세기 3장을 염두에 두고 죄와 사탄을 동일시했으며, 칼빈은 사탄을 죄의 창시자이자 설계자, 곧 죄의 실체요 몸통으로 이해하였다(『기독교강요』 1권 14장 15절). 이로 보건대, 박 교수는 죄와 사탄에 관계에 대해 성경과 칼빈이 가르친 것에 대하여 기본적인 지식을 갖고 있지 않아 보인다.

4. 전도를 모든 문제의 열쇠로 다락방전도운동이 강조한 것은 축소복음 주의인가?

다락방전도운동이 전도가 "모든 문제의 열쇠," "삶의 전부" 또는 "최종 목표이자 최대 목표"라고 한 것을 두고서 박 교수는 균형 잡힌 개혁주의 신학이 아니라고 비판했다. 또한 전도하면 영혼구원, 마음치유, 환경치유, 육신치유가 일어남으로써 영적 문제, 물질적 문제, 육신적 문제 등 모든 문제가 해결된다고 하는 다락방전도운동의 주장은 축소복음주의로서 비성경적이라고 판단했다. 박 교수에 의하면, 전도는 주님의 지상 명령이기는 하지만 복음의 전부가 아니기 때문에, 다락방전도운동이 오직 전도가 기독교의 전부인 것처럼 강조하는 것이 비성경적 비개혁주의적 축소복음주의라는 것이다.

박 교수의 주장대로라면, 주님의 지상명령에 전념한 사도들이나(행 5:4), 최고 유일의 사명으로 알고 목숨까지 바칠 각오가 된 바울이나(행 20:24), 전도만이 삶의 전부로 알고 살았던 무디나 전도폭발운동의 선도자 제임스 케네디 목사 등은 축소복음주의자들인 셈이다. 예수님도 오직 복음 전하는 일에 우선순위를 두고 행하셨고(막 1:38), 사도행전이 전도행전인 점을 고려해 보면, 박 교수는 전도의 중요성을 간과한 것이 분명하다. 전도는 아무리 강조되어도 지나침이 없는 것이다.

그리고 전도하는 일에 삶의 우선순위를 두고 전념하여 살 때 하나님이 주시는 여러 가지 몫(건강, 직장, 경제, 자녀문제 등)이 따른다. 그래서 전도는 모든 삶의 문제의 열쇠라고 다락방전도운동이 강조한 것이다. 전도는 결코 기복적인 신앙이 아니다. 하나님의 복의 통로이고 수단이다. 박 교수가 전도하는 일에 조금이라도 전념함으로써 전도에 따르는 복을 누려 보았는지가 의심스럽다.

5. 다락방전도운동이 사탄결박권과 천사동원권을 강조한 것이 김기동의 귀신론과 같은가? 그리고 신성모독죄인가?

박 교수에 의하면, 김기동이 사용하고 있는 사탄결박권과 천사동원권이라는 용어를 다락방전도운동의 류광수 목사가 사용하고 있다는 한 가지 사실만으로 김기동의 귀신론과 같은 이단으로 판단하였다. 그러나 대한예수교장로회 합동총회가 1995년 80회 총회에서 구성한 "다락방 확산 방지 및 이단성 규명위원회"의 위원장을 맡았던 이상강 목사가 그 당시부터 지금까지 사실 확인하고 밝혀온 바대로 김기동의 귀신론과는 다락방전도운동이 전혀 관련이 없다.

박 교수는 사탄결박권과 천사동원권을 전능하신 하나님과 십자가에서 죽으시고 죽은 자 가운데서 부활하심으로 사탄과 사망을 정복하신 예수 그리스도만이 가지고 있다고 보았다. 그리스도인들이 이 같은 권세를 가지고 있다고 다락방전도운동이 주장하는 것은 그리스도인들을 그리스도의 신적 지위로 끌어올려 주는바 신성모독죄라고 박 교수는 비판하였다. 그런 까닭에, 다락방전도운동이 주장하는바 사탄결박권과 천사동원권은 반성경적, 반개혁주의적 이단이라고 규정하였다.

그러나 성경에 보면 하나님의 자녀된 그리스도인들은 그리스도와 함께 왕권과 제사장권이 있고, 하나님의 소유된 백성이고 하나님의 나라이다(벧전 2:9). 그래서 예수님께서는 자기의 제자들에게 복음을 선포하라 하시면서 사탄 마귀를 제압하고 쫓아내는 권세를 주셨다(막 3:14-15; 눅 9:1-2). 그리고 하나님께서는 복음의 비밀을 담대하게 전할 수 있도록 사탄 마귀를 대항하여 이길 수 있게 전신갑주를 입혀 주셨다(엡 6:10-20). 이는 마치 전쟁터에서 사령관이 수하 장수들과 군사들에게 작전권을 주어 대적을 제압할 수 있게 하는 것과도 같다.

칼빈에 의하면, 창세기 3:15에서 말씀되어진 바, 사탄의 머리를 박살 나게 하겠다고 하신 하나님의 약속은 그리스도와 그의 지체된 모든 그리스도인들에게 공통으로 해당된다고 보았다(『기독교강요』 1권 14장 18절; 『창세기주석』). 칼빈의 이 같은 해석은 그리스도뿐만 아니라 그리스도인들에게도 사탄 마귀를 결박하고 제압하는 권세가 있다는 것을 의미한다. 그런 까닭에, 교회주일학교 어린이들이 즐겨 부르는 복음송의 가사처럼, 사탄을 이기신 예수님의 권세가 "내 권세"인 것이다. 그들은 노래한다. "예수님 권세, 예수님 권세, 예수님 권세, 내 권세. 할렐루야, 할렐루야, 예수 사탄을 이겼네."

천사동원권의 경우도 히브리서 1:14에 관하여 칼빈이 주해한 바로는 천사들은 하나님의 자녀 된 성도들을 섬기라고 하나님께서 보내신 종들이고 조력자들이다. 성도들을 도와 마귀와 악령들을 대적하여 승리하기까지 섬기는 임무를 하나님께서 받은 영물이 천사이기 때문에 하나님의 자녀인 성도들에게는 천사들을 부릴 수 있는 권세가 있는 것이다(『기독교강요』 1권 14장 6-7절).

이로 보건대, 사탄결박권과 천사동원권은 신성모독죄가 되는 것이 결코 아니고 그리스도의 군사요 전권대사이며 하나님 나라이고 왕이며 제사장된 그리스도인들에게 대장되신 그리스도가 부여해 주신 권세이다. 그러므로 이 권세들을 알고 사용하는 것은 지극히 성경적이고 개혁주의적이다. 오히려 이 권세들을 알지 못하여 활용하지 않는 것이 비성경적이고 비개혁주의적인 것이다.

결론적으로 말하자면 이상에서 살펴본 대로 박 교수의 경우처럼 복음의 능력을 모르는 신학, 죄의 실체와 몸통이 사탄 마귀인 것을 모르는 신학, 아담의 범죄가 근본적으로 사탄의 유혹에 의한 피동적 범죄인 것을 모르는 신학, 전도에 우선순위를 두고 전념함으로써 누리는 여러 가지 복들을 알지 못하는 신학, 하나님의 자녀 된 그리스도인들에게 부여된 사탄결박권과 천사동원권을 알지 못하여 사용할 줄 모르는 신학은 본질적으로 성경적이지도 않고 개혁주의 또는 복음주의적이지도 않다. 이러한 까닭에 총신대학교의 박용규 교수가 성경적 개혁신학자인지 의심스럽다.

류광수 목사의 다락방전도운동은 김기동의 귀신론이나 권신찬, 박옥수의 구원론과는 본질적으로 내용상 아무런 관계가 없고, 단지 사도행전에서 전도운동을 배워 가르치며 행하고 있을 뿐이다. 사도행전적 전도운동을 하는 가운데 복음의 능력이 나타나고, 사탄과 악하고 더러운 영들로 말미암은 많은 문제들이 원칙적으로 해결되는 증거들을 보여주고 있다. 류광수 목사의 다락방전도운동은 한국기독교총연합회가 다각도로 검증하여 밝힌 대로 이단성이 없으며 박용규 교수의 주장과는 정반대로 오히려 성경적이고 복음주의적인 전도운동이다.

다. 한국교회연합 바른신앙수호위원회 한창덕 목사의 글에 대한 반론

한국교회연합 바른신앙수호위원회 전문위원인 한창덕 목사는 "다락방, 왜 이단이라 하는가?"라는 제목의 글에서 다락방전도운동의 류광수 목사의 신학을 김기동의 베뢰아 귀신론과 구원파 그리고 지방교회와 연관 지어 이단으로 정죄하였다. 그러나 류광수 목사를 이단으로 정죄한 한 목사의 주장이 무지한 억지임을 그의 글의 순서대로 성경적으로 신학적으로 다음과 같이 밝힌다.

- 다 음 -

1. 다락방 이단성에 대하여

한창덕 목사는 다락방의 이단성을 지적함에 있어서 류 목사가 양태론적 삼위일체론을 주장하였는가 하면 예수 그리스도의 인성을 부분적으로 부정하였다고 한다. 그리고 베뢰아의 사탄신학과 신화사상의 교리에 류 목사가 바탕을 두고 있다고 주장했고 불건전한 번영신학을 다락방 신학이 가르치고 있다고 했다.

한 목사의 이 같은 지적과 주장에 대해서는 아래 항목에서 구체적으로 반론을 제시하였으나 우선 밝혀 두는 것은 류 목사가 양태론적 삼위일체론 자체를 본래 이단적인 것으로 알고 있다는 점과 베뢰아의 김기동의 사탄신학을 류 목사가 비성경적인 것으로 알고 반대하고 있다는 점 그리고 류 목사는 지방교회에 대하여 아무 것도 알고 있지 않다는 점이다. 그런 까닭에 한 목사가 류 목사를 이단으로 정죄한 것은 근본적으로 잘못된 억지이다.

2. 다락방의 삼위일체론과 기독론에 대하여

1) 삼위일체의 양태론에 대하여

한 목사는 류 목사의 삼위일체론을 양태론적인 것으로 규정함에 있어서 류 목사가 삼위 간의 구별을 알지 못하는 지방교회의 삼일론, 즉 삼위 하나님의 본질도 인격도 하나라는 삼일론을 따르고 있다고 했다. 그 근거로 류 목사가 성령의 내주를 가리켜 삼위일체라고 말했다고 한 목사는 지적했다. 그리고 류 목사가 성부와 성자와 성령을 "같은 하나님"이라고 말한 것으로 간주하여 삼위 간의 위격적 구별을 알지 못하는 것처럼 한 목사는 단정하여 류 목사의 삼위일체론을 양태론으로 규정했다.

한 목사가 류 목사의 삼위일체론을 양태론으로 규정한 것과 관련하여 우선 삼위일체에 관한 한 목사의 성경적 신학적 지식에 대하여 몇 가지 물어보아야 할 것이 있다.

첫째, 요한복음 1:1과 1:18에서 말씀하신 예수님이 하나님이시요 유일하신 하나님이라 하였고 요한일서 5:20에서는 참 하나님(the true God)이라 하신 것, 그리고 요한복음 5:30, "나와 아버지는 하나이다"라는 말씀에 의하면 예수 그리스도 하나님의 아들은 성부 하나님과 "같은 하나님"이 아닌가?

둘째, 웨스트민스터신앙고백 제2장 3항, "실체와 능력과 영원성에 있어서 동일한 삼위가 단일한 신격으로 있으니, 성부 하나님과 성자 하나님과 성령 하나님이시다"는 교리에서 삼위가 동일한 실체와 능력과 영원성을 각기 가지고 있다는 것은 삼위가 "같은 하나님"이라는 뜻이 아닌가?

셋째, 삼위 하나님은 각기 그 실체에 있어서 구별되지만 본체 또는 본질에 있어서는 하나, 즉 일체이기 때문에 "같은 하나님"으로 보아야 하지 않는가?

삼위일체론에 관한 류 목사의 신학사상은 그의 저서 『조직신학과 신앙발판』(pp. 78, 121)에 분명하게 기술되어 있다. 류 목사에 의하면 성부 하나님이 자신을 계시하기 위해 성자를 보내셨고, 성자 예수 그리스도는 부활하신 후 성령을 보내시어 교회 안에 거하게 하셨으며 이것이 바로 삼위일체라는 것이다. 다시 말해서 부활하신 성자 예수님이 성부 하나님에게서 받아 교회에 보내신 성령님이 교회, 곧 성도들 안에 임재하여 계시는 것에 삼위일체 교리가 분명하게 나타나 있다고 본 것이 류 목사의 삼위일체론이다. 류 목사는 성부 하나님과 성자 하나님과 성령 하나님의 구별을 알고 있을 뿐 아니라 삼위 하나님이 "같은 (참)하나님"이심도 알고 있는 것이다.

삼위 하나님이 "같은 하나님"이심을 알지 못하고서 성부 하나님도 "한 영," 성자 하나님도 "한 영," 성령 하나님도 "한 영"이라고 주장한 최삼경 목사의 경우 삼신론이 되고 만다. 성부 하나님과 성령 하나님 곧 삼위 하나님이 본체에 있어서 "한 영"(a Spirit)이시다(웨스트민스터 소요리 4문답).

사실상 한국 교회의 역사를 보면 많은 복음주의 목사님들이 사용한 예화들이 양태론적 삼위일체론이다. 다시 말해서 물이 영도 이하에서 얼면 얼음이요, 상온에서 녹으면 물이며 백도 이상에서 끓으면 증기가 되는 것처럼 하나님은 물처럼 본질에 있어서는 일체이나 얼음, 물, 증기와 같이 삼위로 존재한다는 예화의 경우 삼위 간에 실체적 구별이 없는 삼일론이다. 그리고 어떤 한 사람이 집에서는 아버지, 교회에서는 장로, 회사에서는 부장의 역할을 하는 것처럼 한 하나님이 각기 다르게 나타나 일하는 것을 두고 삼위일체로 보는 것도 양태론적 삼일론이다.

이 두 예화의 경우 얼음이나 아버지로 나타나는 경우 물과 증기, 그리고 장로와 부장은 사실상 존재하거나 일하지 않기 때문에 성경적 삼위일체에 대한 적절한 예화가 되지 못한다. 사실을 말하자면 삼위일체 하나님을 적절하게 설명할 수 있는 예화가 없다.

2) 다락방 기독론에 대하여

한창덕 목사는 류광수 목사가 그리스도의 온전한 인성을 부인했다고 단정함에 있어서 류 목사가 그의 『복음편지』에서 말한바, "영이신 하나님이 인간을 구원하시려고 사람의 몸을 입고 이 땅에 오셨습니다"는 말을 가지고 문제를 삼았다. 한 목사의 주장에 의하면 예수님은 인간적 영은 하나님이지만 육은 사람인 것으로 류 목사가 가르쳤다는 것이다. 이 같은 류 목사의 기독론은 초대교회의 아폴리나리우스의 이단 기독론과 같다고 한 목사가 주장한 것이다.

그러나 한 목사는 많은 목회자들이 로마서 8장에 많이 언급되어 있는 "영"을 "성령"으로 보지 않고 인간의 "영"으로 잘못 보는 경우처럼 류 목사가 말한바 "영"을 예수님의 인간적 영으로 한 목사는 잘못 보았다. 류 목사가 말하고자 한 것은 예수 그리스도가 "생명을 주는 영"(고전 15:45)이심을 가리켜, "영이신 하나님 곧 예수 그리스도가 사람의 몸을 입고 이 땅에 오셨다"(요 1:14)고 말한 것이다. 즉 예수님의 성육신을 두고 말한 것이었다. 류 목사는 예수님이 본래 참 하나님으로서 영이심을 강조한 것이며 따라서 예수님의 인성의 영혼의 존재를 부인한 것이 아니었다. 류 목사의 기독론은 아폴리나리우스의 이단 기독론과는 전혀 상관이 없다.

3. '비밀'이란 단어로 구성된 다락방의 교리들에 대하여

한창덕 목사는 류 목사의 다락방 교리들이 '비밀'의 교리들로서 베뢰아 귀신론과 같은 사탄신학, 다른 복음, 다른 그리스도, 번영신학, 신화사상 등으로 단정하였으나 한 목사의 이 같은 주장은 억지이다.

1) 베뢰아 귀신론과 동일한 사탄신학에 대하여

한 목사가 류 목사의 신학사상을 베뢰아의 사탄신학과 근본적으로 동일하다고 단정한 까닭은 인류의 모든 불행의 원인을 사탄 마귀에게서 류 목사가 찾고, 또 예수님이 육신을 입고 이 땅에 오신 목적이 사탄을 멸하기 위한 것이며, 사탄에게서 벗어나는 것이 구원이라고 목사가 주장했기 때문이라는 것이다. 한 목사는 귀신의 실체에 관해서 류 목사의 악령론이 베뢰아의 귀신론과 전혀 다르다는 것을 알고 있으나 인간의 죄와 불행의 원인을 사탄에게서 찾고 또 사탄을 멸하는 것과 구원을 연결 짓는 것 때문에 베뢰아의 귀신론과 동일시하는 것이다.

한 목사에 의하면 복음 곧 예수 그리스도를 통하여 우리가 하나님의 모든 복을 회복함으로써 그리스도 예수 안에 있으면 죽음도, 고통도, 눈물도, 한숨도, 질병도 없는 영원한 복을 누릴 수 있는 것처럼 류 목사가 주장하고 있는바, 한 목사는 이 같은 식의 류 목사의 주장을 비성경적인 것으로 보았다. 한 목사에 의하면 하나님의 이 같은 영원한 복은 주님의 재림 이후 우리의 구원이 최종적으로 완성되는 때에야 가능하며 지금은 현실적으로 그렇게 되는 것이 아니다. 한 목사가 주장한 바에 의하면 오늘 우리가 복음을 통해서 구원을 받아 '이미' 하나님의 자녀가 되었다고 할지라도 여전히 죽기도 하고 병들기도 하며 자연의 재해를 통해서 고통 가운데서 살고 있다.

한 목사의 주장대로 하면, 예수님은 과연 우리의 구원자이시며 복음에는 구원의 능력이 있는 것이고 또 우리가 받은 구원은 완전한 것이 아니고 반쪽만의 불완전한 구원인가 하는 의심이 생겨났다.

한 목사가 류 목사의 가르침을 곡해한 것과는 다르게 류 목사가 가르치고자 한 핵심은 명백하다. 류 목사에 의하면 창세기 3장을 배경으로 해서 볼 때 사탄 마귀가 죄의 조성자(author)이고, 사탄의 미혹으로 말미암아 아담이 타락한 까닭에 인류의 비참함과 고통이 결과되었다. 이에 따라 우리의 구주이신 예수 그리스도는 죄의 조성자인 사탄 마귀를 멸할 뿐 아니라(히 2:14; 요일 3:8) 죄를 없애고자(히 9:26) 이 땅에 오셔서 속죄제물이 되셨고(막 10:45), 십자가에서 마귀를 결박하여 승리하셨다(골 2:15). 이로써 예수 그리스도를 믿고 영접하여 하나님의 자녀가 된 자마다 죄용서를 받고(엡 1:17), 하늘에 속한 모든 영적인 복을 아버지 하나님이 주실 뿐 아니라(엡 1:3), 성자 예수 그리스도와 함께 모든 것을 은혜로 주신다(롬 8:32).

그런 까닭에 구약의 다윗도 노래하기를, "주께서 네 모든 죄악을 용서하시고 네 모든 질병을 고치시며 구덩이에서 네 생명을 구속하시고 인애와 긍휼로 네게 관을 씌우시며 좋은 것들로 네 소원을 만족하게 하셔서 독수리처럼 네 청춘을 새롭게 하신다"(시 103:3-5)고 하였다. 바울 사울도 말하기를, "나는 비천에 처할 줄도 알고 풍부에 처할 줄도 안다. 나는 배부름이나 배고픔이나 풍부나 궁핍이나, 모든 형편에 처하는 비결을 배웠다. 내게 능력 주시는 분 안에서 내가 모든 것을 할 수 있다"(빌 4:12-13)고 하였다.

이로 보건대, 류 목사가 예수 그리스도를 모든 문제의 해결자로 가르친 것은 성경적이고 복음적이며, 사탄신학이나 번영신학이 결코 아니다.

2) 다른 복음에 대하여

한창덕 목사에 의하면 류 목사가 예수님의 성육신을 성령의 내주와 동일시하였고 이와 관련하여 인간이 성령의 내주를 통하여 마치 하나님이 되기나 한 것처럼 하나님만이 하실 수 있는 천사동원권과 사탄결박권을 인간도 행할 수 있다고 한 것은 본질적으로 다른 복음이라는 것이다.

앞서, 한 목사가 이단으로 정죄한 류 목사의 기독론에서 반대한 대로 류 목사는 예수님의 성육신과 성령의 내주를 동일시한 바 없으며, 인간이 하나님이 되는 것 곧 신화되는 것으로 가르친 바가 없다. 류 목사가 천사동원권과 사탄결박권을 주장한 것은 예수님을 믿는 자에게 주어지는 하나님의 자녀의 권세이고 그리스도의 제자로서 그의 군사 된 자들에게 주어지는 권세를 가리킨다.

천사동원권의 경우는 히브리서 1:14에 관한 칼빈과 이상근과 박윤선 등의 주석에 분명하게 나타나 있다. 하나님의 자녀에게는 하나님이 부리시는 종인 천사들을 이용할 권세가 있으며 요한계시록에 말씀되어 있는 대로 천사들은 성도들의 기도를 하나님께로 올려 보내는 가운데 성도들을 수종든다(계 8:4). 예수님이 올리브산 겟세마네라는 곳에서 기도하시던 때 천사들이 그를 수종든 데서도(눅 22:43) 천사의 역할을 짐작할 수 있다.

사탄결박권의 경우, 하나님의 자녀 되고 그리스도의 제자요 군사 된 성도의 마땅한 권세이다. 그리스도께서 그의 제자 된 성도에게 주신 특별한 권세인 것이다(마 10:1, 8; 막 3:15; 10:19; 롬 16:20). 우리가 성령을 힘입어 악령들을 결박하고 제압하는 권세를 사용함으로써 하나님의 나라가 우리 가운데 임한다(마 12:28).

이로 보건대, 천사동원권이나 사탄결박권은 베뢰아의 사탄신학이나 지방교회의 소위 신화사상(참고, 지방교회가 말하는 신화는 본체적으로 하나님이 되는 신격화의 의미가 아니고, 하나님의 형상을 회복하는 것, 또는 신의 성품을 따라 성화되는 것을 의미한다)과는 아무런 관련이 없으며, 오히려 성경적이고 개혁주의적인 교리일 뿐이다.

3) 다른 그리스도에 대하여

한창덕 목사에 의하면, 다락방 류광수 목사가 믿는 그리스도와 정통 교회가 믿는 그리스도는 근본적으로 다르다고 주장했다. 류 목사가 믿고 가르치는 그리스도는 그의 삼중의 직분과 관련하여 왕이요, 선지자요, 제사장이시다. 류 목사에 의하면, 그리스도의 왕직은 사탄을 꺾는 왕이고, 선지자직은 말씀을 통해 하나님을 만나는 길이요, 제사장직은 사탄의 저주에서 우리를 해방시켜 주는 제사장이시기에, 우리가 그리스도를 믿으면 구원을 받으며 성령님이 우리 안에 역사하시고 하나님의 자녀가 되는 권세를 누리게 된다.

이 같은 류 목사의 그리스도의 삼중직은 한 목사의 주장에 따르면 정통 교회의 그리스도의 삼중직과 다르며 그런 까닭에 류 목사의 그리스도는 다른 그리스도라는 것이다. 한 목사가 정통 교회의 그리스도로 소개한 것은 하이델베르크 요리문답과 웨스트민스터신앙고백이다.

하이델베르크 요리문답(31문답)에 의하면 선지자로서 그리스도는 구원에 관한 하나님의 뜻을 계시하시고, 대제사장으로서 그는 자신의 몸을 단번에 속죄제물로 드리시고 하나님 아버지께 중보자로서 우리를 대신하여 간구하시며, 왕으로서 그분은 우리를 다스리시며 보호하신다. 웨스트민스터신앙고백 대요리문답(42-45문답)에 의하면, 하이델베르크 요리문답과 내용상 거의 같으며 선지자로서 그리스도는 구원에 관한 하나님의 뜻을 계시하고, 제사장으로서 그분은 자신을 희생제물로 드리고 또 계속 중보기도하시며, 왕으로서 그분은 자기 백성을 다스리시되 원수인 사탄 마귀를 제압하고 정복할 때 보전하고 도우신다.

이상에서 정통 교회의 그리스도의 삼중직을 살펴보면 류 목사의 그리스도와 사실상 내용면에서 같음을 알 수 있다. 왕이신 그리스도가 우리를 다스리고 보호하시는 것은 사탄 마귀를 꺾고 결박하심으로써 되기 때문이다. 예수님께서 그의 제자들에게 사탄 마귀를 제압하게 하는 권세를 주어 하나님 나라가 임하게 하셨다. 그리고 십자가에서 사탄 마귀를 결박하고 승리하심으로써 친히 우리를 보호하고 다스리시기 때문에 류 목사가 그리스도를 가리켜 사탄을 꺾는 왕이라고 한 것은 지극히 성경적이고 정통 교회의 기독론과도 일치하는 것이다.

제사장이신 그리스도가 자기 백성의 죄용서를 위하여 희생제물로 자신을 내어주고 또 중보기도하시는 것은 죄와 사망의 권세 잡은 사탄 마귀의 저주에서 우리를 해방시키기 위함이다. 이로 보건대, 류 목사가 그리스도의 제사장직을 죄 문제의 해결과 연관 지어 말한 것은 정통 교회의 기독론과 내용상 일치한다.

그리고 선지자이신 그리스도가 구원에 관한 하나님의 뜻을 계시하시는 것은 그 계시로 말미암아 하나님을 만나 알고 믿어 영생을 얻게 하려는 것이다(참고, 요14:6). 그런 까닭에 류 목사가 선지자이신 그리스도가 말씀을 통해 하나님을 만나는 길이라고 한 것은 정통 교회의 기독론과 내용상 다르지 않다.

한창덕 목사는 류 목사의 기독론의 내용을 충분하게 살피지 아니하고서 트집을 잡아 이단으로 단정하려 했을 뿐이다. 바라기는 한 목사가 최삼경 목사의 마리아 월경잉태설의 신학적 의학적 문제점의 심각성을 객관적으로 밝히는데 힘을 기울이면 더 좋을 것이다.

한 목사의 글, "월경잉태설 논쟁, 무엇이 문제인가?"에서 합동 측 총신대학교 교수들과 교회 목회자들과 신학대학원생들이 궐기하여 최삼경 목사의 진술에는 이단성이 없다고 주장한 사실을 강조했다. 그러나 총신대학교 교수들이 최삼경 목사의 월경잉태설을 두고서 부정확한 표현일 뿐 아니라 불필요한 사색이라고 한 점을 한 목사는 강조하지 않았다.

최 목사는 히브리서 2:14-17과 웨스트민스터신앙고백 제8장 2항과 대요리 제37문답과 소요리 22문답에 근거하여 예수님의 인성을 밝히고자 했던 것으로 보인다. 예수님은 성령의 능력으로 동정녀 마리아의 몸에서 잉태되신 까닭에 마리아의 몸과 같은 인간의 피와 살을 가진 참 사람이셨다. 이 같은 정통 교회의 교리를 왜곡시켜 마리아의 월경의 피가 성령으로 잉태된 태아인 예수님에게 흘러들어감으로써 예수님이 참 사람이 되었다고 하는 최 목사는 주장했던 것이다. 이 같은 최 목사의 주장은 의학적 무지에서 비롯되었고 예수님이 성령으로 마리아에게 잉태되었다는 사실에 흠을 내는 신학적 경솔에서 비롯되었다. 그럼에도 불구하고 한 목사는 최 목사의 월경잉태설을 궤변으로 일관하여 옹호하는데 전심전력했다.

4) 번영신학에 대하여

한 목사에 의하면, 류 목사의 다락방의 그리스도관은 "병의 원인은 병원균을 없애버리면 병의 증상도 사라지고 병에 아예 걸리지도 않게 된다고 하면서 병과 죄를 같이 보고 예수님께서 죄를 도말하셨기 때문에 우리는 죄가 없고 죄를 지을 수도 없다고 하며 그런 의미에서 '우리 죄를 사하여 주옵시고'라는 내용이 들어있는 주기도문을 암송조차 하지 않는 구원파의 논리와 같이 잘못된 것일 뿐 아니라, 필연적으로 건전하지 못한 번영신학으로 이끌어 간다." 한 목사의 이 같은 주장대로 류 목사가 가르치고 있다면 류 목사는 정말로 이단이다. 그러나 사실인즉, 한 목사의 이 같은 주장은 악의적으로 날조된 것이다.

성경이 가르치는 바에 의하면, 예수님을 믿음으로 예수님 안에 있는 자마다 의롭다 함(칭의)을 받고 성결케 됨(성화)를 얻는다. 죄용서함을 받고 그리스도의 의의 전가로 말미암아 죄인이 의롭다 함을 받게 되어 정죄나 심판이 없을 뿐 아니라 그리스도와 함께 죄에 대하여 죽고 성결케 되어 하나님께 대하여 살게 된다(참고, 고후5:21; 롬 3:24-25; 6:6-11).

라. 한국교회연합 바른신앙수호위원회 이인규의 주장에 대한 반론

세이연 홈피(http://ikccah.org/1469) 게시판에 실린바 다락방과 류광수 목사를 양태론자로 단정한 이인규의 주장은 외박눈이 원숭이가 온전하게 두 눈을 가진 원숭이를 병신이라고 하는 격이다. 이인규와 함께 이단 연구를 하고 있는 최삼경이 삼신론적 입장과 마리아 월경잉태설을 주장하면서 몇몇 목회자를 이단으로 만들어낸 억지를 그 또한 어리석게 반복하고 있는 것이다. 이인규가 류 목사를 삼위일체 교리에 있어서 양태론(양태론적 단일신론)으로 단정하는 근거는 크게 세 가지이다.

첫째, 이인규에 의하면, 다락방에서 말하는 "영접"은 양태론적 주장과 이단적 기독론에 근거한다고 주장한다. 즉, 성부 하나님 자신이 우리 안에 들어오는 것을 "영접"이라는 용어를 사용하여 류 목사가 가르치고 있는 것으로 억지 결론을 내린다. 그리고 이 같은 억지 결론에 근거하여 류 목사를 양태론 이단으로 단정하고 있다.

이인규가 말하고자 하는바, 기독교의 삼위일체 교리에 관한 이단사상인 양태론에 의하면, 예를 들어 어떤 한 사람이 있는데 그가 집에서는 아버지로, 교회에서는 장로로, 회사에서는 부장으로 얼굴과 역할을 바꾸어 나타나는 것이나, 또는 물이 영도 이하에서는 얼음으로, 상온에서는 물로, 백도 이상에서는 증기로 나타나는 것처럼, 한 분 하나님이 창조와 율법 수여에서는 성부로, 성육신에서는 성자로, 중생과 성화에서는 성령으로 자신을 나타내 보인다고 주장한다(참고, 벌코프, 『기독교신학개론』, 신복윤 역, pp. 72-73).

이 양태론에 의하면 성부와 성자와 성령이 동시에 함께 존재하거나 활동하거나 상호 교제(또는 교통)할 수가 없다. 즉, 성부가 존재하고 활동하는 경우에는 성자와 성령은 없는 것이다. 따라서 이 양태론에 의하면, 성도들은 성자 예수 그리스도의 이름으로 성령 안에서 성부 하나님께 기도할 수가 없고, 성부와 성자와 성령이 동시에 함께 교회나 성도 안에 거하실 수 없다.

이인규에 의하면, 다락방의 류광수 목사의 경우, 성부와 성자와 성령의 위격이 구별되지 않고 동일하여서 사실상 성부 하나님만이 존재하고 있는 까닭에, 성부 하나님 자신이 직접 성육신하시고, 성부 하나님이 성도 안에 거하시고 있는 것으로 가르치고 있어 양태론적 이단이라고 억지 주장한다. 류 목사의 "영접"도 "성부 하나님 자신이 우리 안에 들어오는 것"을 뜻한다고 억지로 단정한다.

이인규의 이 같은 억지 단정과는 달리, 류 목사가 가르치는바 "영접"은 예수님을 그리스도로 믿어 우리 안에 거하게 하는 믿음의 행위이다. 예수님을 영접하는 순간 성부 하나님을 만나는 길이 열리고, 성령 하나님이 또한 우리 안에 임하여 거하게 되는바, 이것이 구원이요, 임마누엘의 축복임을 성경대로 류 목사는 가르치는 것이다(참고, 요 14:16, 26-27). 삼위일체 하나님, 곧 성부 하나님과 성자 하나님과 성령 하나님께서 우리와 늘 함께 계시기 때문에 흑암의 세력이 성도들을 결코 이길 수 없다는 것을 강조한다(참고, 류광수, 『복음편지』 pp. 76-77).

"영접"의 용어상의 의미에 있어서도, 류 목사가 의미하는 바는 믿음 자체일 뿐, 믿음의 고백 이후의 재영접을 뜻하지 않는다. 다만, 예수님이 그리스도 곧 복음인 것을 알지 못하거나, 임마누엘의 축복을 누리고 있지 못하고 있는 초보적 단계의 신자나, 구원의 확신이 없는 신자의 경우 예수님을 확실하게 제대로 믿을 것을 강권하는 경우 "영접하라"는 말을 쓰고 있을 뿐이다. 이것은 마치 목사님들이 일반적으로 성도들을 향하여 "성령으로 거듭나라," "예수님을 구주로 영접하라"고 강조하는 경우와도 같은 것이다. 한마디로 말해서, 재영접설도 결코 아니다.

이인규가 류 목사가 사용하는 "영접"이라는 용어를 곡해하여, 성육신과 성령의 내주와 성부 하나님의 임재를 구별하지 아니함으로 삼위의 구별을 알지 못하는 양태론으로 단정한 것은 터무니없는 억지이다. 류 목사는 응답 받는 기도에 대하여 가르칠 때, 예수님의 이름으로 성령 안에서 성부 여호와 하나님께 기도해야 한다고 강조한 사실만 보아도 류 목사는 양태론과는 전혀 다르다는 것을 쉽게 알 수 있다(참고,『복음편지』pp. 104-105).

둘째, 류 목사가 말하는바, "영접"과 관련하여 "성부, 성자, 성령 하나님의 비밀" 또는 "구원의 비밀"이라고 한 것을 두고 이인규는 이단으로 정죄하면서, "삼위일체는 비밀이 아니다"라고 했다. 이인규의 이같은 주장은 그 자체가 비성경적이요, 신학적 무지에서 나온 것이다. 기독교의 삼위일체 하나님은 이 세상에 그 무엇으로도 유추할 수 없는 신비요 비밀이다(참고, 박형룡,『교의신학』제2권 신론, pp.186, 209). 또한 예수님의 성육신도 비밀이다(골1:27; 2:9, 참고『교의신학』제4권 기독론, p. 132).

예수님이 그리스도이시라고 하는 복음도 비밀이요(롬 16:25; 갈 1:11-12; 고전 2:2), 예수님을 믿고 영접할 때 성자 예수 그리스도뿐 아니라 성부 하나님과 성령 하나님이 우리에게 임하여 내주하심(임마누엘)도 구원의 비밀이다(참고, 박형룡『교의신학』제 5권 구원론, pp.102-105). 이로 보건대, 삼위일체와 성육신하신 예수 그리스도의 복음이 비밀인 것을 알지 못하고 있는 이인규의 억지 주장이 오히려 비성경적이요 이단적이다.

셋째, 예수님의 성육신과 관련하여 류 목사가 말하는바, "인간이 하나님을 만날 수 없으므로, 하나님이 직접 인간의 몸을 입고 오신 분이 예수님이다"고 한 것을 두고 이인규는 양태론적 이단으로 정죄한다. 성육신과 관련하여 류 목사가 말하는 것을 요약하자면 다음과 같다. 인간은 전적으로 부패하여 있는 까닭에 하나님을 만날 수가 없다(『복음편지』p. 44). 더욱이, 하나님은 영이시기 때문에 우리가 육신의 눈으로는 하나님을 볼 수도 없다(『복음편지』, p. 72). 인간은 자신의 힘이나 노력으로는 하나님을 만나거나 깨닫거나 할 수 없으며 구원 받을 수도 없다. 이에 영이신 성자 하나님께서(고전 15:45; 고후 3:17-18) 인간을 만나 주시고 구원하시려고 사람의 몸을 입고 이 땅에 오셨다(『복음편지』, pp. 73-74; 참고, 웨스트민스터신앙고백 제7장 3항).

이로 보건대, 예수님의 성육신에 대해 류 목사가 뜻하는 것은, 성부 하나님께서 직접 인간의 몸을 입었다는 것이 아니라 자존하는 하나님(autotheos)으로서 영이신 성자 하나님이 직접(또는 친히) 인간의 육신을 입으셨다는 것이다. 성자 예수님의 경우 부활 이후에야 영으로 존재하게 되신 것이 아니고, 자존하는 하나님이시기에 처음부터 영이심을 류 목사는 삼위일체론적으로 알고서 예수님의 성육신을 말하고 있다(참고, 칼빈 『기독교강요』 I 권 13장 7, 8절; II 권 13장 4절).

또한 이인규는 성육신과 관련하여 "그 영은 하나님인데, 사람의 몸을 입고 오셨다"는 식으로 류 목사가 표현한 것으로 주장했다. 이로써 4세기 이단적 기독론자인 아폴리나리우스(예수님은 참 하나님이시기에 그의 몸은 인간의 육과 혼에 신적 영인 로고스로 구성되어 있고, 인간의 영이 없다고 함)와 관련지어 예수님의 영은 하나님이나 몸은 사람이라는 식으로 해석하여 류 목사를 이단적 기독론으로 단정한다.

앞에서 거듭 밝힌 대로, 류 목사의 의도한 바는 영이신 성자 예수님이 친히 사람의 몸을 입고 우리 가운데 오셨음을 말한 것뿐이다. 류 목사의 말한 바를 인용하면 다음과 같다.

"우리의 힘과 노력으로는 인간을 구원하시려고 사람의 몸을 입고 이 땅에 오셨습니다. 이를 가리켜 신학적인 용어로 성육신이라고 합니다"(요 1:14)(『복음편지』 p. 73). 그리고 이어서 또 말하기를 "복음은 (성자)하나님께서 직접 우리에게 찾아오신 것입니다 … 그 분은 죄가 없으시며, 그 영은 하나님이십니다(고전 15:45). 사람을 건지셔야 하기 때문에 사람의 몸을 입고 오신 것입니다. 그 분이 바로 예수 그리스도이십니다"(『복음편지』 p. 74).

이인규는 『복음편지』 가운데서 "그 영은 하나님이시다"와 "사람의 몸을 입고 오셨다"는 표현을 앞뒤를 바꾸어 악의적으로 연결하여 문장을 만들어 가지고 류 목사를 이단적 기독론자로 단정하여 한 것이다. 그러나 성육신에 관한 류 목사의 가르침은 아폴리나리우스의 기독론과는 전혀 다르다. 왜냐하면 아폴리나리우스가 말하는 영은 인간의 몸의 구성요소를 가리킨 데 반하여, 류 목사가 말하는 "그 영"은 영이신 하나님(요 4:24), 곧 성자 예수님의 신적 본질을 가리켜 사용한 것이기 때문이다.

　장로교회 목사로서 신학 교육을 정상적으로 받은 자이면 대체적으로 양태론이나 아폴리나리우스의 이단성을 알고 있기에 그 같은 이단적 주장을 가르치는 것은 상식적으로도 사실상 불가능하다. 그런 까닭에, 류 목사를 이단적 삼위일체론인 양태론적 단일신론(양태론)이나 아폴리나리우스의 이단적 기독론과 관련지어 이단으로 단정하려 한 이인규의 주장은 악한 의도와 무지에서 비롯된 억지이다.

제5장
영성훈련원 박철수 목사 신학사상 검증보고서

I. 기독교신학사상검증위원회의 검증보고서

I. 박철수 목사 신학사상 검증 경위

1) 신학사상 검증 요청

기독교신학사상검증위원회는 2013년 10월 15일 박철수 목사가 예장 합동과 예장통합교단의 '참여 금지' 규정 때문에 억울하게 당한 많은 일들과 자신의 신학사상을 올바르게 검증해달라는 요청을 받았다. 이에 본 기독교사상검증위원회는 특별 위원회를 구성하여 박철수 목사에 대한 신학사상을 검증을 하게 되었다.

2) '참여 금지' 결정 과정: 예장합동

예장합동은 2000년 제85회 총회에서 박철수 목사에 대해 다음과 같은 결정을 내렸다.

"그러므로 그를 다시 본 교단이 신학적으로 검증하여 인정할 수 있는 변화의 수준에 이르기까지는 본 교단에서 소속된 자는 관계하지 않는 것이 바람직하며, 그의 약속을 한 회기 동안 깊이 있게 관찰 주시함이 좋을 줄로 사료되어집니다."

그 다음해인 2001년 제86회 총회에서는 "기독교 영성훈련원(대표 박철수)에 참석을 금하기로 하다"라고 결의했다.

① 박철수 목사 문제 종결하기로 결정

그 이후 예장합동 이대위(총회 이단사이비대책위원회 약칭)는 2002년도 제87회 총회에 "박철수 목사(영성훈련원)의 노회 가입과 그 훈련원에 관련된 자에 대한 처리의 건"이란 보고서를 헌의안으로 제출하면서 결론적으로 박철수 목사의 문제는 "더 이상 시시비비는 종결하는 것이 좋은 줄로 사료됩니다"라는 내용으로 보고하였다.

② 제87회 예장합동총회 이대위의 보고서

1. 박철수 목사의 신학사상과 그가 운영하던 영성훈련원 등에 대하여 제85회 총회보고서에 나타난 대로 이미 심도 있게 지적한 바 있었다.

2. 제86회 총회까지 박철수 목사는 본 교단 신학에 대한 깊은 애정을 갖고 그가 가진 잘못된 교리와 신학을 과감하게 버리려고 애를 썼던 흔적을 지난 제86회에서 발견을 했으나 본회가 실제적인 검증을 하지 못하였던 것이다.

3. 박철수 목사는 그간 본회의 끈질긴 모욕적 지도와 가르침에 겸손하게 수용하는 점이 다른 유사 사이비 지도자들과는 다른 점이었음을 발견하였다.

4. 지난 회기 내에서는 자신의 교재를 폐기 처분하고, 새로운 칼빈주의적 조직신학의 틀에 입각한 교재를 발간하여 합신 명예총장인 신복윤 교수의 감수와 지도를 받은 점은 긍정적으로 평가되어진다.

5. 그러므로 박철수 목사는 자신의 출신 모교인 합동신학교 산하에서 지도 받고 앞으로 건전한 교단의 일원으로서 한국 교회를 위하여 일할 것으로 약속한바 있으므로 본 위원회는 이문제로 더 이상 시시비비는 종결하는 것이 좋은 줄로 사료됩니다.

③ 총회서 통과 하지 않음

그러나 3년 동안 성실하게 연구한 이대위의 보고서를, 어떤 영문에서인지, 총회에서 통과시키지를 아니했다.

3) '참여 금지' 결정 과정: 예장통합

자료 부족으로 조사 연기: 예장통합은 2003년 제86회 총회에서 박철수 목사에 대해 다음과 같은 결정을 내렸다.

"자료의 부족으로 연구가 어려운 상황이므로 충분한 자료 수집을 통한 객관적인 연구를 위하여 그에 대한 조사를 한 회기 연장하고 상황을 지켜본 후 처리하는 것이 좋을 것으로 사료되어진다."

① 문제 삼지 않기로 하다

2004년 예장통합 제87회 총회에서 박철수 목사에 대해 "더 이상 문제 삼지 않기로 하다"라고 결정을 내렸다.

② '참여를 엄히 금해야'라고 다시 결정

그런데, 2010년 제95회 총회에서 박철수 목사에 대해 다음과 같이 결의했다. "박철수 씨의 영성화운동은 잘못된 인간론과 잘못된 영 인식으로부터 비롯된 것으로 이는 비성경적인 운동으로 본 교단 목회자나 성도들의 참여를 엄히 금해야 할 것이다."

③ 다시 '참여 금지' 결정 과정

박철수 목사가 다시 거론된 것은 예장통합의 대양교회 전 담임목사인 김기종 목사가 해당 교회의 수석 장로인 심재평 장로를 제거하기 위하여 최삼경 목사에게 건의하자 최삼경 목사는 박철수 목사 본인에게는 아무런 연락도 없이 이단사이비대책위원회를 통하여 박철수 목사를 다시 "참여 금지"라는 말로 다시 정죄한 것이다.

심재평 장로가 박철수 목사의 영성훈련원에 강의를 들은 적이 있기 때문에 박철수 목사가 신학적으로 문제가 있다는 교단 차원의 판결이 나면 심재평 장로를 공격할 구실로 삼아 심재평 장로를 제거하기기 쉽기 때문이라고 박철수 목사 측은 설명하고 있다.

이처럼 최삼경 목사는 교리적으로보다는 정치적으로 박철수 목사를 거론하여 불이익을 주도록 한 것이라고 한다.

④ 예장통합 특별위원회의 결정

이대위의 결의 취소: 이에 박철수 목사는 2011년 통합 측 "특별심판위원회"(각 부서 부장 및 위원회의 위원장으로 구성됨)에 통합총회장을 피고로 하는 '집회참여금지 결의취소 및 결의무효확인의 소송'을 청구하여 "제95회 총회 결의 중 원고(박철수)에 대한 총회 이단사이비대책위원회 보고

결의를 취소한다"는 판정을 받았다. 즉 "참여 금지"의 결의를 취소한다는 결정이었다.

⑤ 총회장 김정서 목사의 "총회 특별심판위원회"의 결의 각하

그러나 "총회 특별심판위원회"가 결정한 박철수 목사의 제95회 총회 결의인 "참여 금지를 취소한다"는 내용이 발표되자, 총회장 김정서 목사는 총회를 앞두고 긴급히 "총회 특별심판위원회 재심판위원회"를 조직하여 "총회 특별심판위원회"가 결정한 "원고(박철수)에 대한 총회 이단사이비대책위원회 보고 결의를 취소한다"는 내용을 각하한다는 결정을 내렸다.

그 이유는 원고 박철수씨가 당해 치리회 회원이 아니므로 결의 무효를 위한 행정심판소송의 원고 자격이 없다는 것이었다.

박철수 목사가 예장통합의 당해 치리회 회원이 아닌데도 "참여 금지"란 결정을 일방적으로 내리는 권리를 행사해 놓고, "참여 금지" 해제 할 때는 예장통합총회 치리회의 회원이 아니므로 왈가왈부할 자격이 없다는 것은 완전히 예장통합총회장 김정서 목사의 일방적인 횡포라고, 박철수 목사는 기독교에서 교단의 이름으로 자행하는 인격적인 폭행에 대해 억울함을 호소하고 있다.

⑥ 예장통합총회장의 납득하기 어려운 이유

2002년 예장통합 제87회 총회에서 더 이상 박철수 목사에 대한 문제 삼지 않기로 결의한 후에 2010년 제92회 총회에서 다시 문제 삼은 이유와 경위가 분명치 않으며, 또한 박철수 목사의 청원에 따른 특별심판위원회의 결의취소 결정을 피고인 신분인 김정서 총회장이 조각한 "특별심

판위원회 재심위원회"가 내린 "원고 부적격의 이유로 각하"시켜버린 통합총회의 모습은 도무지 납득하기 어렵다는 것이다.

　게다가 2012년 박철수 목사의 재심의청원건에 대한 결의에서도 면담이나 소명 기회가 없이 "본 교단 이단사이비대책위원회 운영지침(조사대상자가 타 교단 소속 인사일 경우에 관한 내용)의 내용에 따르면, 본 교단이 조사대상자 소속 교단의 견해를 '반드시' 고려해야 한다고 정하고 있지 않다. 오히려 본 교단 소속 교회들의 피해가 있을 경우 조사대상자로 정할 수 있다고 정하고 있다"라고 하며 회피하는 것은 자신들의 무책임하고 무분별한 행동을 그대로 드러내고 있음이 분명해 보인다고 박 목사측은 항변하고 있다.

　⑦ 박철수 목사 다시 재재심 청원
　이에 박철수 목사는 억울함을 토로하며 다음해인 제96회 총회(2013년)에 또다시 재재심 청원을 하였으나 예장통합 측은 "박철수씨에 대한 재심은 본 교단과의 약속이 이행된 이후 고려될 수 있다"라고 결의하였다.

　⑧ 문제된 '약속 이행'이란 내용
　박철수 목사가 폐기하기로 한 책자를 폐기하지 않고 아시아교회 서점에서 팔고 있었기에 총회와의 약속을 어겼다는 것이다.
　폐기한 책이 어느 서점에서 늦게 반품하여 온 것을 박철수 목사와 교회 당국자는 아무도 몰랐다. 서점에서 일하는 사람이 반품해 온 책을 늘 하는 대로 단순히 책장에 꽂아 놓았다. 그런데 이상하게도 아시아교회 당국자는 아무도 몰랐는데, 어떻게 그 책 몇 권이 공교롭게도 그런 시기에 늦게 반품 된 것을 최삼경 목사 측에서 알고 와서 사진을 찍어갔느냐

하는 것이다. 말 한마디면 폐기처분 했을 것이다. 그런 사실을 알게 된 박철수 목사는 즉시 그 책들을 폐기해 버렸다는 것이다. 이처럼 최삼경 목사는 교리적으로보다는 정치적으로 박철수 목사를 거론하여 불이익을 주도록 한 것이다.

4) 박철수 목사의 이력과 경력

박철수 목사는 1943년 충북태생으로 1981년 합동신학원을 졸업하고, 예장 호헌 측에서 목사안수를 받았으며, 현재 한국독립교회선교단체연합회 소속으로 서울 강서구 가양동 1457번지에 소재한 아시아교회의 원로목사이다. 박철수 목사(71)는 그동안 하나님의 말씀과 거룩한 삶을 강조하며 영성훈련과 영성신학의 조화를 위해 노력해왔다. 박철수 목사가 설립한 아시아교회와 새생활영성훈련원은 교역자와 신자들에게 영성의 소중함을 일깨워주는 영성 아카데미의 역할을 해왔다.

박철수 목사의 저서로는 『모세오경』, 『영성훈련입문』, 『변화되는 삶을 경험하라』, 『영성으로의 가는 길』, 『영성 형성을 돕는 길』, 『그리스도인의 삶과 영성』, 『성령의 이중적 사역』, 『자가 진단법』, 『그리스도인과 자아』 등 신구약 강해시리즈 50여 종을 출판했다.

II. 박철수 목사 신학사상 검증보고서

박철수 목사 신학사상 검증은 대한예수교장로회 합동교단과 통합교단이 박철수 목사의 집회에 참여를 금지한다는 결의함에 있어서 문제 삼은 주요한 주제들을 중심으로 하고, 박철수 목사의 주요 저서들(『영성훈련입문』, 『그리스도인의 삶과 영성』, 『영성으로의 가는 길』, 『영성 형성을 돕는 길』 등)을 활용하였으며, 개혁주의 내지는 복음주의 신학자들의 저서와 주석을 참조하였다.

검증 대상이 된 주요 신학적 주제는 성경관, 인간관, 영성의 개념, 영성훈련, 성령충만과 성령의 이중적 사역, 성령의 은사, 구속사, 그리고 귀신론 등이다.

1. 성경관에 관하여

1) 예장합동의 비판적 견해

박철수 목사는 성령님의 내적 조명을 지나치게 강조한다. 그는 성경에 기록되어 있는 바른 뜻을 성령님께서 조명해주셔서 깨닫게 하시는 수준을 넘어 성경의 문자적 의미를 파괴하고 부정하거나 초월하는 경향이 있다. 자신의 신앙적 체험이나 떠오르는 생각을 성경보다 우위에 둘 위험성을 안고 있다. 그리고 박철수 목사는 독자적인 성경해석법에 따라 주관적 구속사적 성경해석 곧 성경이 개인의 신앙적 삶에 주는 의미를 찾아내려고 한다. 그래서 성경을 마구잡이로 아전인수 격으로 자의적으로 해석할 가능성이 열려 있는 것이다.

또한 기록된 하나님의 말씀인 성경보다 성령님과의 영적교통을 통해서 주어지는 직접적인 계시 곧 흐레마(또는 레마)를 지나치게 강조한다.

2) 검증위원회의 검증과 평가

　박철수 목사는 한국 교회의 일반 목사들이 로고스와 레마에 관하여 흔히 구별하여 사용하는 관례를 따르고 있다. 박 목사뿐 아니라 많은 목사들은 로고스가 하나님의 기록된 말씀인 성경을 가리키는 것으로 보는가 하면, 레마는 성경이 강단에서 선포될 때 하나님이 성령의 감동으로 주시는바 선포되는 말씀인 설교를 가리키는 것으로 보고 있다.

　그러나 이 같은 구별은 성경적으로나 신학적으로 근거가 아주 빈약하다. 예컨대, 마태복음 26:75과 마가복음 14:72의 경우 닭이 울기 전에 베드로가 예수님을 세 번 부인할 것이라고 한 예수님의 말씀이 레마다. 마가복음 9:32에서 예수님께서 자신의 죽음과 부활에 대하여 하신 말씀이나, 베드로후서 3:2의 선지자들의 예언한 말씀이 레마다. 이에 비하여, 마태복음 12:32, 37의 경우 사람들의 입에서 나오는 말이 로고스이고, 마가복음 7:29의 경우는 헬라인 여자의 입에서 나온 말이 로고스이며, 요한복음 12:38에서는 이사야의 입에서 나온 말이 로고스이고, 고린도후서 5:19의 경우 화목의 말씀이 로고스이다.

　이 같은 성경적 용법에 비추어 볼 때 로고스와 레마에 대한 일반 목사들과 박철수 목사의 구별은 성경적으로나 신학적으로 적절하지 못하다. 더구나 요한복음 1:1과 1:14에 보면 하나님이신 예수님 자신이 말씀 곧 로고스이고 이 로고스를 통해서 만물이 창조되었다고 사도 요한은 말했으나(요 1:3), 히브리서 기자는 하나님의 말씀인 레마로 온 세상이 창조되었다고 하였다(히 11:3).

　박철수 목사가 성경과 관련하여 레마를 강조한 것은 성경말씀을 우리의 구원의 삶 가운데서 적용하여 그 말씀대로 살 수 있어야 한다는 데 있다(『그리스도인의 삶과 영성』p. 201). 그는 그의 저서들에서 전반적으로 성경본문에 근거하여 해석하고 진술하는 것을 원칙으로 하고 있고, 성경말씀에 비추어 영적 체험을 말하고 있다. 그래서 그의 경우 성경의 가르침과 권위가 개인의 영적 체험보다 위에 있다.

예컨대, 성령충만의 두 가지 방식과 관련하여 헬라어의 성경적 용법과 관련된 성경구절들을 충분하게 제시한 다음에 개인의 영적 체험을 소개하였다(『영성훈련입문』pp. 57-74). 이렇듯 성경에 근거하여 영적 체험을 말하고 있으며, 개인의 체험을 성경보다 앞세우지 않는다. 그는 신구약 성경 외에는 다른 계시가 없고, 오직 성경말씀을 깨닫게 하는 성령의 조명 곧 내적 계시가 지금도 계속 있다(고전 14:6, 26)는 점을 강조했다(『영성 형성을 돕는 길』p. 130).

2. 인간관에 관하여

박철수 목사의 인간관은 그의 영성과 관련하여 가장 문제시되고 있다. 하나님의 형상, 인간의 구성요소(삼분설), 영육의 분리 등이 핵심적 주제들이다.

1) 하나님의 형상에 관하여

① 예장합동의 비판적 견해

하나님의 형상에 대하여 정통 기독교에서는 인간에게 있는 지정의, 자유의지, 도덕성 등 인격적인 요소를 가리켜 말한다. 이에 비하여 박 목사는 영과 혼과 육으로 이루어진 인간의 구조 자체를 하나님의 형상으로 가르친다. 즉, 인간의 영과 혼과 육으로 이루어진 삼분설을 따라 성부, 성자, 성령 삼위일체이신 하나님의 형상을 말하고 있다.

② 검증위원회의 검증과 평가

합동교단이 이해하고 있는 하나님의 형상은 에베소서 4:24과 골로새서 3:10이 말하는 바, "진리의 의와 거룩함과 지식"과 같은 인격적 요소이다. 그러나 이 같은 인격적 요소에 앞서 하나님의 형상은 "영광과 존귀로 관을 씌운"(시 8:5) 왕을 가리키며, 하나님과의 언약관계에 있는 존재이다.

박철수 목사는 하나님의 형상대로 창조된 인간이란 하나님과 인격적 교제를 가지는 존재(『영성훈련입문』 p. 42)이고, 삼위일체 하나님이 내재 내주하시어 동거하시는 인격적 존재(『영성훈련입문』 p. 93)이며, 예수 그리스도를 닮은 자 곧 하나님의 친자녀이다(『영성훈련입문』 p. 93). 그래서 예수 그리스도로 말미암아 하나님 나라의 왕으로서 생명 안에서 왕 노릇한다(롬 5:17)(『영성훈련입문』 p. 195).

하나님의 형상에 관하여 합동교단과 박 목사의 견해는 보는 관점상 차이가 있을 뿐이다.

2) 삼분설에 관하여

① 예장합동의 비판적 견해

박철수 목사의 인간론은 인간의 구성요소에서 시작된다. 그는 영혼육의 삼분설과 영육의 이분설, 그리고 단일설을 모두 인정하는 듯하지만 워치만 니의 삼분설을 따르고 있다. 인간을 영, 혼, 육으로 구분한다. 그리고 인간의 영을 성령이 사역하는 통로 또는 기구로 보기보다는 독립적인 실체, 즉 몸으로 설명한다. 그래서 박 목사는 영과 혼을 실체적으로 뿐만 아니라 인격적으로도 구분한다.

② 예장통합의 비판적 견해

박철수 목사에 의하면 영의 인격과 육의 인격이 별도로 존재한다. 이같은 그의 인간관에 따르면 전인적 인간관이 무너지고 만다. 성경이 가르치는 인간은 이분설이든 삼분설이든 한 인격 속의 다른 기능을 말하는 것이다. 박 목사는 영혼에도 독립적인 인격과 몸이 있다고 하는바, 성경의 전인적 인간관과 배치된다.

③ 검증위원회의 검증과 평가

박철수 목사는 인간에 관하여 삼분설과 이분설과 전인으로서의 통일체를 모두 인정한다. 즉 세 가지 인간관을 종합해서 이해할 것을 강조한다(『영성으로의 가는 길』 p. 41). 즉, 삼분설적 인간론의 입장에서는 데살로니가전서 5:23과 히브리서 4:12에 근거하여 구조론적 측면에서 이해하는바, 영은 하나님과 교제하는 요소, 혼은 정신적 요소, 그리고 육은 몸체로 본다.

이분설적 인간론의 입장에서는 마태복음 10:28과 전도서 12:7에 근거하여 인격적인 측면에서 이해하는바, 비물질적인 영과 혼이 하나로 움직이고, 물질적인 육체가 따로 움직인다. 육체가 소원하는 바가 있는가 하면(롬 8:6), 성령께서는 우리의 영으로 더불어 우리가 하나님의 자녀인 것을 알게 한다(롬 8:16)(『영성훈련입문』 pp. 44-45).

박철수 목사는 인간의 영이 인격체이며, 영성 지수라는 기능, 곧 오성과 의지를 가지고 있어서 선악과 옳고 그름을 구별하고 판단하여 의지를 통해 실천하는 능력이 있다고 보았는데(『영성으로의 가는 길』 p. 62), 이 같은 주장은 칼빈의 『기독교강요』(1권 15장 6-8절)에 따른 것이다.

송인설은 베드로전서 3:4에 근거하여 인간의 영을 '마음에 숨은 사람' 곧 속사람으로 보고서, 그 영이 감정과 의지가 있는 실체(몸)라고 했다(『영성의 길 기도의 길』 p. 52). 이상근에 의하면, 이 숨은 사람, 곧 속사람은 영혼의 동작인 인격을 가리키며 육체의 행위와 대조된다(『신약주해 공동서신』 p. 156). 한철하에 의하면, 육체가 눈이 있듯이 영혼도 눈이 있어 본다(『고대기독교사상』 p. 265).

개혁주의 신학자인 레이몬드에 의하면, 인간은 비물질적 실체인 혼(또는 영)과 물질적 실체인 육체로 구성되어 있는 유기적 통일체(전인)이다. 이 둘은 존재론적으로 구별된 실체이나 신비하게 유기적으로 연합된 통일체이기 때문에 둘이면서 하나요, 하나이면서 둘이다. 혼과 영은 하나의 비물질적 실체이고, 두 개의 다른 실체가 아니다. 영과 혼은 인간의 내적 본질이고, 육체(또는 몸)는 시간과 공간 속에 존재하는 외적 본질이다.

그러나 기능적으로 구별하자면, 영은 하나님에게 그것의 기원을 두고 있는 생명으로서 인간의 내적 깊음의 고등한 본성이요, 하나님을 향하는 생명이다. 혼은 사람 안에서 형성된 동일한 생명으로서 인간 자신의 특별하고 구별된 개체성이요, 땅을 향하고 감각적인 것들과 접촉하는 본성이다(레이몬드, 『최신조직신학』, pp. 537-544).

레이몬드는 이분설을 주장하지만 인간을 전인으로 보는 일원론의 벌카우워나, 삼분설을 주장하는 자(예, 델리치)를 이단으로 정죄하지 않는다. 다만, 일원론에 대해서는 존 머레이의 견해를 따라 영육통일체로 보아야 한다는 점을 그는 지적하였고, 삼분설에 대해서는 그릇된 기독론과 성화론으로 기울어질 수 있는 위험성을 경고하였다.

레이몬드의 견해에 비추어 볼 때, 비록 박 목사가 삼분설의 입장을 취하고 있으나, 영과 육이 함께 전인으로서의 한 개인(또는 인격체)을 구성하고 있다고 박철수 목사가 언급한 점은 균형 있는 인간론을 주장하려 한 노력이다(『영성으로의 가는 길』 p. 41). 그러나 박 목사는 삼분설을 주장함으로써 그의 영성훈련의 과정을 육의 단계, 혼의 단계, 영의 단계로 나누게 된다(『영성 형성을 돕는 길』 pp. 22-25). 이 같은 박 목사의 영성훈련의 과정은 영성의 개념을 영적 성숙 곧 그리스도를 닮는 삶에 초점을 맞추고 있는 데서 비롯되었다.

3) 영육의 분리에 관하여

① 합동교단의 비판적 견해

박철수 목사는 삼분설에 근거하여 영의 몸과 육의 몸을 독립된 인격체로 보고 있다. 특별히 영이 인간의 최고의 인격으로서 육체와 언제든지 분리될 수 있는 한 몸으로 보고 있다. 이 같은 박 목사의 삼분설은 극단적인 신비주의이다.

박철수 목사에 의하면, 영과 혼은 본체적으로 뿐 아니라 인격적으로도 구분되고, 영의 생각을 따르는 것은 영적인 삶이고, 혼과 몸의 생각을 따르는 것은 육적인 삶이다. 혼 또는 정신(자아)은 범죄와 타락의 주역이고, 그 혼이 자기 생각을 포기하고 영의 생각을 따르게 되어 영이 인간 전체를 통제하게 되면 성령의 생각과 의지가 나타나는 영적 삶이 가능해진다는 것이 박 목사의 주요한 주장이다.

이 같은 박철수 목사의 인간론은 영과 혼과 육을 실체적으로나 인격적으로 구분하고 있지 않는 성경의 가르침과 전혀 다르다.

② 통합교단의 비판적 견해

박철수 목사는 영의 인격과 육의 인격이 별도로 존재한다고 하기 때문에, 그의 인간관은 성경의 전인적 인간관에 배치된다. 박 목사에 의하면, 영의 인격과 육의 인격이 별도로 존재하며, 영혼에도 몸이 있고 귀가 있고 눈도 있다. 그러나 성경이 가르치는바 인간은 이분설이든 삼분설이든 한 인격 속의 다른 기능을 말하고 있을 뿐이다.

이 같은 박철수 목사의 인간론은 육체로부터 영혼이 실제적으로 분리되어 빠져나옴으로써 본체적으로는 분리될 뿐 아니라, 영혼의 인격과 육신의 인격이 분리되어 서로 대화를 함으로써 인격적으로 분리된다고 한다. 그래서 박 목사의 영성훈련의 핵심은 영의 육체 이탈을 통한 영성훈련에 있다. 이 같은 박 목사의 주장은 성경 어디에서도 지지를 받을 수 없는 비성경적인 신비주의이다.

박철수 목사의 주장대로 하면, 인간의 영에는 죄가 없어야 한다는 것이 되고, 결국 영은 타락하지 않기 때문에 그리스도의 구속이 육체에만 필요하고 영혼에는 필요가 없다고 해야 하는 그릇된 구원론에 이르게 된다.

③ 검증위원회의 검증과 평가

박철수 목사에 대한 합동교단과 통합교단의 비판적 견해는 박 목사의 인간론을 이단으로 정죄하기 위해 과도하게 왜곡하고 있다. 우선, 박 목사가 영의 몸과 육의 몸을 독립된 인격체로 보고 있다고 비판하였으나,

그가 말하고자 한 참 뜻은, 영육통일체(전인)로서의 한 인격체인 인간에게는 영의 인격적 기능과 육의 인격적 기능이 별개로 구별되어 있다는 것이다(『영성 형성을 돕는 길』pp. 76-77).

이는 마치 예수님의 경우 육신으로는 다윗의 자손이나 성결의 영으로는 하나님의 아들이신 것과도 같다. 예수님은 한 인격체이시나 육의 몸으로는 다윗의 자손이고 영의 몸으로는 하나님의 아들이시다(롬 1:3-4). 또한 예수님은 사람으로서는 지식에 한계가 있으시다. 그래서 재림의 날짜나 시각에 대해서 그는 전혀 모르시는 것이다(막 13:32). 부활하신 이후 영광의 상태에 계시는 때에도 그의 인성은 신성과는 별도로 무한성이 없다. 여전히 인성에는 한계가 있으시다(레이몬드, 『개혁주의기독론』, CLC, 2011, pp. 357-359). 예수님의 경우 이처럼 하나의 인격 안에 하나님으로서의 인격적 기능과 인간으로서의 인격적 기능이 함께 있으신 것이다.

인간의 경우도, 성경에 보면, 육체라는 단어를 사용하여 인격체로서의 사람을 가리키는가 하면(예: 행 2:17; 롬 8:3-8; 요일 4:2), 영혼이라는 단어를 사용하여 사람을 가리키기도 한다(시 103:1-2; 104:1; 109:20, 31). 이로 보건대, 한 인격체인 사람 안에 육의 인격적 실체 또는 기능과 영의 인격적 실체 또는 기능이 있는 것이다. 그래서 예수님도 말씀하시기를, "육으로 난 것은 육이요 영으로 난 것은 영이다"(요 3:6)고 하셨고, 바울도 말하기를, "성령께서 친히 우리 영으로 더불어 우리가 하나님의 자녀인 것을 증언하신다"(롬 8:16)고 하였다. 베드로도 말하였다. "너희에게 영혼을 대적하여 싸우는 육체의 정욕을 제어하라고 권한다"(벧전 2:11).

영과 육의 실체적 인격적 구별과 더불어, 합동교단과 통합교단은 소위 영의 육체 이탈을 통한 영성훈련을 문제 삼았다. 박 목사에 의하면, 인간의 영혼에는 천사와 같은 투명한 몸이 있는데 그 영혼이 우리 몸에서 빠져 나가면 영 중심의 삶을 살게 된다(『영성 형성을 돕는 길』p. 87). 이 같은 박 목사의 주장은 바울의 영적 체험과 관련하여, "몸 안에 있었는지 몸을 떠나 있었는지 나는 모르지만 하나님께서는 아신다"(고후 12:3)고 한 말에 근거하였다.

사람이 죽으면 육과 영이 분리되는 것과는 성질이나 차원이 다르지만, 일반적으로도 사람들이 하는 말 가운데, "혼이 나갔다," "정신이 나갔다," "정신이 들다"(참고, 행 12:11)라는 말을 흔히 사용하는 것이나, 회당장 야이로의 딸이 죽었다가 살아난 것을 두고서 "그 소녀의 영이 돌아와서 그 소녀가 즉시 일어났다"(눅 8:55)라고 한 것을 보면, 영이나 혼(또는 정신)이 일시적으로 육체로부터 떠나는 것이 가능하다.

이 같은 육체의 이탈을 박 목사는 영성훈련에 접목하여, 성령이 지배하고 인도하는 영적 성숙의 삶을 훈련의 목표로 삼은 것이다(롬 8:5). 우리는 육체와 함께 그 정욕과 욕망을 십자가에 못 박고 성령을 따라 행하며(갈 5:24-25) 성령의 새롭게 하심을 따라(딛 3:5) 우리의 마음의 영(in the spirit of your minds)이 새롭게 되어야 한다(엡 4:23).

오성춘이 소개한 존 맥쿼리에 의하면, 영성이란 인간의 자기 초월의 영과 성부와 성자에게서 나오는 성령의 만남을 통해서 인간의 자아가 변화되어 그리스도를 따라 사는 삶이다. 인간은 성령으로 말미암아 자아를 초월하는 역동성을 가지고 있고, 자아 밖으로 나아가 황홀경에서 성령과 만남으로써 변화를 체험하는 것이다. 그에 의하면 성령께서 성부와 성자와 항상 영원히 함께 일체로 계시면서도 성부와 성자에게서 밖으로 나오시는 것처럼, 인간의 영도 육체와 실체적으로는 연합되어 한 몸을 이루고 있으면서도 육체로부터 초월하여 떠나 성령과 교통하는 영적 체험을 할 수 있다. 이 같은 영적 성숙을 위한 것이 영성훈련인 것이다(참고. 나용화, 『영성과 경건』 pp. 21-22).

3. 영성에 관하여

① 합동교단의 비판적 견해

박철수 목사의 영성은 인본주의적 체험위주의 영성이다. 즉 하나님의 영 곧 성령이 아닌 인간의 영에 박 목사의 영성의 초점이 있다. 그의 영성은 사실상 그리스도에게서 시작하지 않고, 영을 가진 인간에게서 출발했다. 영성의 목표를 그리스도의 형상을 닮아 가는데 박 목사가 두고 있는 것처럼 보이고 있으나, 박철수 목사는 영혼육에 대한 인간론의 분석에서 영성을 출발시킨 것이다.

② 통합교단의 비판적 견해

인간의 영이 인간 안에서 주체가 되는 삶이 바로 영성이라고 박철수 목사가 말하는바, 그의 영성은 영혼의 인격 곧 영이 몸 전체에 대한 주도권을 회복하여 사는 것이다. 인간의 삶이 육 중심에서 영 중심으로 바뀌는 것이 박 목사가 말하고자 하는 영성이다. 따라서 박 목사가 말하는 영성은 성령이나 그리스도에게서 출발하지 않았다.

③ 검증위원회의 검증과 평가

칼빈의 『기독교강요』를 보면, 하나님을 아는 지식과 인간을 아는 지식은 밀접하게 연결되어 있어서 사실상 분리해서 생각할 수가 없다. 신학은 하나님을 아는 지식뿐 아니라 인간을 아는 지식에 기초하기 때문에, 신학의 초점이 하나님과 인간에게 다 같이 맞추어져 있는 것이다.

 기독교 영성의 경우도 성령께서 인간의 영 속에서 그 영과 더불어 일하시기 때문에, 성령과 인간의 영이 다 같이 강조된다. 그래서 로마서 8:4-11의 경우, 성령과 육체가 대립되어 있는 사실을 말하고 있지만, 성령과 인간의 영을 의미하는 헬라어 단어가 '프뉴마'로 동일하기 때문에, 본문의 '프뉴마'가 성령인지 아니면 인간의 영인지를 분간하기가 쉽지 않다. 이는 곧 성령의 사역이 인간의 영과 더불어서 되고 있다는 것을 의미한다.

 박철수 목사가 말하는 영성은 성령 안에서 예수 그리스도의 형상을 닮아가는 삶이다. 이 영성은 창세 전에 그리스도 안에서 하나님이 예정하여 놓으신 구속사적 계획(엡 1:4-5)에 기초하고, 창세기 3:15에서 말씀되어진 은혜 언약과 모세를 통하여 선포된 시내산 언약(히 8:5), 예수 그리스도의 십자가의 죽으심과 부활을 통한 대속사역, 그리고 오순절 이후 성령께서 시작하신 하나님의 나라(막 1:14-15) 등을 통하여 객관적으로 성취된 구원을 성도 개개인에게 적용하여 완성시키는 것이다(『영성 형성을 돕는 길』pp. 12-13). 이와 관련하여 존 머레이는 구원의 객관적 성취와 주관적 적용으로 말하였다(참조, 그의『구속론』의 영문제목).

 이 같은 구원사역은 예수 그리스도에게 성취되어 성도 개개인에게 적용됨에 있어서 처음부터 끝까지 성령으로 말미암는 것임을 박철수 목사는 잘 알고 있다. 그래서 그는 영성의 주체가 바로 성령이라고 하였다(『영성 형성을 돕는 길』p. 12). 또한 영성의 출발점을 조나단 에드워즈의 경우처럼 하나님의 사랑으로 보았다(『영성 형성을 돕는 길』p. 18). 그래서 성령으로 말미암아 부어지는 하나님의 사랑에 대한 인간 영혼의 응답이 영성이기도 하다고 박 목사는 말했다(『영성 형성을 돕는 길』 p. 18).

박철수 목사가 말하는 구속사적 영성은 예수 그리스도의 피로 죄사함과 죄 씻음 받은 성도가 자기 안에 내주하시는 성령으로 말미암아 거룩하고 흠이 없는 하나님의 사랑받는 자녀가 되어 그리스도의 형상을 온전히 이루는 것이다(『영성훈련입문』 p. 7).

4. 영성훈련과 영성 형성에 관하여

① 합동교단의 비판적 견해

박철수 목사의 영성훈련의 목표는 인간의 영 중심의 영성 형성에 있다. 인간의 영과 성령 간의 영적교통을 통해 형성되는 영성을 위하여 구약에 있는 애굽에서 가나안 입성까지의 단계를 영성훈련의 단계로 삼고 있는바, 이 같은 영성훈련 단계는 지극히 비성경적이고 독단적이다. 이 영성훈련 과정과 관련해서 문제가 되는 것은 영의 성장의 단계를 판정할 수 있는 사람으로는 박철수 목사와 그를 추종하는 몇 사람에 국한되어 있기 때문에, 이 영성훈련이 박 목사 개인에게 집중되고, 사실상 삼위일체 하나님과는 관련이 없다는 점이다. 특히 박철수 목사가 개인의 신비적 체험을 성경과 엮어서 영성훈련 단계를 인위적으로 만들었기 때문에, 모든 성도들에게 일반화시키는 것은 곤란하다.

② 통합교단의 비판적 견해

박철수 목사에 의하면, 성령의 일과 육신의 일을 잘 분별함으로써 영성이 형성된다. 이 같은 분별을 위해서는 모든 성도들이 기본적으로 반드시 고린도전서 12장에 있는 아홉 가지의 은사(지혜의 말씀, 지식의 말씀, 믿음, 병 고침, 능력 행함, 예언, 영 분별, 방언, 방언 통역)를 성령님에게서 받아 체험해야만 영성이 형성되고 또 영성이 실제적으로 훈련될 수 있다. 이같은 박 목사의 성령 은사론은 일반 목회자들이나 성도들과 차별화하고 자신의 영성훈련을 특별한 것으로 만들고자 하는 의도로 보인다.

③ 검증위원회의 검증과 평가

합동교단은 박철수 목사의 영성훈련단계와 과정에 대해서, 그리고 통합교단은 박 목사의 성령의 은사론에 대해서 각기 중점적으로 문제 삼고 있다.

박철수 목사가 말하는바 영성훈련 단계는 박 목사 자신이 임의로 고안해낸 것이 아니다. 그것은 영성 형성의 대표적 모형인 이스라엘 민족의 출애굽에서 가나안 정착에 이르는 역사적 여정(참고, 고전 10:1-13; 히 3:7-19; 4:8-11)에 근거하였고, 어거스틴의 회심경험과 기독교 정신의학자 솔로몬(C. R. Solomon)의 『영적치유의 핵심』을 따랐다. 어거스틴이 고백한 대로, 인간은 죄로 인하여 하나님과 분리되어 마귀의 종노릇하다가 성령으로 거듭나 예수 그리스도의 대속의 은혜로 구원받아 영혼의 주 되신 하나님 안에서 참 안식을 누리는 데로 나아간다(『영성 형성을 돕는 길』 p. 15).

출애굽에서 가나안 정착까지의 여정을 구원론적으로 해석해 보면, 애굽에서의 생활은 우상숭배하며 마귀의 압제 아래 죄와 허물로 죽어있는 단계이다(엡 2:1-3). 홍해를 통과한 사건은 중생하여 그리스도와 연합되기 시작하여 근본적인 변화가 일어나는 단계이다(고전 10:2; 요 3:3-6). 광야의 40년 생활은 하나님의 말씀으로 훈련받으며 그리스도를 바라보고 믿는 믿음의 훈련 단계이다(신 8:1-5; 요 3:14-16; 고전 10:3-11).

요단강을 건너 가나안 땅에 진입하여 여리고성을 무너뜨리고 가나안 원주민들을 몰아내는 과정은 영적 성장을 위해 진통을 겪는 단계이다(수 1:6-7; 딤전 6:12; 엡 6:10-17). 그리고 가나안 땅을 분배하여 이스라엘 백성들이 그 땅에 정착하게 된 것은 성부와 성자와 성령 하나님 안에서 참 안식을 누리는 영적성숙의 단계이다(마 11:28; 시 16:11).

이 같은 단계들을 박철수 목사는 나름대로 분류하여, 자기발견 단계(중생), 윤리 단계(자기부정), 진리 단계(죄에 대한 투쟁과 절제훈련을 통한 영적성장), 생명 단계(영적으로 성숙하여 성령을 좇아 하나님과 깊은 교제를 가지며 동행함)로 이해하였다(『영성 형성을 돕는 길』pp. 19-25). 성도마다 아브라함과 모세와 다윗 등의 경우에서 보듯이 신앙 성장의 단계가 있다. 이 같은 신앙 성장의 단계들을 훈련 차원에서 좀 더 개발한 것이 박 목사의 영성훈련 단계인 것이다. 박철수 목사가 인위적으로 만들어낸 비성경적인 것이 결코 아니다.

박철수 목사가 말하는 성령의 은사에 관해서는 고린도전서 12장에 나오는 아홉 가지 은사만이 아니다. 박 목사는 성령의 은사를 크게 세 가지로 분류했다. 에베소서 4:11에 있는 직분(사도, 선지자, 전도자, 목사)의 은사, 로마서 12:6-8에 있는 재능과 섬김(예언, 섬김, 가르침, 권면, 구제, 다스림, 긍휼을 베푸는 구제)의 은사, 그리고 고린도전서 12:4-11에 있는 권능의 아홉 가지 은사 등이다.

박철수 목사의 성령 은사론의 문제점으로 지적되고 있는 대로, 성도마다 개인적으로 고린도전서 12장에 열거된 아홉 가지 은사를 기본적으로 받아야만 성도의 모든 육신적인 것들이 새롭게 변화되어 영적으로 성숙하게 된다고 박철수 목사가 주장한다. 물론 봉사의 은사와 직분의 은사를 같이 경험할 것을 박철수 목사는 잊지 않고 강조한다(『영성으로의 가는 길』 pp. 72-73; 『영성 형성을 돕는 길』 pp. 111, 131).

　박철수 목사가 이 아홉 가지 성령의 은사를 특별히 강조하는 이유는 영성훈련을 통하여 영적으로 성숙함으로써 영적으로 능력 있는 삶, 구원의 생명을 풍성하게 누리는 삶, 참으로 자유하는 신앙의 삶을 위한 것이다. 즉 성도가 성령의 인도 아래 하나님의 말씀으로 자기를 다스리고 환경을 다스리고 마귀를 다스려 가는 삶, 곧 진리가 체질화되고 생활화되는 삶을 위함이다(『영성 형성을 돕는 길』 pp. 132, 135-141).

　물론, 박철수 목사가 성령의 아홉 가지 은사를 각 성도마다 개인적으로 그리고 기본적으로 다 받아 체험해야 한다는 것은 성경적으로 지나친 희망 사항이다. 직분의 은사나 섬김의 은사가 믿음대로 성도마다 다르게 주어지고(롬 12:6, "우리는 서로 다른 은사를 가지고 있다"), 성령께서 원하시는 대로 각 성도에게 나누어 주시기 때문에(고전 12:11), 여러 가지 은사가 성도마다 다르게 주어진다. 그래서 바울은 몸의 지체의 비유를 들어 몸은 하나이나 많은 지체가 있고, 성령은 한 분이시나 은사가 여러 가지라고 설명했다(고전 12:12; 27-31). 또한 바울은 로마서에서 말하기를, "어떤 영적인 은사를 너희에게 나누어 주겠다"(롬 1:11)고도 했다. 다시 말해서, 성령님은 각 성도에게 기본적으로 모든 은사를 다 주시는 것이 결코 아니다. 이 점에서 박 목사는 성령의 은사에 관하여 주의할 필요가 있다.

5. 성령충만의 이중성에 관하여

① 합동교단의 비판적 견해

박철수 목사가 구분하고 있는바 성령의 내적 충만과 외적 충만은 성경에서 그 근거를 찾을 수 없는 것으로 비성경적이다. 이 이중 충만을 대천덕 신부가 가르친 것처럼 박 목사가 인용하고 있으나, 대천덕 신부는 가르친 바도 없고 주장한 바도 없다. 박 목사가 주장하는 성령의 이중적 충만과 사역은 자의적으로 만들어낸 이상한 학설일 뿐이다.

② 검증위원회의 검증과 평가

박철수 목사가 주장하는 성령의 이중적 충만은 신약성경 특히 사도행전에 근거하고 있다. 예컨대, 사도행전 2:2의 충만은 헬라어 '플레로오'로서 내적 상태적 충만을 가리키고, 4절의 충만은 헬라어 '핌플레미'로서 외적 역동적 충만을 가리킨다(『영성으로의 가는 길』 p. 53). 예수님께서 사탄 마귀에게 시험을 받으시던 때 성령으로 충만하신 것(눅 4:1), 예루살렘 교회의 일곱 집사들이 성령과 지혜로 충만한 것(행 6:3, 5, 8), 스데반이 순교하던 때의 성령충만(행 7:55), 바나바가 성령과 믿음으로 충만한 것(행 11:24), 예수를 믿어 영생을 얻은 제자들이 기쁨과 성령으로 충만한 것(행 13:52), 바울이 에베소 교회에게 말한바 성령충만(엡 5:18)은 '플레로오'로서 내적 상태적 성령충만의 경우이고, 이 상태적 충만은 성령의 열매를 맺는 것과 관계된다(갈 5:22-23).

이에 비하여, 세례자 요한이 모태에서 받은 성령충만(눅 1:15), 그의 어머니 엘리사벳이 마리아의 문안을 받을 때(눅 1:41)와, 그의 아버지 사가랴가 예언하던 때(눅 1:67), 베드로가 대제사장의 문중 앞에서 설교하던 때(행 4:8), 바울이 아나니아에게 안수 받던 때(행 9:17), 바울의 첫 번째 선교여행의 경우(행 13:9) 등은 '핌플레미'로서 외적 역동적 충만을 가리킨다. 이 역동적 충만은 성령의 은사와 관계된다.

이 같은 이중적 성령충만의 구별은 쾨스텐버거, 퍼거슨, 로이드 존스, 안영복, 차영배, 김현진 등도 주장하고 있으며, 김현진은 『공동체신학』에서 대천덕 신부의 성령의 이중적 충만을 소개하면서 자신의 성령론을 발전시킨 바 있다(『공동체신학』 p. 241)(참고, 나용화, 『발전하는 보수신학』, CLC, 2008, pp. 133-136).

이로 보건대, 박철수 목사가 말한 성령의 이중적 충만은 비성경적이고 자의적으로 만들어낸 이상한 학설이 결코 아니다.

6. 마귀론에 관하여

① 합동교단의 비판적 견해

박철수 목사에 의하면, 마귀가 이 세상의 지배자이다. 모든 사람이 마귀의 지배를 받고 있다고 그는 말하는가 하면, 심지어 예수를 믿는 사람도 영적으로 성숙해지기까지는 마귀의 유혹 아래 있다고도 말한다. 뿐만 아니라, 예수 그리스도의 속죄의 피가 마귀에게 붙잡힌 사람들을 구속해 내기 위한 대가, 즉 마귀에게 지불된 속전으로 『영성생활입문』(제1판)에서 주장했던 바 있다. 그에 의하면, 세상의 지배자가 마귀이기 때문에 마귀의 문제를 해결하는 것이 그리스도의 사역의 핵심인 것이다. 이 같은 박 목사의 마귀론은 비성경적이며, 김기동의 귀신론과 흡사하다.

② 검증위원회의 검증과 평가

박철수 목사는 『영성 형성을 돕는 길』에서 이스라엘 백성의 애굽에서의 400년간의 노예생활을 구원론적으로 비유하여 죄와 마귀의 지배 아래 있는 것으로 보았다. 이에 대한 성경적 근거로 에베소서 2:1-3을 제시했다.

박철수 목사의 마귀론에 대한 합동교단의 비판은 성경적으로 볼 때 적절하지 않다. 예수님은 자기를 반대하던 유대인들을 가리켜 마귀의 자녀들이라 하셨고(요 8:44), 바울도 마귀를 세상의 권세 잡은 자라 하였다(엡 2:2). 그러므로 예수님을 영접하지 않는 자들을 가리켜 불순종의 마귀의 아들들, 또는 진노의 자녀들이라 하였다(엡 2:2-3). 마귀는 세상의 신(고후 4:4)이고 지배자(요 12:31)이며, 먹이를 찾아 우는 사자(벧전 5:8)인 것이다(『기독교강요』1권 14장 14절).

칼빈에 의하면, 마귀는 성경 어디에서나 하나님과 성도들의 대적자로 불리고 있다. 마귀가 성도들을 미혹하여 하나님께 마땅한 순종을 하지 못하게 지속적으로 미혹함으로써, 성도들은 평생 고전을 면치 못한다(『기독교강요』1권 14장 15절). 이를 인하여, 그리스도 예수님이 십자가에서 죽으심으로 오히려 마귀를 무장해제하고 파멸시키셨던 것이다(골 2:15).

예수님께서 사람의 몸을 입고 세상에 오신 목적이 죄와 그것의 실체인 마귀를 파멸시켜(히 2:14; 9:26; 요일 3:5, 8) 하나님의 나라를 세우는 것이었다(마 12:28). 그러므로, 성도들은 평생 마귀를 대적하여 싸워야 하고(약 4:7; 벧전 5:8-9), 마귀에게 틈을 보여서는 안 된다(엡 4:27). 합동교단은 마귀에 관하여 성경과 종교개혁자 칼빈의 가르침을 제대로 살피지 않고서 박철수 목사를 김기동의 귀신론과 엮어 참여 금지라는 결의를 하였다.

Ⅲ. 검증위원회의 결론적 평가

대한예수교장로회 합동교단과 통합교단이 박철수 목사의 집회에 "참석 금지"로 규정함에 있어서 문제 삼은 주요한 신학적 주제는 성경관, 인간관, 영성의 개념, 영성훈련, 성령충만과 성령의 이중적 사역, 성령의 은사, 구속사, 그리고 귀신론 등이다.

첫째, 성경관에 관하여 박철수 목사는 한국 교회의 일반 목사들이 로고스와 레마에 관하여 흔히 구별하여 사용하는 관례를 따르고 있다. 박 목사는 성경에 근거하여 영적 체험을 말하고 있으며, 개인의 체험을 성경보다 앞세우지 않는다. 그는 신구약 성경 외에는 다른 계시가 없고, 오직 성경말씀을 깨닫게 하는 성령의 조명 곧 내적 계시가 지금도 계속 있다(고전 14:6, 26)는 점을 강조했다(『영성 형성을 돕는 길』 p. 130).

둘째, 인간관에 관한 박철수 목사에 대한 합동교단과 통합교단의 비판적 견해는 박 목사의 인간론을 정죄하기 위해 과도하게 왜곡하고 있다. 우선, 박 목사가 영의 몸과 육의 몸을 독립된 인격체로 보고 있다고 비판하였으나, 그가 말하고자 한 참 뜻은, 영육통일체(전인)로서의 한 인격체인 인간에게는 영의 인격적 기능과 육의 인격적 기능이 별개로 구별되어 있다는 것이다.

하나님의 형상에 관하여 합동교단과 박 목사의 견해는 보는 관점상 차이가 있을 뿐이다. 그리고 박 목사는 인간에 관하여 삼분설과 이분설과 전인으로서의 통일체를 모두 인정한다. 비록 박 목사가 삼분설의 입장을 취하고 있으나, 영과 육이 함께 전인으로서의 한 개인(또는 인격체)을 구성하고 있다고 박 목사가 언급한 점은 균형 있는 인간론을 주장하려 한 노력이다.

셋째, 영성에 관하여 박철수 목사가 성령과 함께 인간의 영을 강조한 것뿐인데, 이를 두고서 합동교단과 통합교단은 박 목사의 영성을 인본주의적인 것으로 왜곡 비판하였다. 박 목사가 말하는 영성은 성령 안에서 예수 그리스도의 형상을 닮아가는 삶이다.

넷째, 영성훈련과 영성 형성에 관하여 박 목사가 말하는바 영성훈련단계는 박 목사 자신이 임의로 고안해낸 것이 아니다. 그것은 영성 형성의 대표적 모형인 이스라엘 민족의 출애굽에서 가나안 정착에 이르는 역사적 여정(참고, 고전 10:1-13; 히3:7-19; 4:8-11)에 근거하였고, 어거스틴의 회심 경험과 기독교정신의학자 솔로몬(C. R. Solomon)의『영적치유의 핵심』을 따랐다. 박 목사가 인위적으로 만들어낸 비성경적인 것이 결코 아니다.

다섯째, 성령충만의 이중성에 관하여 박 목사가 주장하는 성령의 이중적 충만은 신약성경 특히 사도행전에 근거하고 있다. 예컨대, 사도행전 2:2의 충만은 헬라어 '플레로오'로서 내적 상태적 충만을 가리키고, 4절의 충만은 헬라어 '핌플레미'로서 외적 역동적 충만을 가리킨다(『영성으로의 가는 길』p. 53). 이 같은 이중적 성령충만의 구별은 쾨스텐버거, 퍼거슨, 로이드 존스, 안영복, 차영배, 김현진 등도 주장하고 있으며, 김현진은 『공동체신학』에서 대천덕 신부의 성령의 이중적 충만을 소개하면서 자신의 성령론을 발전시킨 바 있다(『공동체신학』p. 241)(참고, 나용화,『발전하는 보수신학』, CLC, 2008, pp.133-136). 이로 보건대, 박 목사가 말한바 성령의 이중적 충만이 비성경적이고 자의적으로 만들어낸 이상한 학설이라고 비판한 합동교단의 견해는 성령론에 대한 무지를 드러낸 것이다.

여섯째, 박 목사의 마귀론에 대한 합동교단의 비판은 마귀에 관한 성경 교리에 대한 지식의 빈곤을 스스로 폭로하고 있다. 합동교단은 마귀에 관하여 성경도 모르고 있고, 종교개혁자 칼빈도 모르고 있으면서, 박철수 목사를 김기동의 귀신론과 엮어 정죄하였다.

따라서 본 기독교사상검증위원회는 박철수 목사에 대한 그동안 여러 차례 질의문답 및 관련된 자료들을 연구 분석하여 검증한 결과 신학적으로 또는 교리적으로 문제점을 찾아볼 수 없으며, 신학적으로 살펴볼 때 철저한 말씀 중심으로 아주 건전하고 균형 잡힌 영성사역을 펼쳐가고 있음을 확인하였다. 따라서 박철수 목사에 대한 '참여 금지' 결의는 온당치 못하며 대형 교단은 다시는 정치적으로 선량한 목회자들을 벼랑 끝으로 내모는 일이 없어야 할 것이다.

2013년 12월 26일
기독교사상검증위원회
위원장 예영수 박사

부록 1
1. 박윤식 목사 프로필 및 저서 소개

1. 주요 학력 및 경력

- 황해도 사리원(1928.5.17-2014.12.17)
- 총회신학교(학부) 졸업
- 국민대학교 기업경영학과 졸업
- 총회신학교 신학원(목회학석사)
- Faith Theological Seminary(명예신학박사)
- Lael College and Graduate School(명예목회학박사)
- 대한예수교장로회총회(합동보수) 총회장 역임
- Knox Theological Seminary(명예신학박사)

평강제일교회 설립자이자 세계적 명저(名著) "구속사 시리즈"의 저자인 박윤식 원로목사는 1928년 5월 17일 황해도 사리원에서 출생했다. 1946년 황해도의 명문 해주동중(中)을 졸업했고, 해방 후 북한 전역을 점령하고 있던 공산당으로부터 공산주의 교육을 받았다. 그러나 출신 계급이 좋지 않으면 당원이 될 수도, 김일성대학이나 모스크바대학에 진학할 수도 없음을 알게 됐고 공산주의의 실상을 깨닫게 됐다. '당과 수령을 위해서라면 부모를 죽여도 죄가 안 된다'는 공산주의자들의 교육을 받았고, 실제 이런 일이 곳곳에서 벌어지는 참상을 목격한 뒤 1948년 5월 17일 새벽 2시 월남해 전남 나주 영산포에 정착했다.

1958년 동마산감리교회 서리 전도사로 성역(聖役)을 시작했고 장안산(47일)과 지리산(3년 6개월 7일간) 산상 기도를 드리며 성령의 강력한 조명을 통해 성경의 말씀을 밝히 깨닫게 됐다. 그때부터 깨달은 말씀을 산상에서 기록하기 시작했고 그 기록이 초고가 되어 2007년 10월 27일 "구속사 시리즈" 제 1권 『창세기의 족보』가 출간된 것을 시작으로 지금까지 9권이 출간됐으며 10-12권도 이미 원고가 완성된 상태로 추후 출간될 예정이다.

박윤식 원로목사는 하산 후 서울에서 목회를 다시 시작했다. 매일 3시간 이상 성경을 읽고, 2시간 이상 기도하는 철저한 말씀 중심의 목회를 통해 수만 명의 성도를 길러냈고 국내와 해외에 300여 개의 교회를 세웠다. 1990년대 중반에는 3년 6개월 동안 미국과 캐나다, 인도네시아에서 집중적으로 해외 선교에 매진해 각 교회들이 흔들리지 않도록 튼튼한 기초를 세웠다. 이후 박윤식 원로목사는 1997년 8월 6일 귀국, 2014년 12월 17일 소천 직전까지 한 순간도 일선을 떠나지 않은 채 교회를 세우고 성도를 돌봤으며 나라와 민족을 위해 기도했다.

2. 저서 소개

구속사 시리즈 1
하나님의 구속사적 경륜으로 본
창세기의 족보
[아담부터 아브라함까지 20대 족장의 족보]
박윤식 著 | 신국판 | 316면 | 14,000원

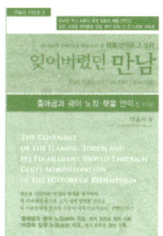

구속사 시리즈 2
하나님의 구속사적 경륜으로 본 횃불 언약과 그 성취
잊어버렸던 만남
[출애굽과 광야 노정 · 횃불 언약(창 15장)]
박윤식 著 | 신국판 | 616면 | 25,000원

구속사 시리즈 3
하나님의 구속사적 경륜으로 본 예수 그리스도의 족보 I
영원히 꺼지지 않는 언약의 등불
[아브라함과 다윗까지의 역사]
박윤식 著 | 신국판 | 440면 | 15,000원

구속사 시리즈 4
하나님의 구속사적 경륜으로 본 예수 그리스도의 족보 II
영원한 언약 속의
신비롭고 오묘한 섭리
[열왕들의 역사]
박윤식 著 | 신국판 | 464면 | 18,000원

구속사 시리즈 5
하나님의 구속사적 경륜으로 본 예수 그리스도의 족보 III
하나님의 오묘한 섭리 속에 담긴
영원한 언약의 약속
[바벨론 포로 이후의 역사]
박윤식 著 | 신국판 | 464면 | 18,000원

구속사 시리즈 6

하나님의 구속사적 경륜으로 본 대제사장의 족보
맹세 언약의
영원한 대제사장
[아론부터 파니우스까지 77대(代) 대제사장의 역사]
박윤식 著 | 신국판 | 474면 | 18,000원

구속사 시리즈 7

하나님의 구속사적 경륜으로 본
영원한 만대의 언약
십계명
[히브리어로 읽는 십계명과 세부 율법]
박윤식 著 | 신국판 | 568면 | 25,000원

구속사 시리즈 8

하나님의 구속사적 경륜으로 본
횃불 언약의 성취
[10대 재앙과 출애굽 그리고 가나안 입성]
박윤식 著 | 신국판 | 600면 | 25,000원

구속사 시리즈 9

하나님의 구속사적 경륜으로 본
신묘한 영광의 비밀
성막과 언약궤
[성막과 언약궤의 세부 내용과 이동 역사]
박윤식 著 | 신국판 | 584면 | 25,000원

구속사 시리즈 9 부록 화첩

하나님의 구속사적 경륜으로 본
성막과 언약궤
박윤식 著 | A4 | 104면 | 15,000원
유구한 역사 속에서 세계 최초로 성막의 기구 식양과 세우는 순서를 히브리어 원문에
근거하여 완벽하게 재구성
성경에 입각한 대제사장의 예복 착용 모습 정리

3. 구속사 시리즈 추천사

1) 추천사 1
구속사 시리즈 8권 『횃불언약의 성취』

나용화 박사(Ph.D.)
전 개신대학원대학교 총장
개신대학원대학교 명예교수

　평강제일교회 원로목사이신 휘선 박윤식 목사님께서는 2007년부터 '하나님의 구속사적 경륜을 통해서 본 언약'을 중심 주제로 삼아, 지금까지 일곱 권의 책을 저술한바 있습니다. 80대의 고령에도 불구하고 매년 한 권 이상의 책을 쓰신 것은, 하나님의 은혜와 성령의 감동이 없이는 불가능한 기적입니다.

　박 목사님께서는 신명기 32:7, "옛날을 기억하라. 역대의 연대를 생각하라. 네 아비에게 물으라. 그가 네게 설명할 것이요 네 어른들에게 물으라. 그들이 네게 이르리로다"라고 하신 하나님의 말씀을 붙잡고서, 2007년 『창세기의 족보』, 2008년 『잊어버렸던 만남』, 2009년 『영원히 꺼지지 않는 언약의 등불』, 2009년 『영원한 언약 속의 신비롭고 오묘한 섭리』, 2010년 『하나님의 오묘한 섭리 속에 담긴 영원한 언약의 약속』, 2011년 『맹세 언약의 영원한 대제사장』, 2012년 『영원한 만대의 언약 십계명』을 출간하셨고, 금년(2013년)에는 『횃불 언약의 성취』(10대 재앙과 출애굽, 그리고 가나안 입성)를 저술하신 것입니다.

　대부분의 사람들이 인생의 일들을 정리하는 81세의 연로한 나이에 박 목사님께서 저술을 시작하여 7년간 줄곧 쉬지 않고 여덟 권째 책을 출판하신 것은, 후학들에게는 큰 도전이자 격려가 됩니다. 박 목사님께서 옛날 메모 형식으로 남겨 놓은 자료들을 정리하여 구속사의 핵심인 언약을 인생의 막판에 10년 계획으로 저술하신 것은, 종교개혁가 칼빈을 연상케 합니다. 칼빈은 대표적 저서인『기독교강요』를 젊은 시절에 간략하게 저술하여 20여 년이 지난 후 자신의 인생의 막판에 최종판을 마무리한바 있습니다. 하나님의 교회를 위하여 자신의 모든 것을 쏟아 내어 하나님의 구원의 진리를 명쾌하게 저술하였던 것입니다.

휘선 박윤식 목사님은 옛날 6.25 전투에 참여하여 큰 상처를 입으시어 건강상 연약한 부분이 있으시고, 더욱이 고령이신지라 활동상 많은 제약이 있을 것임에도 불구하고 "구속사 시리즈"를 7년째 저술해 내신 것은, 오직 하나님의 영광과 교회를 위한 목사님의 간절한 열심의 산물입니다.

"구속사 시리즈" 제 8권인『횃불 언약의 성취』는 제 2권『잊어버렸던 만남』(2008년)의 후속편으로서 창세기 15장에 기술된 아브라함의 횃불 언약을 체계적으로 정리하여, 그 언약이 10대 재앙과 출애굽 사건 그리고 가나안 입성 등을 통해 역사적으로 성취된 것을 성경대로 체계화하였습니다. 본서를 읽기 전에 먼저 "출애굽과 광야 노정"을 정리해 놓은 도표를 보면 박 목사님께서 성경을 얼마나 깊이 연구하셨으며, 출애굽 사건에 대한 구속사적 이해가 얼마나 명쾌한가를 한눈에 알 수 있습니다. 도표만 보아도 감동과 감격을 느끼며, 박 목사님의 해박하심과 섬세하심에 그저 기가 막힙니다.

그리고 저자의 서문을 읽자마자 웬일인지 눈물이 쏟아졌습니다. 추천사를 쓰는 중에도 눈물이 흘러내려 뺨을 적십니다. 본서를 박 목사님께서 저술하실 때 받으신 성령의 깊은 감동과, 하나님의 말씀인 성경과 구속의 역사에 나타난 하나님의 언약적 사랑에 대한 박 목사님의 간절한 열심이 가슴으로 전달되어 느껴집니다. 하나님의 말씀인 성경에 대한 박 목사님의 뜨거운 열심, 하나님을 깊이 사랑하는 박 목사님의 신앙심, 하나님의 언약에 몰입되어 감격을 누리는 박 목사님의 형언할 수 없는 희열이 서문에서 느껴집니다. 하나님의 말씀 속에서 하나님의 사랑을 흠뻑 받아 만면에 복된 미소가 가득하고 거룩한 빛이 아침 햇살처럼 번진 박 목사님의 행복한 얼굴이 선명하게 떠오릅니다.

2009년 박 목사님의 신학과 신앙을 검증하는 일을 맡아 박 목사님을 처음 뵈었을 때, 그분의 목회와 삶이 하나님의 말씀과 교회를 향한 열심 때문에 고난과 눈물의 연속이었음을 발견한바 있습니다. 그러나 이제 "구속사 시리즈" 제 8권 『횃불 언약의 성취』를 만나고서는, 박 목사님이 고난과 눈물의 골짜기를 통과하시는 가운데 예레미야 선지자처럼 하나님의 말씀의 깊은 비밀을 발견하고서 그 말씀을 원없이 먹음으로 기쁨과 즐거움을 누리시고(참고-렘15:16), 시편 84편의 고라의 자손처럼 하나님의 은총의 이른 비가 눈물 골짜기를 샘이 되게 하고 나아가 연못을 이루는 복을 누리고 계심을 발견하게 되었습니다. 하나님께서 미리 준비하시고 친히 그곳으로 인도하시는바 "찾아 두었던 땅"(겔 20:6)을 박 목사님은 본서에서 감격스럽게 바라보고 계십니다.

본서 『횃불 언약의 성취』는 바로 왕에게 내린 10대 재앙과 이스라엘 백성의 출애굽 사건과 가나안 입성에 대한 체계적인 연구의 세계적인 산물입니다. 그러나 더욱 귀한 것은 거기에 박 목사님의 신앙과 목회와 삶이 녹아 있기에 독자로 하여금 깊은 영적 감동을 느끼게 하는 것입니다. 본서가 주는 하나님의 구속사에 대한 깊은 이해와 성령의 감동이 독자들에게도 있어지기를 기원하면서, 본서를 널리 추천하는 영광과 기쁨을 세계의 모든 독자들과 함께 누리고 싶습니다.

2) 추천사 2
구속사 시리즈 4권 『영원한 언약 속의 신비롭고 오묘한 섭리』

손석태 박사(Ph.D.)
개신대학원대학교 총장
한국복음주의구약학회 회장
기독대학인회(ESF) 이사장

나는 얼마 전 내가 존경하는 증경 총회장(예장 개혁) 이강로 목사님이 보내 주셔서 박윤식 목사님의 『영원한 언약 속의 신비롭고 오묘한 섭리』라는 책을 받았습니다. 흔해 빠진 주제에 그렇고 그런 글이려니 생각하고 떠들어 보지도 않고 책장 한 구석에 밀쳐 놓았습니다. 그러던 중 우연히 옛 지인(知人)과 이야기를 나누다가 박윤식 목사님의 책이 화제에 오르게 되었습니다. 나는 사실 박 목사님에 대해서 아는 바도 없고, 책도 읽어 보지 않아서 모든 것이 궁금했습니다. 그런데 그는 언젠가 신문의 보도를 본 후 말씀사에서 책을 구입하여 읽었으며, 네 번째 책의 출간을 기다리고 있다는 것이었습니다. 그러면서 구약학자인 나에게 읽어 보라고 권했습니다. 그래서 나는 이 책을 꺼내어 읽게 되었습니다. 나는 이 책을 읽으면서, 다양한 현대 성경학자들의 이론이나 주장은 접어 두고 가능한 한 목회자로서의 저자 박 목사님의 입장에서 읽고 이해해 보려고 했습니다.

무엇보다 나는 서문에서 그가 하나님의 말씀을 깨닫기 위하여 지리산 굴 속에 들어가 성경을 읽고, 깨달음이 있을 때마다 그것을 칡넝쿨 잎에 써서 싸리나무에 꿰어 두었는데, 그것들이 후에 이 책의 자료가 되었다는 고백을 읽고, 한국의 목사들 가운데 하나님의 말씀을 이렇게 연구하고 경외하는 분도 있구나 감탄하였습니다. 오늘날 한국의 많은 목사들은 성경을 탐구하지도 않고, 연구하는 방법도 모르고, 말씀을 붙들고 깊이 묵상하거나, 씨름하는 열정도 없기 때문입니다. 나는 책의 내용은 덮어 두고라도, 박 목사님의 말씀 연구에 대한 뜨거운 그 열정과 진지함은 우리 젊은 목회자들의 훌륭한 귀감이라고 생각합니다.

우선 박 목사님은 성경을 연구하는 데 있어서 성경의 가장 핵심이 되는 그리스도와 그의 족보를 붙들었다는 점이 예사롭지 않습니다. 성경은 하나님의 죄인을 위한 구속사이며, 구속사의 중심은 그리스도이시고, 그리스도를 알려면 그리스도의 족보를 알아야 한다는 것입니다. 그래서 그는 마태복음 1:1-17에 나오는 아브라함으로부터 시작하여 다윗을 이은 그리스도의 족보를 14대씩 3기로 나누어 각각의 시기마다 족보를 분석하고, 종합하여 구속사의 흐름을 파악하려고 했습니다. 본서는 다윗부터 바벨론으로 이거할 때까지, 제 2기의 족보를 중심으로 강해한 것입니다. 성경을 전공한 학자도 아닌 분이 하나의 주제를 가지고 끈질기고 줄기차게 연구하여 이처럼 방대한 글을 쓸 수 있다는 사실에 저는 놀랐습니다. 우리는 생각하기 싫어하고, 생각을 한다 해도 그것이 너무 짧아서 한 편의 설교를 쓰기도 쉽지 않습니다. 그러나 박 목사님은 일생 동안 한 우물을 깊이 판 것입니다. 결국 그는 이 시리즈에 그의 사상과 신학, 신앙과 정신, 그리고 그의 열정을 다 쏟아 넣은 것입니다. 보통 우리가 말하는 역작(力作)이라는 말은 이런 경우에 쓰는 말이 아닌가 싶습니다.

박 목사님은 하나의 주제로 한 우물만 깊이 판 것이 아니었습니다. 깊이만 있는 것이 아니라 넓이도 있었습니다. 성경 각 권에 산재해 있는 신학·역사의 조각들을 구속사적 경륜으로 통합하여 하나의 완벽한 그림을 그려 놓았습니다. 그리스도의 족보를 구성하는 인물들 개개인에 대하여 이야기를 실감나게 잘 정리해 놓았습니다. 그는 타고난 이야기꾼으로, 족보에 등장하는 인물들의 이야기에 대한 그의 구성은 단순히 연대를 따른 사건 나열이 아니라, 강해 설교의 양식을 따라 문단마다 적절한 제목을 붙여, 그것만 훑어보아도 전체를 파악할 수 있게 하였으며, 등장인물들의 생애를 통하여 한 마디씩 던지는 저자의 메시지는 독자의 가슴을 파고들며, 그의 문체는 유려(流麗)하고, 구수하고, 흡인력이 있어 단숨에 끝을 봐야 직성이 풀리게 하고 있습니다. 나는 이 점이 참으로 돋보이는 점이라고 생각합니다. 사실 저는 우리 설교자들은 재미있는 이야기꾼이어야 한다고 가르치고 있는데, 성경의 역사서는 훌륭한 소재들이 많으면서도 설교하기가 쉽지 않습니다. 그러나 박 목사님은 바로 이 점에서 우리 후배 목회자들에게 역사서를 가르치고 설교하는 데 새로운 모델을 제시했다고 사료됩니다.

뿐만 아니라 "이해도움"이라는 표제 아래 만든 열왕들의 연표나 도표는 각각 특징 있고, 일목요연하게 잘 정리되어 평신도나 신학생, 목회자나 그 누구도 사무엘서, 열왕기서, 역대기서를 공부하고, 설교를 준비하는 데 유용한 참고 자료가 되리라 확신합니다.

우리 주 예수 그리스도는 너무나 크고 깊고 넓은 분이어서 그 분을 이해하고 아는 것은 그리 쉬운 일이 아닙니다. 지금까지 수많은 사람들이 주님을 바로 알기 위해서 길을 찾아 헤맸지만, 그 길을 바로 찾은 사람은 많지 않습니다. 우리는 우리의 여러 선배들이 찾아 놓은 그 길을 따라가며 예수 그리스도를 믿고 만납니다. 그런데 박 목사님은 "족보"라는 길을 통하여 그리스도를 찾은 것입니다. 그리스도라는 정상에 이르는 새로운 길(route)을 개척한 것입니다. 그리고 그 길의 안내자가 되어 우리에게 이 책을 내놓았습니다. 나는 박 목사님이 찾은 이 길이야말로 우리 성도들이 그리스도께 이르는 정확한 지름길 중의 하나라고 믿습니다. 그리하여 나는 그리스도를 알기 원하고, 그리스도를 사랑하는 모든 사람들이 이 책을 꼭 한번 읽어 보시기를 권합니다. 특히 그리스도에게로 이르는 길을 앞장서 가야 할 우리 목회자들은 꼭 읽고, 서재에 두고 참고해야 할 책이라고 생각되어 적극 추천하는 바입니다.

4. 구속사 시리즈 서평

1) 서평 1
구속사 시리즈 1권 『하나님의 구속사적 경륜 속에서 본 창세기 족보』

민경배 박사
전 연세대학교 교수, 전 서울장신대학교 총장
연세대학교 명예교수, 백석대학교 석좌교수

존경하는 박윤식 목사님의 이번 저서(著書)에 대하여 함께 생각할 수 있는 시간을 갖게 된 것을 특별히 감사하게 생각합니다.

우리 박 목사님께서는 책을 많이 쓰시는 분이 아니신 것이 여기 나타나 있는데, 이번 이 책과 같은 훌륭한 저서를 쓰신 것을 보면서 갑자기 느끼는 것은, 평강제일교회와 같은 거대 교회 목회의 중요성만큼이나 우리 박 목사님의 사역이 이런 저서 간행에 있다는 생각을 하지 않을 수가 없어서, 아쉬운 마음을 금할 수가 없습니다.

본서를 들고 처음부터 읽어 나가면서 느끼는 것은, 기도와 눈물과 감사, 그리고 성서에 대한 깊은 연구로, 주야(晝夜)로 생각하고 명상하며, 그 진리와 사랑에 경이(驚異)로 감격하여 터지는, 그런 데서 글이 달구어지지 아니하고서는 이런 유(類)의 글이 나올 수 없다는, 그런 확신입니다. 박 목사님은 본서를 쓰시기 위하여서 무릎 꿇고 기도하면서, 성서를 수백

번 읽고, 히브리 원어를 연구하고, 성령의 조명을 받되, 고금(古今)의 신학 서적들을 광범위하게 섭렵(涉獵)하는 데 수년을 보냈습니다. 하지만 그는 성서만 의지하고 이 글 전체를 써 나갔습니다. 학설의 인용이나 예화가 전혀 없습니다. 우리가 성서 말고 다른 것을 가지고 복음과 구원을 설명할 수 없다는, 그런 경건이 여기 빛나고 있습니다. 글을 쓸 때 그 글자 하나 하나가 진실과 순결의 도량(度量)을 가지고 문체로 뜬다는 것은 절대 흔한 일이 아닙니다. 그런 의미에서 이 글은 그런 순수성과 진실 그리고 그 진리 때문에 근래(近來) 보기 드문 명저(名著)로, 우리 교회와 대학의 서가(書架)에서 열독(閱讀)되어야 할 자산(資産)으로 길이 남을 것이라 확신합니다.

박 목사님의 방대한 성서 지식과 그 이해의 깊이는 이를 비견하기가 힘들 정도로 심원합니다. 저자의 머리에는 성서 전체의 방대한 글들이 다 색인화(索引化)되어 있습니다. 무진장한 성서의 금광들, 그 광맥의 지도(地圖)가 선명하게 그려져 있습니다. 그래서 언제나 연결시킬 고리들의 적절한 대상을 골라서 합성하는, 대단한 구상력(具象力)을 가지고 계십니다.

또 한 가지 눈에 띄는 것은, 이 글이 1968년부터 연구하기 시작하여 1983년에 이르러 여러 차례의 국내외 사경회에서 말씀하시고, 2005년에 그 대지를 완성하여 체계화하신 것인데, 그렇다면 50년의 목회와 40여 년에 걸친 기도와 사색을 통해 나타난 소산(所産)으로, 그렇게 하고서라야 이런 글이 나왔다면, 이것은 또 다른 의미에서 우리 학계에 숙연한 경고가 되지 않을 수 없습니다.

이 저서의 핵심적 가치는 이제부터입니다. 저는 이 책이 성서신학(聖書神學), 특히 창세기, 곧 구약성서에 관한 것이라, 역사신학자(歷史神學者)로서는 어떤 형태로든지 평(評)한다는 것이 주제넘는 일이라 사료되어서, 전에 결례(缺禮)를 하면서까지 평하기를 고사(固辭)한 일이 있습니다. 그러나 정말 놀란 것은, 이 저서가 실제로는 역사신학의 대헌장(大憲章)이라는 사실입니다. 여기 성서 주석의 묘미와 통찰의 깊이는 그것이 실상은 역사적 해석의 손길 때문에 의연(毅然)히 빛을 내고 있습니다. 제가 역사학자라고 해서 그런 것이 아니라, 실제 역사와 역사학(歷史學)에 대한 연구의 전제와 그 방법론 그리고 역사 서술(敍述)에 대한 예리한 판별력과 그 틀(구도-構圖)이 여기 남모르게 명시되어 있는 것입니다.

이것은 역사 연구의 새 계시입니다. 향후 역사 연구의 새 지표입니다. 그것이 1-40페이지에 이르러 명쾌하게 다듬어지고 있습니다.

더욱 놀라운 것은, 제가 역사 연구를 하면서 언제나 전제로 삼는 전거(典據)가 묘하게도 신명기(申命記) 32:7-8인데, 이 저서의 표지 전면에 바로 그 구절이 대서 특필되고 있습니다.

"옛날을 기억하라. 역대의 연대를 생각하라, 네 아비에게 물으라..."
이렇게 진행되는 것인데,
박 목사님은 그 구절을 가지고 이 저서의 이정표로 삼고 있습니다. 대전제로 삼고 있습니다. 저는 전에 박 목사님의 글을 읽은 일이 없습니다. 박 목사님도 제 글을 읽은 일이 없으실 것입니다. 만일 읽으셨더라도 그 어느 구석에 박혀 있는지도 모르는 그런 부분을 찾으셨으리라고는 보기 힘듭니다. 그런데 그 구절이 박 목사님의 이 연구의 대들보가 되어 있는 것입니다. 제가 이를 보고 깜짝 놀라 경탄의 심정으로 이 책을 정독할 수밖에 없었던 이유를 여러분께서는 이제 아실 것입니다. 저에게 서평을 부탁하지 아니하였더라면 대단히 섭섭할 뻔하였습니다. 그뿐만 아니라, 이런 일을 말해 줄 사람의 중요한 말을 여러분도 듣지 못할 뻔하였습니다.

이 저서는 저자의 의도가 반드시 그렇지 아니할는지는 모르지만, 현대 역사 연구의 참신한 교과서적(敎科書的)인 지침이요, 그 방법론의 투명한 체계입니다. 역사 정신의 기독교적 조형(造形)입니다.

그 저서의 타이틀이 이렇습니다. 『창세기의 족보』! 저자는 창세기가 성서 전체의 서론(緖論)일 뿐만 아니라, 인류와 세계 구속사(救贖史)의 청사진이라 단언합니다. 곧 성서의 축쇄판(縮刷版)이라는 것입니다. 다시 말하면 마이크로(Micro) 성서입니다. 우리 몸의 어떤 부분에서 미소한 양의 살이나 뼈를 떼어 그 줄기세포를 배양하면 우리 몸 전체가 된다는 현대 생물학의 원리는 바로 성서적이라 할 것입니다. 창세기만 깊이 잘 읽어도 성서 전체의 구속사의 비밀이 알려진다는 것입니다. 그래서 본서의 제목은 "창세기의 족보에서 본 하나님의 구속사적 경륜"이라 해도 좋을, 창세기를 넘어가는, 구속사의 감격을 논리화한 책입니다.

박 목사님은 "신앙은 과거에서 나온다"고 말합니다. 옛날은 구속사의 전 과정이요, 하나님의 사랑과 그 눈물의 역사라는 것입니다. 이것은 성서의 진수를 꿰뚫는 명언(銘言)입니다. 사실 "성서는 역사서다"라는 정의는 신앙과 역사의 관계를 그 핵심으로 보는 기독교의 진수입니다. 그런데 역사의 상대성(相對性)과 그 지상성(地上性) 때문에 다들 거기까지 생각을 못했거나 아니면 꺼려하는 대목입니다. 대개 경건주의 신학의 오류가 혹시 있다면, 그것은 "구원이 세계와의 격리(隔離)나 그 소원(疏遠)에서 온다"는 주장입니다. 그러나 구원과 섭리는 이 하루하루의 역사 안에서 이루어지고 성취되고 있다는 것이 여기 분명하게 밝혀지고, 당당하게 천명되고 있는 것입니다. 다시 말하면 신앙을 그저 종교적인 차원에만 머물러 있게 하지 아니하고, 역사적 삶으로 생태화(生態化)시키고 보편화시키고 있는 것입니다. 이것은 이광수(李光洙)가 1917년에 그렇게 안타깝게 한국 교회에 대고 실현해 주기를 바라던 오랜 역사적 숙원(宿願)을 확인한 셈이고 또 실현한 것으로, 높이 평가될 만한 공적입니다.

그런 역사적 구원과 속죄의 대본(臺本)을 박 목사님은 족장들의 족보(族譜)에서 찾아낸 것입니다. 하루하루 살아가기를 수백 년 하는, 그 기간 마디마디 전역(全域)에서 구속의 경륜(經綸) 실현의 실체를 볼 수 있다는 것입니다.

더구나 흥미로운 것은, 족장들의 이름을 그 원어(原語)에서 해석하는데, 그것이 정확하게, 그리고 전부, 그 당시의 역사적 문맥(文脈)과 어쩌면 그렇게 직결되는지 그 관계를 밝히는 그 묘미는 실로 압권(壓卷)으로, 이는 새로운 역사 아날로지(Analogy) 방법의 적용이어서, 경우마다 무릎을 치지 않을 수 없게 만듭니다.

이런 구도 설정은 그들 족장 이야기가 그들만의 이야기로 끝나지 않고 우리들의 역사도 우리 시대에 그렇게 연결된다는, 그런 원형으로 보게 하고 있는 것입니다. 성서와 우리들과의 현실적 접근을 이 이상 더 생생하게 할 수는 없을 것입니다. 성서를 나의 이야기로 만든 것이 이 저서 공적(功績)의 절정(絕頂)입니다.

이렇게 해서 여러 족장들의 생을 다 연결하여, 거기서 구속사의 신비를 풀어 나갑니다. 그것은 구원이 세상에서의 돌변과 단절로 이루어지는 것이 아니라는 결론에 이르게 합니다. 이런 역사 해석은 구원의 성취가 점진적(漸進的)이며, 따라서 격변과 변혁으로 되는 것이 아니라는 발전사관을, 성서의 역사관으로 확인한 것입니다.

이런 점진성을 그는 에스겔이 그발강 가에서 본 계시, 곧 성전에서 스며나오는 물방울들이 냇물이 되고, 강(江)을 이루고, 대하(大河)를 이루어, 마침내 바다를 소성시키는, 그 긴 여정(旅程)의 계시에서 판독(判讀)하고 있는 것입니다. 그래서 약간은 무서운 말세론적 심판보다는 오히려 우리 주님의 영광스러운 재림으로 역사의 완성을 종말로 보는, 은혜와 축복의 종말을 갈망과 감격으로 찬송하며 기다리게 하고 있습니다. 이것은 확실히 기독교를 감사와 환호 그리고 밝은 희망의 종교로 확인하는 복음입니다. 이 지상의 역사가 바로 하나님의 역사라는 생명과 축복의 완곡(婉曲)한 표현입니다.

박 목사님은 실로 경건한 신앙과 신학으로 구속사와 세속-세계사를 일치시키는 대업을 수행하였습니다. 이것은 초기 어거스틴의 구속사-세계사의 이분법을 극복하는 것으로서, 기독교를 세계와 격리시키는, 소분파적(小分派的) 신비주의적(神秘主義的) 은둔(隱遁)을 경계하는, 전통신학의 금자탑인 것입니다. 그런데 그것이 창세기 연구에서 추리되었다 함이 놀라운 것입니다. 역사가 한 직선으로 진행하다가 종말에 이르러 주님의 재림으로 그 완성을 본다면, 그것이 바로 현대 역사신학의 주류를 이루는 성례신학(聖禮神學-Sacrament)과 성육신신학(成肉身神學)의 개괄적 체계가 되는 것인데, 그것이 이 저서에서 정확하게, 기독교 신앙의 초석으로, 박 목사님의 호(號)처럼 휘선(暉宣), 곧 밝혀지고 선양되고 있는 것입니다. 이런 신학은 한국 교회가 하루 속히 보완하고 갖추어야 할 필수적인 중추적 신학입니다.

이 저서는 우리들에게 성서의 신묘(神妙)한 깊이에 이르게 하는 가이드로서의 역할을 다한 것 말고도, 기독교의 신학적 성서적 대계를 역사적 계보 연구에서 성취한 공적으로, 더욱 한국 교회사에서 주목을 받아 마땅한 귀중한 업적으로 남을 것입니다.

만장하신 여러분께서는 이 믿음의 사도요, 거대한 역사신학의 체계를 그렇게 깊이와 간명(簡明)으로 수(繡)놓듯 밝히신, 이 저서의 저자 - 우리 박윤식 목사님께 만강의 박수를 보내주시기 바랍니다.

2) 서평 2
구속사 시리즈 9권 『신묘한 영광의 비밀, 성막과 언약궤』

민영진 박사
이스라엘 히브리대학교(Ph.D)
전 감리교신학대학교 교수, 대한성서공회 총무
전 세계성서공회 아태지역이사회 의장
침례신학대학교 특임교수
대한기독교서회 100주년기념성서주석
『출애굽기』, 『사사기』, 『룻기』, 『전도서』, 『아가서』 저자

이 책은 "성막"을 주제로, 성경 중에서도 '출애굽기'를 중점적으로 해설하고 있다. 저자는 유대교인으로서가 아니라 기독교인으로서 유대교의 여러 신학적 전통을, 그 자체에서 철저하게 이해하고 기독론적으로 재해석을 시도하고 있다. 박윤식 목사의 재해석은 세계의 많은 신학자들이 일찍이 시도하지 않았던 독특한 구속사적 방법으로 수행되고 있다.

저자는 히브리어 성경을 유대교인보다 더 철저하게 읽는다. 이것은 기도에 전념하면서 성경을 1,800번 정독한 저자의 남다른 영적인 능력에 근거하고 있다. 기도와 말씀이라는 두 영성에 근거한 저자의 글은 학문적이고 신학적인 저술을 뛰어넘어, 페이지마다 오직 예수 그리스도에게 주목케 하는 신비한 마력 같은 흡인력이 있다.

저자가 한 주제에 대하여 파고들 때는 중세 유대교 주석가들보다도 더 철저하다. 저자의 주석적 구약 연구는, 본문 주석을 피하고 신비한 설교 쪽으로 방향을 틀어 버리는 유대교의 설교인 미드라쉬보다 훨씬 고차원적이다. "성막"의 연구에서는 그의 구속사적 연구가 절정에 이른다. 저자의

구약 연구는 유대인들조차도 감탄할 수밖에 없는 철저하고 깊은 것들이며, 나아가 유대교와 결별하며 그것을 극복하는 새로운 차원의 연구이다.

1. 성막의 그림 자료

출애굽기 25:1-40:38에 기록된 성막, 번제단, 분향단, 언약궤 등에 관한 출애굽기의 진술을 시각화해 주는 본서의 자료들은, 이 책이 우리나라 성서학계에 베푼 큰 공헌이다. 저자는 성막의 모든 그림 자료를 컬러로 시각화해 주고 있다. 이 컬러 그림을 보고 거기에 곁들인 설명만 읽어도, 독자에 따라서는 성막 전체를 독파하는 효과를 가질 수 있을 것이다.

독자들은 말로만 들어서 모호하던 성막의 이미지가, 자세한 설명과 수십 개의 그림 자료를 통해서 확실하고 선명하게 나타남을 체험할 수 있을 것이다. 저자는 필요에 따라 이런 성막 관련 물건들의 이름을, 히브리어와 헬라어와 한자와 일본어와 영어로 병기하여 독자의 이해를 돕는다. 평자가 과문한 탓인지는 몰라도, 성막과 관련하여 이렇게 상세한 진술과 그림 자료의 종합적 제시와 그 정확한 원어적인 설명은, 일찍이 세계의 그 어떤 저작에서도 찾아볼 수 없는 한국 교회의 축복과 자부심이 될 것이라 생각한다.

2. 성막의 내용

본서는 2장은 성막 개요와 성막 외부 구조를 다루고 제3장은 성막의 성물들을 다루고 있다. 성막에 대한 내용은 지금까지 많은 학자들에 의해서 다루어진 주제이지만, 이번에 발간된 저술은 그들과는 차원이 다르다. 출애굽기 후반부에는 지루하리만치 상세한 성막 관련 진술이 나온다. 특별히 전문적인 독자가 아니라면 건성으로 읽어 버리기 쉽다. 그 이유는, 일반 독자에게는 성막 건축과 내부 시설과 운용에 대한 진술이 너무 어렵고, 학자마다 세부적인 모습이 일치하지 않기에, '굳이 오늘날 고리타분한 성막을 연구할 필요가 있느냐'라고 생각하기 때문이다.

그러나 저자는 이러한 모든 이유들을 일시에 잠재워 버리면서, 세계 최초로 성막 건축의 상세한 부분까지 히브리 원어에 입각하여 정확하게 재현하고 있으며, 나아가 그것들의 구속사적 의미를 제시하고 있다. "띠와 금고리로 연결된 널판", "성막 뒤 두 모퉁이", "성막 뜰 출입문", "기둥 머리 싸개", "갈고리"와 "가름대", "성막의 말뚝", "뜰 사면 포장 말뚝"을 히브리 원어에 입각하여 재현해 놓은 것은 참으로 정교하다.

평자는 성막 각 기구의 내용을 자세히 확인하는 데 꼬박 며칠이 걸렸지만, 흥미와 재미와 보람이 넘쳤다. 외국의 자료에서도 찾아볼 수 없는 독특하고 방대한 자료가 한국의 노목회자를 통해서 처음 발표된 것은, 실로 세계 교회에 한국 교회의 위상을 높인 쾌거라고 할 수 있다.

3. 성막과 언약궤의 이동 역사와 경로

저자의 구약읽기의 치열함과 철저함은 제4장의 언약궤 안의 세 가지 내용물에서 밝히 드러난다. 지금까지 이미 발행된 성막 관련 저서들에서는 언약궤 안에 세 가지 내용물이 있다는 정도로만 다루는 것이 보통인데, 본서에서는 그 내용물에 대한 내용을 관련 역사를 통해 세밀하게 다루고 있으며, 그 구속사적 교훈을 제시함으로 마치고 있다.

또한 제5장 성막의 이동 역사와 언약궤 회복의 역사에 나오는 두 폭의 컬러 도움 자료인 이해도움 6, "성막과 언약궤의 이동 경로"와 "성막과 언약궤의 이동 역사"는 매우 독특한 자료이다. 지금까지 평자가 읽어본 자료는 대부분 언약궤의 이동 경로만을 기록한 자료였는데, 아벡 전투에서 언약궤와 성막이 분리된 이후에 이 두 가지의 이동 경로를 다같이 연구한 자료는 처음 접해 보는 것이다. 평자는 두 가지 이동 경로를 함께 따라가면서, 이스라엘 역사를 역동적으로 회고할 수 있었다. 한국의 노목회자가 신학자, 목회자, 평신도를 망라하여 누구든지 쉽게 읽을 수 있도록 정리하였을 뿐만 아니라 그 구속사적 의미를 밝힌 것은, 하나님의 강력한 은혜가 역사하신 한국 교회 축복의 산물이다.

4. 교회를 통한 구속 운동

교회를 통해서 구속 운동이 전개된다는 것은, 이 책 전체의 결론이다. 저자의 "철저한 구약 연구"는 결국, 창조에서부터 시작되고 인자의 오심으로 완성되는 구속의 역사를 확인하는 것이다.

'구약과 신약', '옛 언약과 새 언약', '문자와 영'의 관계 설정은 지금도 신약학이나 구약학 쪽에서 열려 있는 논제이다. 이러한 해석학적 논의의 현장에서 박윤식 저 『신묘한 영광의 비밀 성막과 언약궤』는 기독교 구약 연구의 좋은 "모범", 구속사적 해석의 새로운 "모델"을 보여 준 역작이라고 감히 평가하면서, 앞으로 이 저서가 한국뿐만 아니라 전 세계 교회들에게 큰 축복으로 역사하기를 소망한다.

마지막으로 저자가 현재까지 여덟 권으로 출간한 "구속사 시리즈"가 우리나라 교회와 구약학계에 끼친 새로운 차원의 신선하고 감동적인 공헌에 대하여 깊이 감사하며, 저자가 염원하고 있는 "구속사 시리즈" 완간이 반드시 성취되기를 간절히 소망하는 바이다.

3) 서평 3
구속사 시리즈 1권 『하나님의 구속사적 경륜 속에서 본 창세기 족보』

프랭크 A. 제임스 박사
미국 리폼드신학대학원 총장, 역사신학 교수

대부분의 사람들은 유감스럽게도 성경의 족보들을 연구하는 데 흥미가 없으며, 심지어 지루하다고 생각합니다. 그러나 박 아브라함 박사님의 새로운 저서 『하나님의 구속사적 경륜 속에서 본 창세기의 족보』는 성경에 나오는 족보들을 깊이 있게 연구하여, 그 위대한 가치를 드러내고 있으며 더불어 흥미까지 더하고 있습니다.

어떤 구조가 오래 유지되기 위해서는 단단한 기초가 필수적입니다. 성경에 근거한 믿음을 갖기 위해서 우리에게 꼭 있어야 할 확실한 기초는 바로 창세기입니다. 창세기는 인류의 기원뿐만 아니라 하나님과 우리의 관계 그리고 우리 서로간의 관계는 물론이고, 우리 자신을 이해하는 데 근본이 되는 책입니다. 기독교의 모든 사고의 근원적인 토대(土臺)로서, 창세기의 중요성은 아무리 강조해도 지나치지 않습니다. 박 아브라함 박사님께서 바로 이러한 근본이 되는 책을 이해하는 데, 매우 중요하고 가치 있는 공헌을 한 것은 높이 찬사를 받아 마땅합니다.

박 아브라함 박사님은 히브리 원어에 있어서 아주 탁월한 능력을 이 저서에서 잘 보여 주고 있습니다. 그의 언어학적인 능력은 이 저서에서 지속적으로 나타나고 있습니다. 이것은 그의 연구가 얼마나 진실한가를 보여줄 뿐만 아니라 창세기에 대한 그의 남다른 애정을 나타내고 있는 것입니다.

저자는, 창세기를 깊이 연구하지 않으면 하나님의 구속사적 경륜을 온전히 알 수 없다는 바른 이해를 가지고 있습니다. 지나간 과거를 먼저 이해하지 않으면 다가올 미래도 이해할 수 없다는 오랜 금언(金言)은, 성경을 연구할 때도 그대로 적용됩니다. 박 아브라함 박사님은 그의 경이(驚異)로운 저서에서 이러한 금언을 깊이 새기고 있습니다.

저자는 "옛날을 기억하라, 역대의 연대를 생각하라"고 모세가 외친, 신명기 32:7을 성경 연구의 출발점으로 잡고 있습니다. 그리고 이 저서에는 창세기 족보의 10대(하늘과 땅, 아담, 노아, 노아의 아들들, 셈, 데라와 아브라함, 이스마엘, 이삭, 에서와 야곱 등)를 아주 심도 있게 다루고 있으며, 그리고 이들 각각을 통하여 하나님의 구속사를 선명하게 드러내고 있습니다. 박 아브라함 박사님은 하나님의 구속사적 경륜의 핵심을 나타내기 위하여 족보들을 잘 활용하고 있으며, 그 구속사적 경륜이 예수 그리스도의 사역 속에서 결정적으로 성취되고 있음을 드러내고 있습니다.

박 아브라함 박사님의 이 중요한 저서에는 몇 가지 뛰어난 특징들이 있습니다.

첫째, 이 책은 오직 성경 말씀으로 가득 채워져 있습니다.

박 아브라함 박사님은 성경을 절대적으로 사랑하시는 것이 분명합니다. 그리고 저자는 확실히 성경 연구라는 수원(水源)에서 심원(深遠)한 생명수를 마시고 있습니다.

둘째, 이 책은 복음 전도의 분명한 메시지를 전달하고 있습니다.

저자는 많은 부분에서, '예수님을 구원의 주로 맞이하라'는 자비로운 초청을 분명하게 하고 있습니다. 그래서 저자는 마태복음 28:19-20에 나타난 '모든 족속으로 제자를 삼으라'고 하신 위대한 위임(委任) 명령을 단 한 번도 놓치지 않고 있습니다.

셋째, 저는 이 책에서 저자가 창세기 내용의 '역사성'을 엄숙하게 인정하고 있는 것을 보고 너무나도 기뻤습니다. 많은 현대 신학자들이 아담의 역사성을 의심하고 있는 이 때에, 박 아브라함 박사님이 성경의 역사성을 확실히 증언하고 있는 것은 너무도 통쾌한 거사(巨事)입니다.

넷째, 이 책은 문장(文章)이 명료하게 잘 쓰여져 있습니다.

이 책을 읽는 일반 독자들은 전문 용어 때문에 어려워할 필요가 없으며, 아주 쉽게 성경의 가르침을 깨달을 수 있을 것입니다. 이 저서는 창세기로부터 시작하여 모든 세대를 통해 진행되어 온 하나님의 구속사적 경륜이 마침내 예수 그리스도와 그의 사역을 통해 최종적으로 성취되는 것을 한눈에 보여 주고 있습니다.

박 아브라함 박사님의 책은 '독서(讀書) 여행'을 할 만한 가치가 충분한 책입니다. 저는 이 통찰력 가득한 저작(著作)이 많은 신학교와 대학교에서 읽혀지기를 진심으로 추천하는 바입니다. 저는 이 책이 독자들의 기대를 절대로 실망시키지 않을 것이라 단언합니다. 이 책을 읽으십시오! 이 책을 연구하십시오! 이 책을 가지고 기도하십시오! 그리고 이 책의 지혜가 여러분의 삶과 목회 사역에서 활용되도록 하십시오!

4) 서평3: 영문초록

Dr. Frank A. James III, PhD, DPhil
President and Professor of Historical Theology
Reformed Theological Seminary

All too often genealogies are viewed as uninteresting or even worse, boring. But Dr. Abraham Park's new book, The Genesis Genealogy Viewed Through God's Administration in the history of redemption, demonstrates the great value and even the excitement of an in-depth study of Biblical genealogies. A strong foundation is necessary for any enduring structure. And so it is also true that the book of Genesis is a firm foundation for our Biblical faith. Genesis is the groundwork not only for understanding our beginnings, but it is also the basis for understanding ourselves as well as our relationship with God and with one another. One simply cannot overstate the importance of Genesis as the foundational paradigm for all Christian thinking. Dr. Abraham Park is to be congratulated for his important and worthy contribution to our understanding of this foundational book.

Dr. Park displays a remarkable facility with the Hebrew language. Time and again, his linguistic skills are on display. This indicates not only the seriousness of his research but also his love for the book of Genesis. He has rightly understood that one cannot fully grasp God's work of salvation, unless one digs deeply into the book of beginnings. The old adage that one cannot understand the future unless one first understands the past, holds true in Biblical studies. Dr. Park takes this adage to heart in this remarkable book.

The biblical point of departure for Dr. Park is Deuteronomy 32:7 where the song of Moses declares: "Remember the days of old, consider the years of all generations..." He carefully considers the ten genealogies of Genesis (of heaven and earth, of Adam, of Noah, of Noah's sons, of Shem, of Terah and Abraham, of Ishmael, of Isaac, of Esau, and of Jacob) and through each of these the history of redemption is clearly expounded. Dr. Park employs these genealogies to reveal the core of God's work of redemption in history which find their ultimate expression in the work of Jesus Christ.

There are several distinguishing features of Dr. Park's important book. First, it is a book suffused with Scripture. It is absolutely clear that Dr. Park loves the Bible and it is obvious that he drinks deeply from the fountain of Biblical study. Second, it has a clear evangelistic thrust. At many points the clear implication of his exposition is a warm invitation to embrace Jesus as Lord and Savior. Dr. Park, it would seem, has never lost sight of the Great Commission in Matthew 28:19-20. Thirdly, I was delighted to see that he takes the historicity of the Genesis account seriously. In a day when some many modern theologians cast doubt on the historicity of Adam, for example, it is refreshing to see a firm affirmation of historicity. Finally, the text is clearly and well written. The average reader will not get lost in technical jargon, but will indeed see the teaching of Scripture with ease.

This book is a sweeping vista of God's plan of redemption from Genesis down through the ages to its final expression in the person and work of Jesus Christ. Dr. Park's book is a journey worth taking. I heartily recommend this insightful work of Dr. Park for seminaries and colleges. I can assure this book will not disappoint. Read it, study it, pray over it and then put its wisdom to work in your life and ministry.

부록 2
2. 류광수 목사 프로필 및 저서 소개

1. 학력

- 1982 고신대학교 졸업
- 1985 총신대학교 신학대학원 졸업
- 1996 Cohen Theological Seminary 명예신학박사
- 2000 Remnant University 명예신학박사

2. 주요경력

- 現 대한예수교장로회 임마누엘교회 당회장
- 現 사단법인 세계복음화전도협회 이사장
- 現 렘넌트신학연구원 원장
- 現 다락방전도훈련원 원장
- 現 렘넌트지도자학교 교장(대안학교)
- 現 렘넌트글로벌스쿨 교장(대안학교)

3. 저서

- 『작은기도』
- 『생명없는 종교생활에서 벗어나라』
- 『내 인생 최고의 선물』
- 『신앙발판』
- 그 외 교재 다수

4. 저서 소개

작은 기도

국판 변형 | 208면

많은 사람들이 무심코 가지고 있던 기도에 대한 오해를 풀고, 기도가 무엇이며 왜 기도를 해야 하는지 상세하게 풀어내고 있다. 더불어 성경 속 인물들의 기도를 쉬운 언어로 살펴보고 앞으로 어떻게 살아야 하는지 안내한다.

생명 없는 종교생활에서 벗어나라
국판 | 240면

복음의 핵심 주제인 영접과 구원, 기도와 전도, 그리고 권세 등에 대해 다룬다. 우리의 종교생활이 생명력을 가득 품을 수 있도록 인도하고 있다.

내 인생 최고의 선물
신국판 | 292면

류광수 목사가 전도 인생 30년간 전도 현장에서 받은 은혜와, 복음을 사랑하는 열정적 가슴에서 배어나온 생명의 메시지를 이해하기 쉽도록 쉽게 풀어 쓴 것이다. 복음과 임마누엘, 유일성의 응답, 복음적 동기, 언약기도, 현장, 사실을 보는 눈, 전도, 오늘을 승리하는 비밀 등 8개의 소주제로 구성하였다.

기초 훈련

복음 편지
The Gospel Letter

복음
편지

복음편지

제1판 36쇄 인쇄 2013년 3월 13일
개정판 1쇄 인쇄 2014년 8월 1일

지은이 류광수
펴낸곳 사단법인 세계복음화 전도협회
주　　소 서울시 강서구 공항대로 478 (등촌 2동, 선교빌딩)
전　　화 02) 3662-7661
팩　　스 02) 3662-7149
홈페이지 www.wedarak.net

● 이 출판물의 저작권은 사단법인 세계복음화 전도협회에 있습니다.
따라서 무단 전재와 무단 복제를 할 수 없습니다.
잘못된 책은 교환해 드립니다.

The Gospel Letter

목차

첫 번째 만남   왜 인간에게 행복이 없는가?

두 번째 만남   왜 인간은 하나님을 만날 수 없는가?

세 번째 만남   어떻게 하나님을 만날 수 있는가?

네 번째 만남   왜 우리에게 예수만이 길이신가?

다섯 번째 만남   왜 나는 확신이 없는가?

여섯 번째 만남   구원받은 나는 어떻게 변했는가?

일곱 번째 만남   지금부터 어떻게 시작해야 하는가?

여덟 번째 만남   하나님 권능이 언제 나타나는가?

아홉 번째 만남   기도는 영적 과학이다

열 번째 만남   왜 기도하면 질병이 떠나는가?

첫 번째 만남

로마서 3:23 | 모든 사람이 죄를 범하였으매 하나님의 영광에 이르지 못하더니

왜 인간에게 행복이 없는가?

행복해야 할 사람이 행복을 찾지 못하고 고통 속에 있는 이유가 무엇일까? 어떤 사람은 가정문제, 건강문제, 경제문제, 정신문제 등으로 고난을 겪고 있다. 행복이 없어서 술을 마시고, 도박이나 춤에 빠지며, 방종을 해보기도 하지만 결국은 더 불행해진다. 그 이유는 무엇인가?

1. 인간이 하나님을 떠나 있기 때문이다.
   1) 불순종하여 하나님을 모르게 되었다. 요한복음 10:10, 로마서 3:23
   2) 그 결과, 죄 가운데 빠졌다. 로마서 3:10
   3) 고통 가운데 빠지게 된다.
      (1) 정신적인 고통이 온다. 마태복음 11:28
      (2) 보람과 균형이 없는 생활을 하게 된다. 마태복음 12:25
      (3) 육신에 병이 생겨 시달린다. 사도행전 8:7~8, 마태복음 8:16~17
      (4) 원인 – 영적문제가 오게 된다.
   4) 해결책을 찾아 몸부림치다가 미신이나 종교를 찾는다.

2. 이 불행이 언제부터 시작되었는지, 성경이 알려준다.
   1) 인류의 최초 조상 아담과 하와 때부터 시작되었다.
   2) 원인 창세기 3:1~15 – 하나님 말씀에 불순종하여 죄를 지었다. 원죄
   3) 결과 창세기 3:16~19 – 고통과 저주 속에 빠졌다.

3. 이 불행은 언제까지 계속되는가?
   1) 지금도 계속되고 있다. 에베소서 2:1~2
   2) 계속 증가하고 있다. 마태복음 11:28~29
   3) 해결하려고 할수록 더욱 심해진다. 마태복음 12:43~45

4. 그러면 왜 이런 불행은 없어지지 않는가?

  1) 불행을 가져다주는 자가 있다.

  2) 그 이름이 성경에 기록되어 있다.

    (1) 사탄 (2) 마귀 (3) 귀신

  3) 언제부터 나타났는가?

    (1) 하늘에서 타락한 천사다. 에스겔 28:14~19

    (2) 공중으로 겨났다. 에베소서 2:2

    (3) 지구 가운데로 출현하여 인간을 망하게 한다.

    (4) 결국, 지옥으로 가게 된다. 마태복음 25:41

5. 하나님을 모르면 어떻게 되는가?

  1) 영적문제가 온다. 요한복음 8:44

  2) 원인을 모르고 고통을 당한다. 사도행전 10:38, 8:7~8

  3) 행복이 없다. 마태복음 12:25~28

  4) 마음속에 안식이 없다. 마태복음 11:28

  5) 육신이 고난을 겪는다. 사도행전 8:4~8

  6) 정신이 고난을 겪는다. 사도행전 16:16~18

  7) 지옥으로 가게 된다. 누가복음 16:19~31

6. 세상에서 사람을 통해 얻는 평안은 잠시 동안임시일 뿐이다.

  1) 세상적인 것이다.

  2) 육신적인 것이다.

  3) 쾌락적인 것이다.

  4) 더 큰 불행을 가져다준다.

7. 그래서 사람들은 점술, 역술, 굿, 우상, 종교 등을 찾아간다.

  1) 이와 같은 경험이 오래 지속되면 결과는 실패뿐이다.

  2) 점점 더 불행해진다.

8. 영원히 해방되는 길이 있다.
   1) 하나님 말씀에 불순종하는 죄를 지었고, 고통 가운데 빠진 사실을 깨달아야 한다. 인간의 근본문제 창세기 3장
   2) 예수 그리스도를 믿고 영접하면 된다. 요한복음 1:12
   3) 하나님과 함께하는 권세를 가지게 된다. 마태복음 28:20

두 번째 만남

사도행전 4:12 | 다른 이로써는 구원을 받을 수 없나니 천하 사람 중에 구원을 받을 만한 다른 이름을 우리에게 주신 일이 없음이라 하였더라

왜 인간은 하나님을 만날 수 없는가?

인간이 불행한 까닭은 하나님을 떠나 있기 때문이다. 하나님을 떠난 생활이 불행을 가져 다주고 만다. 그러면 왜 인간은 하나님을 만날 수 없는가?

1. 인간이 하나님을 떠났기 때문이다.
   1) 영이 죽은 상태다. 에베소서 2:1
   2) 하나님의 영이 떠난 상태다.
      (1) 본래 인간 - 하나님의 영이 함께하셨다.
      (2) 타락 이후 하나님의 영이 떠나 죽은 영이 되었다.
          그래서 늘 피 제사가 없으면 당장 저주받게 된다. 가인
      (3) 하나님의 영이 떠나자 사탄의 영이 그 영을 주관하게 되었다. 고린도전서 2:12
   3) 지식, 지혜마저 어두워져 하나님 뜻을 모르게 되었다. 데살로니가후서 2:10~11
   4) 하나님 말씀을 들어도 깨달을 수 없게 되었다. 고린도후서 4:4~5

2. 인간은 하나님을 만나기 위해 노력하고 있다.
   1) 인간은 영적 존재이므로 하나님을 찾는 본능을 가지고 있다.

2) 진실하면 하나님을 만날 수 있다고 생각했으나 실패하고 말았다.
  3) 종교를 가지면 되는 줄로 알고 열심히 종교생활을 한다. 마태복음 12:43~45
  4) 인간은 철학을 통해 하나님을 만나려 하였으나 실패하고 더 허무한 인간으로 전락하였다. 골로새서 2:8~9
  5) 인간은 원죄가 무엇인지 잘 모르기 때문이다.

3. 구원받지 못한 사람은 하나님을 만날 수 없다.
  1) 먼저 구원을 받아야 하나님을 만날 수 있다.
  2) 거듭나지 않고는 하나님을 볼 수 없다. 요한복음 3:3~5
  3) 구원이란 사탄, 운명, 팔자에서 해방되는 것이다.
  4) 구원이란 죄에서 벗어나는 것이다.
  5) 구원이란 지옥 권세에서 해방되는 것이다.
  6) 지옥은 마귀 자녀가 가는 곳이다. 마태복음 25:41
  7) 천국은 하나님 자녀가 가는 곳이다.

4. 죽은 사람이 움직일 수 없듯이, 죽은 영은 아무리 노력해도 소용없다.
  1) 구원받지 못한 자가 하는 노력은 외적 변화에 불과한 것이다.
  2) 그 노력은 좋은 것이나 구원을 얻을 가치는 못 된다.
  3) 땅에 존재하는 것에는 천국을 얻을 만큼 값진 것이 하나도 없다.

5. 왜 인간은 노력해도 구원을 얻지 못하는가?
  1) 자신의 노력으로 영을 살릴 수 없다.
  2) 타인의 도움으로 영을 살릴 수 없다.
  3) 아무도 사탄을 이길 영웅을 이 땅에 보낸 적이 없다. 사도행전 4:12
  4) 구원은 하나님이 우리에게 주신 은혜의 선물이다. 에베소서 2:8~9

6. 치유 – 악몽
  1) 건강문제 – 적당한 운동, 규칙적인 생활, 음식문제
  2) 묵상기도 – 말씀을 붙잡고 묵상

3) 정시기도 - 다니엘 6:10, 22, 창세기 13:18, 사도행전 3:1, 16:16~31

세 번째 만남

요한복음 14:6 | 예수께서 이르시되 내가 곧 길이요 진리요 생명이니 나로 말미암지 않고는 아버지께로 올 자가 없느니라

어떻게 하나님을 만날 수 있는가?

1. 하나님은 영이시다.
  1) 영이시므로 육안으로는 보이지 않는다.
  2) 그러므로 무엇에도 제한받지 않는다. 사람의 손에 제한받는 것은 하나님이 아니라 우상이며 그 속에 귀신이 들어가는 것이다. 고린도전서 10:20
  3) 무소부재하시다.
  4) 무소부지하시다.
  5) 무소불능하시다.
  6) 그러므로 여호와라 부른다.
  7) 인간은 영적 존재이므로 영이신 하나님을 만나는 것이 구원이다.

2. 그런데 인간은 육을 가졌기에
  1) 하나님을 볼 수 없다.
  2) 인간의 영은 육체 속에 제한되어 있다.
  3) 영이 육체를 떠나는 것이 죽음이다.
  4) 육체 속에 있을 때만 구원의 기회가 있다. 누가복음 16:19~31

3. 하나님을 만나는 길
  1) 영이신 하나님께서 인간을 구원하시려고 사람의 몸을 입고 오셨다. 요한복음 1:14

2) 그러므로 그분은 죄가 없으시며, 생명을 주는 영이다. 고린도전서 15:45

3) 그분은 바로 예수 그리스도이시다.

4) 예수 그리스도는 신성과 인성을 가진 분이시다. 마태복음 16:16~19

 (1) 메시아 그리스도, 구원자 하나님이시다.

 (2) 하나님 아들 – 사람의 모습으로 오셨다.

5) 이 예수 그리스도를 영접하는 것이 하나님을 만나는 길이다. 요한복음 1:12, 요한계시록 3:20

6) 예수 그리스도를 영접할 때 성령이 우리 영 가운데 임하게 된다. 예수를 믿으면 죄를 용서받고, 의롭다고 칭함을 받는다. 이것이 바로 구원이다. 요한복음 14:16, 26~27

7) 이때 사탄 권세는 영원히 떠나게 된다.

8) 예수 그리스도를 진실로 믿는다고 고백하고 영접하는 기도를 드리자.

 p. 24 영접기도는 복음메시지 참고

4. 하나님께서 나와 함께하시는 증거

 1) 성령이 내 속에 거하면, 그때부터 나를 인도하시고,
  날마다 성화되는 길로 인도하신다. 요한복음 14:26~27

 2) 성경 말씀을 올바르게 받을 때 성령 인도를 받게 된다.

  (1) 성경은 살아 있는 말씀이다. 히브리서 4:12

  (2) 말씀을 진정으로 받을 때 우리의 영이 살게 된다. 시편 119:25

 3) 죄를 해결할 때 성령 인도를 받게 된다. 시편 66:18, 갈라디아서 5:16~18

 4) 하나님께 간절히, 시간을 정하고, 제목을 정하고,
  끝까지 기도하면 능력이 임하게 된다.

 5) 우리를 놓친 사탄은 귀신을 시켜 우리를 방해한다.
  그래서 성령 충만을 받으라고 하셨다. 에베소서 5:18

 6) 성령 충만을 받으면 권능이 생긴다. 사도행전 1:8

  (1) 자신을 이긴다. (2) 세상을 이긴다. (3) 사탄을 이긴다.

 7) 전도의 문이 열리게 된다.

8) 하나님이 살아 계신 결과들이 내게 나타나게 된다.
9) 요한복음 14장 6절 말씀을 이해할 수 있겠는가?

5. 치유 – 불안
 1) 말씀, 생기 에스겔 37:1~10
 2) 무시기도의 방법, 능력

네 번째 만남

요한일서 3:8 | 죄를 짓는 자는 마귀에게 속하나니 마귀는 처음부터 범죄함이라 하나님의 아들이 나타나신 것은 마귀의 일을 멸하려 하심이라

왜 우리에게 예수만이 길이신가?

1. 대부분 구원과 삶을 구분하지 못하고 있다.
 1) 모든 종교는 다 똑같다고 생각한다.
 2) 선을 행하는 것이 마치 모든 종교의 목적이라고 생각한다.
 3) 공을 닦고 덕을 세우는 것이 구원의 길이라고 생각한다.
 4) 기독교는 '종교'가 아니고 생명 그 자체다.
 5) 종교는 사람이 만들었지만, 복음은 하나님께서 주신 것이다.
 6) 종교는 사람이 찾아가는 것이지만, 복음은 하나님께서 오신 결과다.
 7) 종교는 사람의 행위가 기준이지만, 복음은 하나님의 구원이 기준이다.

2. 구원받지 못한 자의 멸망 상태를 모르기 때문이다.
 1) 원죄는 구원받지 못한 상태를 말한다. 로마서 3:10, 23
 2) 그 뜻은 창세기 3장에 출현한 사탄에게 그대로 장악된 상태를 말한다. 에베소서 2:2~3
 3) 멸망 상태는 무서운 상태다.

(1) 그 영은 사탄의 영을 받은 상태다.
(2) 사탄의 영향을 받는 저주받은 영혼이다.
(3) 그래서 자연히 우상숭배, 제사, 부적, 굿, 점, 미신, 잡신, 종교 등으로 고난을 받다가 멸망한다.
  ① 현실적으로 실패하고 세상을 떠난다.
  ② 그 가문의 삼사 대까지 망한다. 출애굽기 20:4~5
  ③ 정신병, 악신에게 들린 병, 이름 모를 병으로 육신이 시달린다. 마태복음 8:16~17
(4) 그리고, 결국 지옥으로 가게 된다. 누가복음 16:19~31, 요한계시록 14:1~9

3. 구원할 자는 단 한 분뿐인 예수 그리스도이시다.
 1) 사탄 권세를 이길 권세를 가진 분이어야 한다.
 2) 반드시 인간의 몸을 입어야 한다. 요한복음 1:1, 14
 3) 그러나 죄가 없어야 한다. 히브리서 4:15, 베드로전서 3:18
 4) 아담의 후손이 아니어야 한다. 동정녀 탄생
 5) 죄의 대가로 죄 없는 몸이 죽어야 한다. 창세기 2:17
 6) 하나님이란 증거로, 반드시 부활해야 한다. 고린도전서 15:3~5
 7) 그분이 바로 구원자이신 예수 그리스도이시다.
 8) 참 사람이며 참 하나님이신 예수 그리스도 빌립보서 2:6~9만이 사탄 권세를 멸할 수 있고, 인간을 구원해 낼 수 있다.
 9) 실제 현실로도 증명되고 있다. 사도행전 16:16~18

4. 구원이란 어떤 것인가? 에베소서 2:1~6
 1) 반드시 멸망 받는 죄를 용서받고 그것에서 해방된 것이다.
  (1) 원죄 - 영원히 저주받을 죄 에베소서 2:1
  (2) 자범죄 - 원죄의 결과로 온 허물 에베소서 2:1
  (3) 조상죄 - 우상숭배의 결과로 자손들에게 재앙이 미친다. 출애굽기 20:4
 2) 현재, 사탄 권세와 그 운명에서 벗어나는 것이다. 에베소서 2:2
 3) 내세에 천국 보좌에 앉는 것이다. 에베소서 2:6

4) 현실에서 구원받은 증거가 선한 열매로 나타난다. 에베소서 2:7-10

5. 치유 - 귀신에게 시달리는 사람
 1) 믿음 - 창세기 3:15, 마태복음 16:13~20, 17:1~8, 28:16~20, 사도행전 1:8
 2) 영권 - 정시기도, 무시기도, 영적 권세

※ 요한일서 3장 8절을 묵상해 보자.

다섯 번째 만남

요한일서 5:11~13 | 또 증거는 이것이니 하나님이 우리에게 영생을 주신 것과 이 생명이 그의 아들 안에 있는 그것이니라 아들이 있는 자에게는 생명이 있고 하나님의 아들이 없는 자에게는 생명이 없느니라 내가 하나님의 아들의 이름을 믿는 너희에게 이것을 쓰는 것은 너희로 하여금 너희에게 영생이 있음을 알게 하려 함이라

왜 나는 확신이 없는가?

교회에 다니는 사람 중에 "나는 확신이 없다."라고 고백하는 사람이 많다. 말은 하지 않으면서도 확신 없는 모습으로 살아가는 신자가 더 많고, 무의미한 일에 몰두하는 사람도 있다. 왜 확신 없이 살아가는 것일까? 이 해답을 꼭 찾아내야 한다.

1. 구원받은 자가 생명을 모르기 때문이다.
 1) 구원받은 자란 예수님이 구원자라고 지식, 마음, 입으로 시인하고 영접한 자를 뜻한다. 요한복음 1:12, 요한계시록 3:20
 2) 구원받은 자는 자신의 능력과 상관없이 그 속에 성령께서 내주하게 된다. 이것이 곧 생명을 얻은 증거다. 로마서 8:2, 고린도전서 3:16, 12:3
 3) 생명이 없는 자는 어떤 상태인가?
  (1) 타락하여 하나님을 떠난 아담과 하와구원 이전의 상태다.
  (2) 그 영은 사탄이 주관한다. 요한복음 8:44, 사도행전 10:38

(3) 많이 가져도 평안함이 없다. 마태복음 11:28~29
(4) 성취하면 끝없는 분쟁이 계속된다. 마태복음 12:25
(5) 본인도 모르게 육신이 마귀 인도와 지배를 받게 된다. 에베소서 2:2~3
(6) 때가 오면 육신도 병들게 된다. 사도행전 8:4~8
(7) 정신, 마음도 고통받게 된다. 사도행전 16:16~18
(8) 이 땅을 떠나는 날, 지옥으로 가게 된다. 누가복음 16:19~31

2. 구원받은 자가 축복을 모르기 때문이다.
 1) 죄에서 해방된다. 에베소서 2:1
  (1) 원죄 (2) 자범죄 (3) 조상죄
 2) 구원받은 자는 세상의 짐과 사탄의 권세에서 즉시 해방된다. 에베소서 2:2
 3) 구원받은 자는 지옥 권세에서 영원히 해방된다. 에베소서 2:6~7

3. 구원받은 자가 특권을 모르기 때문이다. 마태복음 16:13~20
 1) 복음전파의 특권을 성도에게만 주셨다.
  (1) 반석같이 만든다. 구원
  (2) 교회를 세운다. 전도
 2) 사탄 권세를 이길 특권을 성도에게만 주셨다. 기도
  (1) 싸움의 자세로 임해야 한다. 베드로전서 5:8, 야고보서 4:7
  (2) 끝까지 임하는 자세가 필요하다. 누가복음 18:5
 3) 기도응답의 특권을 성도에게만 주셨다.
  (1) 불신자가 말하는 세상 복은 하나님 계획과 사탄에게 주어진 운명 안에서 이루어지는 것이다. 잠언 16:4
  (2) 천국 열쇠를 가져야 한다.
 4) 구원받은 자는 이 땅에서 여러 세대에 선한 증거를 보이게 된다. 에베소서 2:7

4. 구원받은 자가 삶의 방법을 모르기 때문이다.
 1) 불신자 삶의 방법을 확인해 보아야 한다.

2) 성도는 성령 인도를 받아야 한다. 요한복음 14:26~27
　(1) 불신, 염려를 버려야 한다. 베드로전서 5:7
　(2) 자기를 완전히 포기할 때 얻게 된다. 갈라디아서 2:20
　(3) 숨은 계산은 버려야 한다. 승리 후 실패하기 때문이다.
　　하나님의 영은 인간에게 속지 않는다. 사도행전 5:1~10
3) 성령 인도를 받으려면
　(1) 예수 그리스도가 삶 중심이 되어야 한다. 고린도후서 5:17
　(2) 기도가 삶의 우선이 되어야 한다. 사도행전 16:13, 16
　(3) 삶 전부가 복음 전파가 되어야 한다. 사도행전 1:8

5. 치유 - 제사문제
　1) 죽은 자의 소원 누가복음 16:19~31
　2) 제사는 비성경적, 비과학적, 후진적
　3) 제사로 오는 영적문제 고린도전서 10:20, 마태복음 12:43~45

여섯 번째 만남

고린도전서 2:10, 14 | 오직 하나님이 성령으로 이것을 우리에게 보이셨으니 성령 은 모든 것 곧 하나님의 깊은 것이라도 통달하시느니라 (10) 육에 속한 사람은 하나 님의 성령의 일들을 받지 아니하나니 이는 그것들이 그에게는 어리석게 보임이요, 또 그는 그것들을 알 수도 없나니 그러한 일은 영적으로 분별되기 때문이라 (14)

구원받은 나는 어떻게 변했는가?

하나님께서는 그의 백성을 구원하시기 위하여 하늘과 땅의 모든 계획을 총동원하셨다. 그가 성육신하시고, 요한복음 1:14 피 흘리시고, 부활하시고, 승천하셔서 지금도 성령으로 간섭하고 계신다. 그런데 많은 사람이 구원을 잘못 알고 있다.

1. 그러면 잘못된 구원관구원이 아닌 것은 어떤 것인가?
   1) 종교를 가지면 구원받은 것으로 착각한다. 요한복음 3:1~10 종교는 사람이 임의로 만든 것으로 복음이 아니다. 선을 행하려는 좋은 목적은 있으나 구원받지 못한 자는 구원에 필요한 선을 행할 수도 없 고, 영이 죽은 자의 선은 진정한 선이 될 수가 없다. 해적선에 탄 사람의 모든 행동은 해적질을 위한 일이 되는 것과 같다.
   2) 또한 교회예배당에 등록하여 다니는 것을 구원받은 증거라고 착각한다. 그것은 오히려 예수님이 설명마태복음 12:43~45하신 대로 아무 효과가 없 으며, 도리어 고난의 짐만 가중될 뿐이다.
   3) 열심을 구원의 척도로 오해한다. 바리새인의 열심을 아는가? 불공을 드리는 사람의 열심을 아는가? 그 열심의 결과는 허무와 실패실망뿐이다.
   4) 신념철학을 확고히 하면 구원을 받은 것으로 오해한다. 그 신념은 엉뚱한 결과를 가져오고, 혼자 있을 때 스스로 실패를 느끼게 된다.
   5) 경전이나 주문을 외우고 기도하면 구원을 받는다고 생각한다. 이런 것들은 외적인 임시 변화이지, 내적 변화는 아니다. 예수님은 고난을 겪는 종교인을 향하여 해결책을 설명하시며 초청하고 계신다. 마태복음 11:28~30

2. 그렇다면 구원받은 상태는 어떤 것인가?
   1) 내적영적 변화가 일어나는 것이다.
   2) 구원받은 상태는 당신 속에 성령이 내주하여 주관하게 되는 것을 말한다.
   3) 성령은 생명의 영이다. 로마서 8:2
      물과 성령으로 나지 아니하면 하나님 나라에 들어갈 수 없다고 하셨다. 요한복음 3:3~5
   4) 진리의 영인 성령은, 아무도 쫓아낼 수 없고, 떠나지 않으신다 요한복음 14:16~17 라고 하셨다.
   5) 성령 내주를 깨달으면 아래와 같은 증거가 온다.
      (1) 성령께서 구원의 도리를 깨닫게 하시고 율법을 이루어 나가신다.
      로마서 8:2,4,9

(2) 하나님 뜻, 축복, 은혜 등을 알게 된다. 고린도전서 2:10~14

　　(3) 우리가 하나님 성전임을 알게 된다. 고린도전서 3:16

　　(4) 성령께서 잘못된 것을 고쳐주신다. 갈라디아서 5:16~18

　　(5) 성령께서 연약한 우리를 인도하신다. 요한복음 14:26~27

　　(6) 평안으로 인도하신다. 요한복음 14:27

　　(7) 우리의 기도를 들으신다. 로마서 8:26

　　(8) 모든 것을 합력하여 선을 이루신다. 로마서 8:28

3. 어떻게 구원받은 상태에 들어갈 수 있는가?

　1) 내가 예수 안에 거하는 것이 바로 예수 생명이 내 안에 있는 것과 같다.

　2) 그것은 물과 성령으로 거듭난다 위로부터 난다는 뜻이다.

　3) 구원의 방법은 단 하나뿐이다. 요한복음 3:14~16

4. 생명성령을 가진 사람에게 나타나는 네 가지 변화가 있다.

　1) 영적으로 호적이 변한다. 요한복음 8:44 → 요한일서 3:2, 요한복음 5:24

　2) 신분이 변한다. 로마서 6:17 → 로마서 6:22

　3) 영, 육, 삶의 상태가 변한다. 에베소서 2:1 → 에베소서 2:5

　4) 내 삶의 인도됨이 변한다. 에베소서 2:2 → 갈라디아서 5:18

5. 하나님께서는 생명 가진 사람을 어떻게 인도하시는가?

　1) 끝까지 버리지 않고 인도하시며 성화시켜 나가신다. 요한복음 14:16, 갈라디아서 5:16~18

　2) 다른 어떤 피조물이라도 생명 가진 사람을 멸망시킬 수없다. 로마서 8:31~39

6. 치유 – 마약, 각종 약물

　1) 영적치유 사도행전 1:4~8, 고린도전서 2:10, 요한일서 2:20~27, 사도행전 1:8

　　2) 육신치유 피, 혈관

일곱 번째 만남

요한복음 17:11~12 | 나는 세상에 더 있지 아니하오나 그들은 세상에 있사옵고 나는 아버지께로 가옵나니 거룩하신 아버지여 내게 주신 아버지의 이름으로 그들을 보전하사 우리와 같이 그들도 하나가 되게 하옵소서 내가 그들과 함께 있을 때에 내게 주신 아버지의 이름으로 그들을 보전하고 지키었나이다 그 중의 하나도 멸망하지 않고 다만 멸망의 자식뿐이오니 이는 성경을 응하게 함이니이다

지금부터 어떻게 시작해야 하는가?

구원받은 나와 당신은 영적으로 완전한 해방과 자유를 얻었다.
지금부터 이 땅에 사는 동안 어떻게 살아야 하는가?

1. 지구 종말심판까지 사탄이 존재하고 있음을 세밀히 알고 명심해야 한다.

   1) 사탄의 음모를 폭로한 책은 오직 성경책뿐이다.
   2) 사탄의 머리는 이미 깨졌다. 창세기 3:15
      죽어가면서 발악하고 있을 뿐이다. 베드로전서 5:8
   3) 완전히 결박되는 날이 지구 종말이다. 마태복음 25:41
   4) 그러나 방심하지 말 것은 악한 영들과 거짓선지자의 영, 이단의 영, 귀신들을 활용하여 신자를 방해하기 때문이다.
   5) 항상 성령 안에서 기도해야 한다. 에베소서 6:18
   6) 신자의 삶과 가정을 훼방한다. 마태복음 12:28~29
   7) 불신자, 확신 없는 사람을 따라다닌다. 벧전 5:7~8
   8) 한번 허용하면 더 악한 귀신 일곱을 데리고 들어온다. 마태복음 12:44~45
   9) 각종 질병불치병, 이름 모를 병을 가져다준다. 마태복음 8:15~17
   10) 마음에 그리고 정신적으로 혼란을 준다. 마가복음 5:1~10, 사도행전 16:16~18
   11) 확신 있는 사람을 피해 다닌다. 야고보서 4:7
   12) 물 없는 곳, 쉴 곳을 찾는다. 마태복음 12:43~44
   13) 특히 빈집에 찾아 들어온다. 마태복음 12:45

14) 기도하는 것과 성경 말씀을 아는 것을 가장 싫어한다. 데살로니가전서 5:16~18

15) 예배를 올바르게 드리는 것을 가장 싫어한다. 마태복음 4:8~11

16) 마지막으로, 주일성수, 전도하는 것을 두려워한다.

2. 그러므로 다섯 가지 사실을 항상 기억하고 생활화해야 한다.

1) 예수 그리스도를 바르게 깊이 아는 일이다. 이사야 53:5, 요한삼서 1:2, 요한일서 3:8 사탄은 예수 그리스도 이름 앞에 완전히 결박된다.

2) 성경에 계시된 성삼위 하나님의 능력을 믿는 믿음이 깊어져야 한다. 요한복음 3:16

3) 예수 그리스도를 중심에, 가정에, 처한 곳에 영접하는 기도와 믿음을 잃지 말아야 한다.

4) 예수 그리스도 이름과 권능을 시인하고, 증거하고, 간증하는 일이 생활 속에 중심이 되면 승리하게 된다. 로마서 10:9~10, 마태복음 10:32~33, 16:13~18, 사도행전 2:21

5) 예수 그리스도가 당신의 주인이 되면, 성령이 당신의 능력, 환경, 지성, 배경과 상관없이 역사한다. 사도행전 1:8

3. 다음 그림을 자세히 보고 당신이 어디에 있으며, 또 어디에 있어야 하는지를 확인해야 한다.

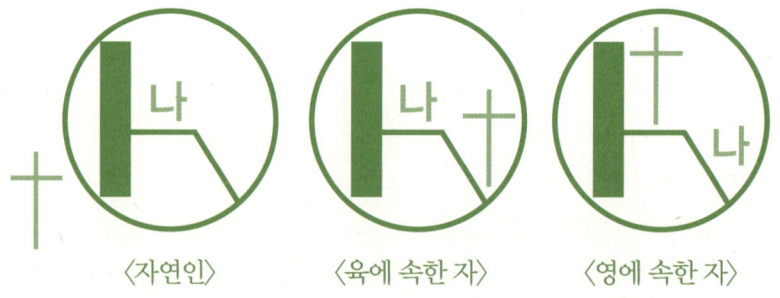

〈자연인〉　　〈육에 속한 자〉　　〈영에 속한 자〉

1) 그리스도를 중심에 모시고 고민, 문제, 죄 짐을 내버려야 한다.

2) 그리스도를 중심에 모시고 고집을 버려야 한다.

3) 그리스도를 중심에 모시고 염려부정적 공상를 버려야 한다.
4) 그리스도를 중심에 모시고 경험을 앞세우지 말아야 한다.
5) 그리스도를 중심에 모시고 선입견을 갖지 말아야 한다.
왜냐하면, 당신 속에 계신 성령은 완전하신 분이기 때문이다.

4. 치유 – 연약하나님 능력을 체험하는 길

   1) 정시기도   2) 무시기도   3) 합심기도
   4) 집중기도   5) 대화기도   6) 영권기도

여덟 번째 만남

마태복음 28:18~20 | 예수께서 나아와 말씀하여 이르시되 하늘과 땅의 모든 권세를 내게 주셨으니 그러므로 너희는 가서 모든 민족을 제자로 삼아 아버지와 아들과 성령의 이름으로 세례를 베풀고 내가 너희에게 분부한 모든 것을 가르쳐 지키게 하라 볼지어다 내가 세상 끝날까지 너희와 항상 함께 있으리라 하시니라

하나님 권능이 언제 나타나는가?

내가 누구인지를 잘 알고, 예수 그리스도께서 누구신지 잘 알 때에 하나님 능력과 축복 을 실제로 체험하게 된다. 그것은 인간이 어디서 왔고, 무엇을 하다가 어디로 가는 것인 지 알게 될 때부터 시작된다.

1. 먼저 일곱 가지 사실을 명심해야 한다.
 1) 원래 인간은 하나님의 형상대로 지음을 받았고,
   하나님과 더불어 안식하도록 창조되었다. 창세기 1:27
 2) 그런데 마귀 때문에 그 형상이 어두워지고,
   영이 죽은 상태에 이르게 되었다. 창세기 3:1~10, 에베소서 2:1~2, 요한복음 8:44
 3) 그때부터 실패, 죽음, 고통이 쉴 새 없이 들어오게 되었다. 창세기 3:11~20
    4) 이 땅에서 나그네와 같은 생을 살다가 본향신자는 천국, 불신자는 지옥으로

가게 된다. 누가복음 16:19~31

5) 하나님께서는 인간에게 하나님의 형상을 회복시키고 마귀의 일을 멸하시려고 예수 그리스도를 이 땅에 보내셨다. 요한일서 3:8

6) 예수 그리스도는 하나님이시며 사람이시다. 요한복음 1:14, 빌 2:6~10

7) 예수 그리스도를 영접할 때곧, 믿을 때모든 문제는 해결된다. 마태복음 11:28

2. 지금부터 세 가지 싸움을 시작해야 한다.
　1) 자신과 싸우라. "진리를 알지니 진리가 너희를 자유롭게 하리라" 요한복음 8:32 라고 하셨다.
　　(1) 내 환경을 주님께 맡기고, 그분 계획을 발견해야 한다.
　　(2) 내 뜻보다 온전하신 하나님 뜻을 찾아야 한다. 주기도문
　　(3) 내 계획보다 하나님 계획이 완전하심을 신뢰해야 한다. 로마서 8:28~29
　　(4) 내 고집과 생각은 결코 유익을 주지 못한다.
　　(5) 자신을 완전히 주님께 맡겨야 한다.
　　(6) 진리길는 예수 그리스도이시며, 그는 거룩하시다.
　　　그러므로 거룩한 삶은 나를 완전히 자유롭게 한다.
　2) 말세 때 마지막으로 속이는 사탄과 싸워야 한다.
　　(1) 내 힘으로는 안 되나 예수님 권능으로는 된다.
　　(2) "하나님의 자녀가 되는 권세를 주셨으니" 요한복음 1:12 라고 하셨다.
　　(3) "하늘과 땅의 모든 권세를 내게 주셨으니" 마태복음 28:18 라고 하셨다.
　　(4) 주님 권세 앞에서는 귀신도 순종한다. 마가복음 1:27
　　(5) 예수 그리스도께서 오신 이유는 마귀의 일을 멸하기 위해서다. 요한일서 3:8
　　(6) 기도응답의 권세도 주께 있기 때문이다. 요한복음 16:24
　3) 세상과 더불어 싸워야 한다. - 성령 인도를 받아야 한다.
　　(1) "내가 아버지께 구하겠으니 그가 또 다른 보혜사를 너희에게 주사 영원토록 너희와 함께 있게 하리니" 요한복음 14:16 라고 말씀하셨다.
　　(2) "그가 너희에게 모든 것을 가르치고 내가 너희에게 말한 모든 것을 생각나게 하리라" 요한복음 14:26~27 라고 말씀하셨다.

(3) "너희는 주께 받은 바 기름 부음이 너희 안에 거하나니 아무도 너희를 가르칠 필요가 없고 오직 그의 기름 부음이 모든 것을 너희에게 가르치며"요한일서 2:20~27라고 말씀하셨다.

(4) "그러나 내가 하나님의 성령을 힘입어 귀신을 쫓아내는 것이면 하나님의 나라가 이미 너희에게 임하였느니라"마태복음 12:28라고 말씀하셨다.

(5) "오직 성령이 너희에게 임하시면 너희가 권능을 받고 예루살렘과 온 유대와 사마리아와 땅 끝까지 이르러 내 증인이 되리라 하시니라"사도행전 1:8라고 말씀하셨다.

3. 하나님 권능이 언제부터 시작되는가?
 1) 하나님자녀가되어원죄가해결되었을때부터이미축복은시작되었다.
 2) 자범죄를 해결할 때 능력이 나타나기 시작한다.
 3) 고난, 핍박, 질병, 좌절 속에서 하나님 계획을 발견해야 한다.
 4) 내 삶 속에서 하나님 목적을 발견해야 한다.
 5) 내가 처한 곳에서 하나님의 더 큰 뜻을 찾아내야 한다.
 6) 그것을 위해 기도할 때 하나님 능력이 임하게 된다.
 7) 예수 그리스도로 만족할 때 승리할 수 있다.

4. 치유 - 정신질환
 1) 마태복음12:25~45
 2) 사도행전16:16~18
 3) 마가복음5:1~10

아홉 번째 만남

누가복음 11:5~13, 누가복음 18:1~8 | 너희가 악할지라도 좋은 것을 자식에게 줄 줄 알거든 하물며 너희 하늘 아버지께서 구하는 자에게 성령을 주시지 않겠느냐 하시니라 (누가복음 11:13)

기도는 영적 과학이다

하나님은 전능하시므로 우리 기도를 들으시며 응답하신다. 죄인이 하나님께 요구할 수 없으므로 죄 없으신 예수 그리스도 이름으로 기도하면 우리 기도에 응답하시는 것이다. 요한복음 16:24

1. 불신자들이 기도하면 왜 응답이 있는가?
  1) 대부분 종교는 기도문을 가지고 기도를 한다.
    (1) 심지어 짐승에게 절하며 기도하는데 왜 응답이 오는가?
    (2) 돌, 나무에 절을 하고 공을 들이는데 왜 응답이 오는가?
    (3) 종이, 그림, 사진을 놓고 기도하는데 왜 응답이 오는가?
    (4) 상자, 손으로 만든 모양,우상 신을 모신 그릇들에 기도하는데 응답이 나타나는 이유는 무엇인가?
    (5) 다른 특수한 종교단체의 지도자에게 권능이 있는 이유는 무엇인가?
       그 해답은 고린도전서 10장 20절과 마태복음 24장 11절에 나타나있다.
  2) 불신자들의 기도에도 모종의 응답이 있다.
       그러나 좋은 것이든 나쁜 것이든 목적이 달성되면 곧 실패한다.
  3) 하나님 자녀가 기도하면 하나님은 세 가지 방식으로 응답하신다.
    (1) 기도한 대로 즉시 응답하는 경우가 가장 많다.
    (2) 손해가 되거나 불필요한 것은 응답하지 않으신다.
    (3) 더 좋은 것으로 응답하신다.
  이것은 하나님이 그의 백성을 축복하시고자 하기 때문이다.

2. 어떤 사람이 하나님의 응답을 받을 수 있는가? 자격
   1) 하나님 자녀만 응답받을 수 있다. 요한복음 1:12
   2) 예수 그리스도 이름으로 기도하면 된다. 요한복음 16:24
   3) 자신의 죄를 회개함으로써 응답받을 수 있다. 시편 66:18
   4) 믿음으로 기도하는 사람에게 응답하신다. 누가복음 11:5~12
   5) 끝까지 인내하며 기도하는 사람에게 응답하신다. 누가복음 18:1~8
   6) 성령께서 생각, 마음, 지혜를 주시므로 응답받을 수 있다. 빌립보서 4:6~7

3. 하나님 자녀는 기도할 때 주의할 것이 있다.
   1) "내 뜻대로 되게 해 주소서"가 아닌 "온전하신 하나님 뜻대로"
   2) "내 계획대로"가 아닌 "크신 하나님 계획대로"
   3) "내 환경을"이 아닌 "숨은 하나님 계획을"
   4) "원수 갚는 마음"이 아닌 "용서하는 마음을"
   5) 하나님 뜻에 순종하려는 마음으로 해야 한다.

4. 기도는 영적 과학이다.
   1) 기도하면 성령이 역사한다. 누가복음 11:13, 마태복음 12:28
   2) 성령께서 역사하시면 반드시 귀신이 결박당하게 된다. 마태복음 12:28~29
   3) 성령께서 역사하시면 천군천사들이 동원되어 주의 일을 하게 된다.
      (1) 히브리서 1:14
      (2) 요한계시록 8:3~5
      (3) 다니엘 10:10~20
   4) 그때부터 주위 환경이 변하기 시작한다. 에스더 4:14
   5) 응답받은 사람을 보내주신다. 사도행전 10:1~9
      (1) 창세기 18:2~15 아브라함
      (2) 열왕기상 19:5~7 엘리야
      (3) 열왕기하 6:13~17 엘리사
      (4) 열왕기하 20:1~10 히스기야

(5) 사도행전 1:10~11

(6) 사도행전 5:19~20, 10:1~4, 12:1~10

(7) 요한계시록 1:1~20

5. 치유 – 불치병, 암
  1) 구원의 확신
  2) 성령 역사
  3) 사탄 역사
  4) 치유 – 정시기도, 성령 충만 무시기도육신문제
  5) 음식, 약도 하나님의 축복
  6) 영적문제 해결과 영적 능력이 중요하다.

열 번째 만남

마태복음 8:14~17 | 예수께서 베드로의 집에 들어가사 그의 장모가 열병으로 앓아누운 것을 보시고 그의 손을 만지시니 열병이 떠나가고 여인이 일어나서 예수께 수종들더라 저물매 사람들이 귀신 들린 자를 많이 데리고 예수께 오거늘 예수께서 말씀으로 귀신 들을 쫓아내시고 병든 자들을 다 고치시니 이는 선지자 이사야를 통하여 하신 말씀에 우리의 연약한 것을 친히 담당하시고 병을 짊어지셨도다 함을 이루려 하심이더라

왜 기도하면 질병이 떠나가는가?

예수님께서는 병자를 고치시면서 복음을 전파하셨고, 사도와 초대교회 성도들도 치유 와 복음전파를 병행하셨다. 마가복음 16장 15절에서 20절에 예수님께서는 확실한 약속 을 주셨다.

1. 성경 말씀에는 일만 가지 치유에 대한 약속이 있다.
  1) "예수께 그의 옷 가에라도 손을 대게 하시기를 간구하니 손을 대는 자는 다 성함을 얻으니라" 마가복음 6:56
  2) "우리의 연약한 것을 담당하시고 병을 짊어지셨도다" 마태복음 8:17

3) "그가 채찍에 맞으므로 우리는 나음을 받았도다" 이사야 53:5

2. 먼저, 병이 생긴 원인을 진단해야 한다.
   1) 과로, 실수, 전염병, 노화로 인한 병도 있다.
   2) 그러나 성경이 밝히는 세 종류의 원인은 참으로 중요하다. 이것은 인간의 방법으로 고칠 수 없는 병이며, 반드시 영적으로 치료되어야 하는 병이다.
      (1) 죄로 인한 병
         ① 조상죄
            - 우상숭배는 삼사 대까지 이르는 병이다. 출애굽기 20:4, 사무엘하 12:15
            - 이름도 밝혀지지 않으며, 의술로는 불치병으로 분류된다.
         ② 원죄
            - 그 영이 저주받은 상태에 있으므로 치료할 수 없다.
         ③ 자범죄로 인한 병이다. 열왕기하 5:27, 역대하 21:12~19, 고린도전서 5:5
      (2) 마귀귀신가 가져다주는 병
         ① 정신 마가복음 5:2~15
         ② 마음 에베소서 4:23~27
         ③ 환경 마태복음 12:25~28
      (3) 하나님 뜻이 있는 병 고린도후서 12:7, 다니엘 8:27

3. 잘못된 치유법은 더 잘못된 결과를 가져온다.
   1) 의술, 약에만 의존하는 것이다.
   2) 육신의 결과만 보는 것이다.
   3) 종교적 방법, 미신, 잡신에 의존하는 것이다.

4. 올바른 치유 순서를 알아야 한다.
   1) 먼저 영적 치료가 있어야 한다. 요한삼서 1:2
      (1) 예수 그리스도를 마음속에 영접해야 한다. 요한복음 1:12
      (2) 성령 충만함을 받아야 한다. 에베소서 5:18
   2) 죄를 끊어야 한다. 야고보서 5:13~16

3) 환경을 바르게 해야 한다. 마태복음 12:25~29
4) 물리적 치료는 이때부터 행해야 한다. 야고보서 5:13~14

5. 치료받은 이후도 중요하다.
　1) 예수 그리스도를 믿는 믿음을 지속해야 한다.
　2) 감사하는 마음과 생활을 반드시 회복해야 한다.
　3) 증거하는 삶이 필요하다.

6. 치유 – AIDS에이즈
　1) AIDS 시대 도래
　2) 성적 혼란, 무감각 시대
　3) 어떻게 치료할 것인가?
　　(1) 과연 불치병인가?
　　(2) 기도 능력으로 해결해야 한다.
　　(3) 하나님께서는 치유할 수 있는 음식을 예비하셨다.
　4) 성령의 능력으로 해결해야 한다.

당신은 진정 평안하고 행복하십니까?

우리는 살다보면 해결되지 않는 문제 가운데 놓이게 되는 때가 많습니다. 가족문제, 직업문제, 자녀문제, 불안한 미래, 영적문제와 육신문제가 늘 우리 앞에 놓여 있습니다. 그래서 마약이나 술에 빠지기도 하고 방탕한 생활을 하기도 합니다. 답이 없어 종교나 미신, 무속, 돈, 권력에 의 지해서 살아가기도 합니다. 왜 이런 문제가 오게 되는 걸까요? 그 해결책은 과연 무엇일까요?

● 원래 인간
만물 가운데 유일하게 인간만 하나님의 형상으로 창조되었습니다. 물고기가 물 속에, 새는 공중에서, 나무는 땅 속에 뿌리를 내리고 살아야 하듯이 하나님의 형상대로 창조된 인간은 하나님과 함께 살아야 합니다(창세기 1:27-28).

● 인간의 범죄
그러나 인간은 사탄에게 속아 불신앙하여 범죄하게 되었고, 결국 하나님을 떠나게 되었습니다. 사탄은 결국은 인간을 멸망시킵니다(창세기 3:1-6).
① 마귀의 자녀 | 하나님을 떠난 인간은 영적으로 죽은 상태이며 마귀의 지배를 받게 되었습니다(요한복음 8:44).
② 우상숭배 | 그 결과 미신, 우상에 빠져 점, 굿, 선행을 해보지만 행복은 없고 날, 방향, 묏자리를 마음대로 할 수 없는 운명과 사주, 팔자에 묶여 살게 됩니다(에베소서 2:2).
③ 정신적인 고통 | 불안, 불평, 허무, 정신병, 노이로제, 불면증, 우울증 등 이상한 저주에 사로잡혀 배경 좋고 지식도 많고 돈도 많은데 자꾸만 망해가게 됩니다(에베소서 2:3, 마태복음 11:28).
④ 육신의 고통 | 불치병, 우환, 질고, 악몽에 시달리고 가위에 눌리며 병명도 없는데 온 몸이 눌리는 고통을 받게 됩니다(사도행전 8:4~8).
⑤ 죽음과 지옥의 심판 | 하나님을 부인하고 현실에만 집착하다 결국은 죽어 지옥의 영원한 심판을 받게 됩니다(누가복음 16:19-31, 히브리서 9:27).
⑥ 영적인 유산 | 결국은 모든 문제가 또다시 자녀에게 대물림 됩니다(출애굽기 20:4~5).

● 유일한 해결책, 예수 그리스도
예수 그리스도(로마서 5:8)
참 선지자 (요한복음 14:6)
참 제사장 (로마서 8:2)
참 왕 (요한일서 3:8)

누구든지 예수 그리스도를 진정으로 믿고 영접하면 구원을 얻을 수 있습니다(로마서 10:13, 로마서 10:9~10, 요한계시록 3:20, 요한복음 1:12).

다음의 기도를 진정으로 따라하시면 됩니다!

하나님 아버지! 나는 죄인입니다. 나는 지금까지 내가 원하는대로 하며 살아왔습니다. 그러나 지금 예수님이 나를 위해 십자가에 죽으시고 부활하신 그리스도라는 사실을 믿습니다. 내 마음의 문을 열고 예수님을 나의 구주로 영접합니다. 내 마음 속에 오셔서 영원히 나를 인도해 주세요. 살아 계신 예수 그리스도 이름으로 기도합니다. 아멘

● 구원받은 당신은 큰 축복을 받았습니다
① 이제 당신은 명백한 하나님 자녀입니다 (요한복음 1:12).
② 성령께서 항상 함께하시며 인도하십니다 (고린도전서 3:16).
③ 하나님이 당신의 기도에 응답하십니다 (요한복음 14:13~14, 16:24).
④ 예수님의 권능으로 흑암 세력을 꺾습니다 (마가복음 3:13~15, 누가복음 10:19, 마태복음 12:28~29).
⑤ 하나님 자녀인 우리가 기도할 때, 어려움 당할 때 하나님이 천군, 천사를 동원하여 지켜주십니다(히브리서 1:14, 요한계시록 8:3~5, 시편 103:20~22).
⑥ 천국시민권을 소유한 하나님 백성으로 이 땅에서도 그 축복을 누릴 수 있습니다(빌립보서 3:20).
⑦ 복음으로 세계를 정복하고 다스릴 수 있는 권세를 회복하게 되었습니다(마태복음 28:16~20).

부 록 3
3. 박철수 목사 프로필 및 저서 소개

1. 주요 학력 및 경력

- 합동신학교 졸업
- 새생명교회 원로목사
- 라이프영성원 원장

2. 저서 소개

영성으로의 가는 길

"영성으로의 가는길"은 영성훈련에 대한 입문서로서, 조직신학에 근간을 두고 만들었다. 필자의 신학적 입장은 66권 성경이 교훈하는 바 '구속사적 영성'을 추구하자는 것입니다. 부연하자면, 우리가 예수 그리스도의 피로 죄사함을 받고 하나님의 기업과 자녀가 되었으면 부르심의 소망을 따라 내주하시는 성령의 역사로 거룩하고 흠이 없는 하나님의 자녀가 되어 모두 신령한 집으로 지어져 가며 그리스도의 형상을 온전히 이루는 것이 평생에 힘쓸 성도의 본분이라는 것입니다.

1장은 '총론'으로 조직신학을 근간으로 하여 서론~천국론까지 7단락으로 다루며, 2장부터는 세부적인 내용을 다루고 있다. 2장에서는 '영성과 인간'으로 신학적 이간이해와 영성적 인간 이해를 다룬다. 3, 4, 5장은 영성과 성령을 다루며 성령의 열매를 맺게 하는 내적인 사역과 은사를 다루는 외적 사역을 다룬다. 6장은 '그리스도인의 영성적 신분'으로 하나님의 자녀, 하나님 나라의 왕, 하나님의 성전, 제사장, 그리스도의 신부, 섬기는 자, 복음전하는 자의 신분을 다루고 있다. 8장은 영성과 하나님 나라, 9, 10장은 영성교육, 훈련, 상담, 영성과 목회를 다루고 있다.

영성형성을 돕는 길

이 책은 성령의 구원사역, 성령의 은사사역, 영성적 물질관계, 영성적 대인관계를 근간으로 하며, 각 단락마다 기본단계, 윤리단계, 진리단계, 생명단계의 삶이 어떠한 것인지를 특징과 실천사항을 중심으로 자세히 다루고 있다.

성경 66권 구교재

구교재는 창세기부터 요한계시록까지 발간되었으며, 각권마다 서론적 이해(저자, 수신자, 시대사항, 내용분해 등), 구속사적 이해(삼위일체 하나님의 구원계획, 성취, 적용), 신학적 이해(조직신학), 영적 이해, 본문이해를 중심으로 다루고 있다.

성경 66권 신교재(시가서 제외)

신교재는 창세기부터 요한계시록까지 발간되었으며, 성경 각장에서 핵심주제를 선정하여 그 주제가 구약과 신약에 계시발전사적으로 어떻게 연결되는지를 살펴 보았다. 신구약 성경 전체를 관통하여 보는 교재이다.

2. 영성과 삶의 조화에 대하여

1. 21세기는 영성의 시대

하나님이 지으신 모든 인간은 생래적으로 영적인 갈급함을 가지고 있습니다. 철학자 파스칼의 말처럼 모든 인간의 내면에는 예수 그리스도로만 채워질 수 있는 빈 공간이 있어서, 그 공간을 채우지 않으면 존재의 갈급함을 충족시킬 수 없는 것입니다. 그 같은 인간 본연의 내적인 기갈에서 인간은 영원을 사모하고, 영원에 도달하기 위한 다양한 시도를 해왔습니다.

종교, 철학, 예술, 윤리 등 인류가 지금까지 이루어낸 모든 찬란한 정신문화는 이 같은 인간의 영적 욕구로부터 출발된 것입니다. 이러한 욕구야말로 인간이 다른 피조물과 질적으로 다르다는 것을 보여주는 가장 중요한 증거입니다. 그러나 인간은 자신의 노력만으로 진정한 영적 해답에 이를 수는 없습니다.

인간의 영적 욕구는 성적 탐닉이나 마약, 음주, 도박 같은 부정적이고 오도된 모습으로 표출되기도 합니다. 그러나 그 같은 부도덕한 탐닉과 죄악의 배후에 영원하신 분을 향한 갈망이 깔려있음을 우리는 간과할 수 없습니다.

20세기 최고의 소설가로서 세계적인 명성과 부를 누리고 수많은 여인들과 알콜에 빠져 살았던 미국의 문호 어니스트 헤밍웨이는 말년에 "나는 마치 필라멘트가 끊어진 전구처럼 공허하다"라며 삶의 무의미와 공허함을 실토하고 엽총으로 자살했습니다. 이를 볼 때 인간만의 노력으로는 진정한 영적 충족에 도달할 수 없으며, 오히려 그릇 된 방향으로 나아갈 수밖에 없음을 알 수 있습니다.

영성이란 이 같은 인간 존재의 근본적인 욕구를 해결하기 위한 방향성과 노력 일체를 통칭하는 용어입니다. 그런데 영적 피조물인 인간이 현재의 타락한 자리를 벗어나 본래 피조 되었던 당시의 영광스러운 지위로 돌아가려는 열망을 품는 것은 당연한 일이지만, 이를 위한 인간 위주의 노력은 결과적으로 죽고 썩고 멸망할 수 밖에 없습니다.

오직 하나님이 사람의 몸을 입고 이 세상에 내려와 우리 죄를 위해 십자가 위에서 대신 죽으시고 부활하신 그 사건을 믿음으로 받아들일 때 진정한 영적 해답에 이를 수 있는 것입니다. 이처럼 예수 그리스도의 죽음과 부활사건에 입각하여 내주하시는 성령의 지도와 인도를 좇아 삼위일체 하나님의 은혜 안에서 자기 영혼의 참 된 본향을 찾아가는 영적 성향과 노력 일체를 기독교 영성이라고 정의 할 수 있습니다. 그리고 신구약성경에 입각하여 이를 위한 올바른 길을 제시하고 이끄는 것이 영성훈련이고 그 같은 삶이 곧 영적 실제의 삶인 것입니다.

16세기 종교개혁으로 출현한 교리중심의 개신교는 바른 진리를 수호하고 조직하는 일에는 유능했지만, 그리스도인의 근본적인 영적 욕구의 충족이라는 영성적 측면에 있어서는 미흡한 바가 없지 않았습니다. 그래서 이를 충족시키기 위해 18세기 영미의 대각성운동, 19세기의 성결운동, 20세기의 오순절운동 등이 연이어 출현했습니다.

이 같은 운동들은 그 방법에 있어서는 차이가 있지만, 하나같이 인간이 거룩하신 초월자 하나님께로 나아가서 그 분과 동행하고 일치하는 신령적인 삶에 도달하는 것을 목표로 삼고 있습니다. 그리고 그 방법은 오직 하나님의 은혜와 성령의 능력과 인도를 힘입어야 한다는 점에서 일치했습니다. 1960년대 이래로 세계적으로 활발하게 일어나고 있는 영성운동 역시 이같은 역사적 흐름의 연장선상에서 이해되어야 할 것입니다.

본래 영성(Spirituality : Spiritualitas)이라는 말은 5세기경 로마 가톨릭교회에서 처음 사용된 용어였습니다. 그리스도인이 자신의 모든 욕망을 부인하고 자기를 쳐서 복종시켜 예수 그리스도를 닮고 하나님과 동행하려는 일체의 영적 노력을 가리키는 말이었습니다. 이 용어가 종교개혁 이후 개신교 진영에서는 거의 사용되지 않다가 20세기 후반부터 그 역사적 의미가 재조명되고, 하나님께 돌아가기 위한 그리스도인의 성향과 노력을 가리키는 용어로서 다시금 사용되게 된 것은 2천년 교회사에서 볼 때 극히 의미있는 일입니다.

이를 통해 개신교는 과거 교회의 풍부한 영적 유산을 편견 없이 수용하고 실천적으로 적용할 수 있게 되었으며, 이를 통해 실천신학 분야에 새로운 지평이 열리게 되었습니다. 오늘날 세계는 고도로 발달한 물질문명의 결과 영적인 빈곤이 극대화 되어가고 있습니다. 그래서 영성에 대한 다양한 관심이 일어나고 있습니다. 비단 기독교에만 국한되지 않고 다양한 종교, 이념 심지어 정치, 경제, 문화 분야에서 영성을 운위하고 나름대로 적용하려고 노력하고 있습니다. 당연히 그리스도인들도 영성에 대하 많은 관심을 갖고 있습니다. 그들은 교회를 통해 신앙지식을 얻고 다양한 교육을 받음으로써 내적으로 뭔가 채워보려 하지만, 하나님과의 관계에 있어서 근본적인 공허함은 사라지지 않습니다.

그러다가 영성훈련을 받으면서 자신의 영혼이 변화, 성장하고 성숙하여 하나님과 전인적으로 동행하게 될 때, 비로소 자신의 갈급한 심령을 충족시키게 됩니다. 이러한 현대인의 영적 갈망은 21세기에는 더욱 커질 것이며, 따라서 영성훈련의 가치는 더욱 증대될 것입니다. 이런 점에서 21세기는 영성의 시대라고 부를 수 있을 것입니다.

그런데 영성은 본질상 이론이나 지식이 아니라 삶 그 자체입니다. 다시 말해, 잠시 그 원리를 배우거나 깨닫는데 그치지 않고 삶으로 구체화되지 않으면 영성의 의미는 찾아볼 수 없습니다. 이런 점에서 우리는 기독교 영성은 일상생활 속의 영성, 곧 생활영성이라는 사실은 인식하고 날마다 삶 가운데 영성을 실천할 수 있어야 할 것입니다. 생활영성이란 문자 그대로 성령의 지도와 인도 가운데 삼위일체 하나님의 뜻을 끊임없이 인식하면서 매순간 그 분과 동행하는 삶을 사는 것입니다.

2. 그리스도인의 지성

일반적으로 인간은 어떤 사물을 인식하면 그에 대한 일정한 개념에 도달하게 되는데, 이를 지식이라고 부릅니다. 이 지식의 최종적인 단계로서 일종의 통찰력인 지혜를 터득하게 됩니다. 이 같이 지식을 얻고 지혜에 도달하는 인간의 인식기능을 통칭하여 지성(intellect)이라고 부릅니다. 이는 인간의 혼의 3대 기능인 지(知), 정(情), 의(意) 가운데 지(知)에 해당 하는 것으로서 한마디로 합리적인 사고능력입니다(잠2:10, 19:2).

인간은 지성을 통해 인식한 내용을 토대로 하여 행동하게 됩니다. 그러므로 지성을 실천에로 나아가기 위한 논리적 토대라고 할 수 있습니다. 이 지성은 교육과 훈련을 통해 개발될 수 있습니다. 오늘날 세상은 지식축적에만 치우친 주지주의적(主知主義的)인 교육에 힘을 쏟고 있습니다. 그러다 보니 직접적인 실천과 무관한 순수이론적 학문을 강조하게 되었고, 지성은 실천의지와 무관하게 되었습니다.

결과적으로 지적인 진보가 도덕적 삶의 진보로 연결되지 않게 되었습니다. 학문적으로 가장 진보된 현대가 도덕적으로는 가장 어두운 암흑시대라는 아이러니는 이로부터 비롯된 것입니다. 그러나 본래 지성을 행동으로 표출되어야 합니다. 철학자 플라톤도 많이 교육받은 사람은 고상하게 행동한다고 말한 바 있습니다. 지성의 이 같은 측면은 오늘날 상당히 약화 내지 간과되고 있는 바, 이를 다시금 회복해야 할 것입니다.

그런데 성경이 가르치는 것은 이러한 일반 윤리적 차원의 삶이 아니라 영원한 생명적 삶입니다. "영생은 곧 유일하신 참 하나님과 그의 보내신 자 예수 그리스도를 아는 것이니이다(요17:3)". 이 말씀처럼 하나님을 아는 지식을 단순히 윤리적인 차원에 국한되지 않고 영원한 생명을 가져다 줍니다.

이 지식은 타락하여 사망의 종노릇하는 인간의 영, 혼, 몸 전체를 전인적으로 구원하는 능력이 있습니다. 그러므로 기독교 영성의 관점에서 보는 지성은 생명과 직결되는 것입니다. 인간은 마땅히 자기 지성을 동원하여 하나님을 올바로 알기에 힘써야 할 것입니다. 나아가 성경은 우리가 하나님을 사랑하는 일에 자기 지성을 사용해야 한다고 교훈합니다.

"예수께서 가라사대 네 마음을 다하고 목숨을 다하고 뜻을 다하여 주 너의 하나님을 사랑하라 하셨으니(마22:37)". 여기서 뜻(mind)은 혼의 지적인 기능을 의미하며, 따라서 뜻을 다하라는 말은 지성을 사용하여 최선을 다해 하나님을 사랑해야 한다는 의미입니다.

그러므로 그리스도인의 지성은 하나님에 대한 적극적인 사랑으로 표현되어야 합니다. 요컨대 그리스도인은 지성을 영성적 실천을 위해 적극적으로 활용해야 할 것입니다. 이러한 점에서 영성과 지성은 긴밀한 관계가 있습니다.

3. 자연에서 배우는 영성

시골에서 농작물을 지배하는 분들 가운데 일부는 시장에서 판매하는 농작물의 경우 농약이나 화학비료를 써서 재배하지만 정작 자신이 먹는 농작물은 별도로 유기농작으로 정갈하게 구별해서 재배한다는 이야기를 들은 적이 있습니다. 즉, 남이 먹을 작물은 농약과 중금속을 아무리 사용해도 마다하지 않지만 정작 자기가 먹을 작물은 건강을 위해 깨끗하게 재배한다는 말입니다.

이것은 대단히 중요한 문제입니다. 생활영성에는 창조영성에 대한 분명한 이해가 포함되어 있습니다. 우리가 농약을 사용하면 토양이 황폐해지고 생태계가 제대로 순환하지 않게 되며, 결국에는 인간이 살아가는 환경 자체가 파괴되는 것입니다. 생활영성이란 나 혼자 영성적으로 잘 살면 된다는 소승적인 차원에 머무는 게 아니라 이웃과 사회와 자연 전체를 영성적 삶의 영역으로 받아들여 영적 조화를 추구하는 것입니다. 이 같은 통전성은 생활영성의 중요한 특징의 하나입니다.

모름지기 우리 영성인들은 하나님께서 허락하신 창조세계에 대해 올바른 성경적 인식을 정립하고, 농작물을 재배할 때도 먹는 자와 주는 자가 함께 하나님께 영광 돌려야 한다고 생각합니다. 모든 창조된 자연만물은 나름대로 창조주의 손길과 영광을 드러내고 있다는 사실을 분명하게 인식할 때 오직 자기의 이익을 위해 자연을 착취하고 생태계를 파괴하는 따위의 일은 하지 못하게 될 것입니다.

일전에 시골에 내려갔을 때 길가에 핀 할미꽃을 보았습니다. 유심히 보니까 그 꽃의 빛깔이며 모양이 너무 예쁘고 섬세했습니다. 그 순간 하나님이 이 꽃을 이 자리에 심어서 바로 이 시간에 내가 보고 감상하도록 준비하셨다는 생각이 떠오르면서 하나님의 세밀하신 섭리를 깨닫고 찬양했습니다.

우리가 살아가는 삶의 현장은 복잡다단하고 고난과 어려움이 많기 때문에 하나님은 이 땅에서 우리가 영적으로 풍성하게 누리면서 살 수 있도록 모든 것을 세심하게 배려하고 예비해 놓으셨습니다. 이 같은 사실을 우리는 날마다 자연계를 보면서 깨닫게 됩니다. 이 같은 깨달음은 자연 속에서 하나님의 신성을 발견하고 그 신성을 담지하고 있는 자연과 조화로운 일치의 삶을 살도록 해줍니다. 자연을 무조건 자기 이익을 위해 착취하고 더럽히는게 아니라 창조주 하나님을 경외함으로 자연과 공생할 수 있게 되는 것입니다.

집에서 관상용 토끼를 키우는 어느 분이 다음과 같은 이야기를 했습니다. 토끼를 집안에서 키우면 배설물도 많이 생기고, 집안을 적잖이 어지럽힌다는 것입니다. 그럴 때 토끼에게 화가 나서 한 번 소리를 지르려 하다가 문득 토끼의 눈을 보면 그 속에서도 하나님의 사랑이 있음을 발견하면서 함부로 소리지를 수 없더라고 했습니다.

이러한 자세가 곧 창조영성입니다. 세월이 가고 계절이 바뀌면 꽃이 피고 지고 자연의 외양은 끊임없이 변화하지만, 그 모든 일은 하나님의 섭리 안에 진행됨을 우리는 날마다 깨닫고 더욱 풍성한 영성적인 삶에 이를 수 있을 것입니다.

4. 고난의 훈련

우리가 영성의 삶을 살 때 가장 크게 다가오는 문제는 고난의 문제입니다. 날마다 하나님께 없는 중에도 더 많이 드리고 불신자보다 더욱 힘써 성실하게 일하지만 물질적인 어려움은 더해 가고 문제해결의 기미는 보이지 않으며, 또한 가정과 사업에 이해할 수 없는 고난이 닥치는 경우가 비일비재합니다.

교회 가서는 새벽같이 부르짖고 은혜를 받지만 교회 밖을 나오면 생활 속에서 영성적인 삶을 살려 해도 각박한 현실과의 괴리가 심각함을 느끼고 좌절하게 되는 경우도 있습니다. 생활영성은 단순히 평안하고 순탄한 생활 속에서 수월하게 이루어지는 것이 결코 아닙니다. 어려운 환경 속에서도 기뻐하고, 감사할 수 없는 상황 속에서도 감사하며, 그 가운데서 하나님의 뜻을 찾고 순종하며 영적인 신분에 맞추어 자신을 쳐서 복종하면서 날마다 나아가는 것입니다.

어떤 형제가 이 같은 고민을 토로했습니다.

"왜 영적으로 살고 하나님 앞에서 바르게 살려고 그토록 애쓰는데 어려운 문제가 꼬리를 물고 일어나는가?"

바로 그 때 하나님은 다음과 같이 조명해주셨다고 합니다. "한 집에 품군과 자녀가 있다. 품군은 그때 그때 필요한 일을 시키고 품삯을 지불하기 때문에 잠시 후엔 일의 결과를 누리게 되지만, 자녀는 날마다 삯없이 일을 해야 하고 조만만 잘못하면 호되게 징계당하고 책망 듣는다. 그러나 여기서 품군과 자녀의 차이는 단순히 품삯의 유무정도에 그치지 않는다. 자녀는 그 집을 상속받는 미래의 주인이기 때문에 잠시 동안 고용된 품군과는 전혀 비할 수도 없다"

영적인 차원도 마찬가지입니다. 하나님의 자녀는 이 세상에서 날마다 성령의 지도와 인도를 받아야 하고, 조금이라도 불순종하면 세상 사람들이 이해할 수 없는 징계와 고난을 당하며, 크고 작은 도전과 어려움이 닥쳐와서 잠시라도 기도를 쉴 수 없습니다. 그런데 이 모든 일은 우리를 친아들로서 날마다 가르치고 훈련하여 영원한 구원과 복락으로 인도하기 위한 천부의 사랑의 섭리인 것입니다.

우리는 우리에게 주어진 영적인 신분에 걸맞는 구별된 성도로 세워지기 위해 하나님의 자녀로서 죽는 그 날까지 영적으로 깨어 있도록 훈련이 끊이지 않는다는 사실을 알아야 합니다. 그리고 이 모든 것은 우리에게 가장 귀한 것을 주려는 하나님의 영원하신 사랑에서 비롯된 것입니다. 이 사실을 알고 날마다 자기를 부인하고 성령의 지도와 인도를 좇아 말씀 안에서 살아갈 때, 우리는 영적으로 성장하고 마침내 진정한 승리자가 될 것입니다.

특히 물질문제는 생활영성에서 빼놓을 수 없는 중요한 문제입니다. 우리는 물질을 단순한 재화로 이해하지 말고 지상에서 하나님의 뜻을 이루어가는 영성적 도구로 이해해야 합니다. 하나님은 세상에서 물질을 통해 당신의 나라가 확장되길 원하십니다. 그러므로 가령 부모님께 용돈을 드릴 때도 이를 통해 하나님의 생명이 심어질 기회라고 인식해야 합니다.

우리에게 얼마나 큰 재물이 주어질지 모르지만, 우리는 그 돈의 주인이라고 생각하지 말고 잠시 맡겨진 돈이라 생각하고 나는 주님의 청지기라는 자세로 그 물질을 관리하고 사용해야합니다. 그럴 때 우리는 재물의 종이 되지 않을 것이며, 성령의 지도와 인도를 따라 사용된 재물은 하늘의 신령한 재물로서 쌓이게 될 것입니다.

그러나 '내가 내 돈 가지고 좋은 일에 쓴다'는 식으로 내 판단과 의지가 주체가 되면 같은 물질을 사용하면서도 진리와 생명이 되지 못합니다. "너는 범사에 그를 인정하라 그리하면 네 길을 지도하시리라(잠 3:6)"는 말씀처럼 우리가 범사에 하나님을 인정하고 그 분의 뜻을 온전히 좇는 삶을 살 때, 하나님과 동행하는 삶이 이루어질 것이며 참 된 생활영성에 도달할 수 있을 것입니다.

우리 인생의 목적은 이같이 마지막 날에 하나님 앞에서 흠 없고 점 없는 완전한 자로서 나타나는 것임을 알고 날마다 고난의 훈련을 통해 우리를 성장시키고 정결케 만드시는 하나님의 손길을 감사해야 할 것입니다.

이 세상에서 부름 받고 선택받은 우리 성도들은 홀로 자기를 구별하여 사회를 멀리 하고 떠나는 것이 아니라, 오히려 이 세상으로 들어가 빛과 소금이 되고 사회 각 부문을 복음화하는 데 힘써야 할 것입니다.

5. 하나님 사랑의 끈

우리는 성경을 이해할 때 구속사적인 관점에서 이해해야 합니다. 요즘은 그와 동시에 신학적 배경에 대한 충분한 이해 위에서 구속사적 영성을 이해해야 합니다. 그리고 일개 학문으로 이해할 것이 아니라 하나님이 우리를 구원하시는 구원의 모든 역사라는 시각에서 접근해야 합니다.

우리는 구속사를 실제적 과정의 관점에서 보아야 하고 성령론도 구속사적인 관점에서 보아야 합니다. 인간론도 인간에 대한 구원의 적용이라는 개념에서 이해되어야 합니다. 보편적으로 볼 때, 우리의 현재 생활은 갑자기 돌출된 것이 아닙니다. 지구라는 자연환경과 인간 역사 속에 흐르는 윤리적 흐름, 여러 가지 문화, 과학적인 발견과 축적 위에서 우리의 현존이 있는 것입니다.

우리들이 100년 전에 살았더라면 지금과 같은 사고방식을 가질 수 없었을 것이며, 물질문명의 혜택을 입을 수도 없었을 것입니다. 요즘 세대를 유심히 관찰하면 우리 세대와는 문화적으로 아주 다르며, 의식구조도 훨씬 국제화되어 있는 것을 볼 수 있습니다.

하나님은 구속사를 기획하실 때 지극히 세밀한 창조의 부분까지 일일이 간섭하셨습니다. 지구의 재료, 구성, 회전속도, 태양으로부터의 거리, 바닷물의 염도, 태양의 크기 등등 이런 모든 것을 일일이 주관하셨습니다. 이 모든 것을 인간의 시각으로는 제대로 이해할 수 없습니다. 좁은 지구에만 갇혀 사는 사람의 관점으로 보면 지구가 움직이지 않는 줄 알지만, 달나라에 가기만 해도 지구는 회전하는 초록색 구체임을 알 수 있는 것입니다. 우리의 눈으로는 하나님의 그 모든 창조의 역사를 이해할 도리가 없습니다.

우리는 단지 눈으로 보고 만지고 느끼는 것만을 인식의 영역으로 생각합니다. 우리 인간이 하나님의 창조물이라는 자기 위안 속에서 스스로를 너무 과대포장해서 높이는 것이 문제입니다. 하나님은 그 위대하신 섭리 가운데 창조와 재창조의 과정을 거쳐서 죽고 썩을 것에 종노릇하는, 동물과 대동소이한 인간들을 변화, 중생, 성장, 성화 시켜서 당신의 형상으로 만들고 계십니다.

저는 한 때 철저히 망한 후에 은혜를 받았습니다. 은혜를 경험한 후엔 망하게 하신 것이 감사해서 울었습니다. 실패라는 요소가 없었더라면 은혜를 사모하지도 않고, 받지도 않았을 것입니다. 우리가 신앙의 조금 깊은 단계에 들어가 영적으로 본다면 세상적으로 부귀 권세를 누리는 소위 성공한 사람들이야말로 참으로 불쌍한 자들임을 알게 됩니다. 그런데 육신적 가치관을 볼 때는 그들이 부러워 보입니다. 그래서 그들은 우리를 불쌍하게 여깁니다. 제가 전에 집사였을 때 우연히 세운상가를 갔더니 한 때 상술을 가르쳤던 사람이 저를 보고 다른 사람에게 "저 사람이 예수 믿고 대표적으로 망한 사람"이라고 비아냥거린 적이 있습니다.

이 같이 우리는 우선 기본적인 구속사적 이해를 할 수 있어야 합니다. 우리는 구속사적인 인간론을 먼저 이해하고 그 다음에 구속사적인 성령의 사역을 이해해야 합니다.

구속사적인 영성은 하나님이 계획하신 완전한 인간, 곧 죽지 않고 썩지 않는 인간으로 재창조하시는 과정입니다. 가령 우유를 그냥 버려두면 썩지만, 이를 가공하여 치즈, 버터로 만들면 쉽게 썩지 않는 제2, 제3의 물질로 변화됩니다. 마찬가지로, 하나님께서 우리 인간에게 주신 고뇌와 갈등을 진리에 의지하여 싸워서 자기를 이기고, 환경을 이기고, 죄를 이기고, 마귀를 이겨 말씀대로 살려고 힘쓸 때 그것들은 생명으로 변화될 것입니다.

또한 우리는 하나님 나라의 현재성에 관해서 두 가지를 생각해야 하는데 하나는 학문적, 성경적인 측면이고, 다른 하나는 실제적인 측면입니다. 하나님 나라의 현재성에 관한 실제적 측면은 하나님의 백성은 뭐라 하든간에 이 세상 천국에 들어가 살지 않으면 안된다는 것입니다. 이 세상 천국을 알지 못하고 신앙생활하는 것은 문제가 됩니다. 이를 단순히 이해하기만 해서는 의미가 없습니다. 이해한 그 곳에서 우리가 들어갈 수 있어야 합니다. 가령 다섯 살 짜리 여자아이는 시집이 뭔지, 친정이 뭔지 결코 알 수가 없습니다. 왜냐하면 아직 어려서 경험이 없기 때문입니다.

그러나 나이를 먹고 육신이 성장하여 결혼하게 되면 자연히 시집이 자기집이 되는 것을 이해합니다. 이처럼 현세천국의 삶이 우리의 삶이 되어야 합니다. 아니면 우리에게 아무런 의미가 없습니다. 결혼하고도 시집에 있지 않은 여자에게 결혼이란 아무 의미가 없듯이, 그리스도인들이 이 세상 천국과 그 안의 삶을 모르고 삼위일체 하나님과 구원을 이루어가는 삶을 모른다면 아무 의미도 없는 것입니다.

'영적으로 어느 단계에 올라가면 저절로 뭐가 되겠지'라고 생각하는 경향이 있는데, 그것은 천만의 말씀입니다. 다만 하나님께서 죽고 썩을 우리들을 죽지 않고 썩지 않는 인간으로 살게 하기 위해 진리 안에서 하나님이 원하시는 삶을 살도록 요청하고 계심을 깨달아야 합니다. 인간은 생각이 바뀌어야 감정이 바뀌고 나아가서 행동도 바뀌게 됩니다.

하나님은 우리가 땅에 속하여 돼지처럼 먹고 마시고 쾌락의 종노릇 하는 삶에서 벗어나기를 원하고 계십니다. 그리고 예수 그리스도 안에서 성령으로 말미암아 이루신 구원의 구체적으로 적용하기 위한 수단으로서 환상이나 갖가지 신령한 체험을 허락하시는데 그것이 곧 조시(照示)입니다.

그러면 단지 인간의 의식을 고쳐서 윤리적으로 새로운 초윤리적 인간을 만드는 것이 하나님의 뜻일까요? 그렇지 않습니다. 영성의 형성은 비유컨대 바다 속을 헤엄치는 명태를 잡아서 겨울에 동해 바닷가에 매달아놓고 말렸다, 물에 담갔다 하면서 얼렸다, 녹였다를 반복해 꼬들꼬들 잘 마른 북어를 만드는 것과 같습니다. 그 결과 금 새 썩을 수밖에 없는 물반, 살반의 명태가 잘 썩지 않고 맛과 영양이 다른 새로운 형질의 북어로 바뀌는 것입니다.

하나님은 겨우 동물적 본능으로 육신의 쾌락, 명예, 돈만을 추구하던 우리를 성령안에서 변화시키십니다. 환경, 사건을 조성하시고 초의식을 도구로 해서 인식할 수 있는 영적 세계의 여러 가지 사건을 통해 변화, 훈련, 성장, 성숙시킨 가운데 영성을 형성시켜 하나님이 원하시는 존재가 되도록 만드십니다.

겨울에 명태를 추운 곳에 매달아 놓고 얼렸다, 녹였다 하는 목적은 명태가 '북어가 되게 하기 위함'입니다. 마찬가지로 죽고 썩을 인간들을 하나님과 같은 존재로 재창조하는 게 영성의 목적인 것입니다. 자연 상태의 광석을 제련하고 원유를 정제, 합성하여 플라스틱을 만든 후 마침내 핸드폰을 제작하여 무선전화 용도에 사용하듯이 자연상태에 있는 우리 인간을 잘 개발하여 새로운 존재로 변화시키는 것입니다. 존재양식, 즉 존재현상 자체가 변화하는 것입니다.

그렇다면 구속사적 영성이란 무엇입니까? 우리가 원하는 어떤 은사와 권능을 받아서 우리가 원하는 욕망을 이루려는 것이 아닙니다. 하나님이 베푸신 객관적 구속사와 주관적 구속사 안에서 죽고 썩을 것에 종 노릇하는 욕망을 따라 사는 인생 전체가 생명의 사람으로 변화되게 하려는 것입니다. 이를 모르니까 병 고치고 예언이나 해주고 교인들이나 모으고 남보다 더 능력 있게 보이는 게 뭔가 되는 것인 줄로 착각하고 있는 것입니다.

설계감리사는 설계도와 공정과정을 보면 공정이 몇 퍼센트인지 알 수 있습니다. 공장도 준공되기 전에는 완제품이 아니라 건축 폐자재만 나오듯이, 우리 인간도 마찬가지입니다. 하나님이 우리에게 은사 체험, 능력 등을 맛보이는 것이나 환란, 고통을 겪게 하시는 것은 건축해 가는 과정과 같은 것입니다. 이는 목적이 아닙니다. 하나님은 우리의 영성을 형성하고 완성시키려 하시는데, 우리가 무지해서 완성 후의 세계를 모르고 원망만 하고 있는 것입니다.

건축을 하려면 각종 재료와 장비를 갖추어야 합니다. 아무리 기술이 좋아도 자재 없이 건축할 수는 없는 것처럼 영성에 있어서도 우선 원재료가 있어야 합니다. 영성은 초현실이라 할 수 있습니다. 우리가 이 땅에서 평범하게 살을 맞대고 사는 것이 현실이라면, 현실 세상 속에 이 세상 천국이 존재한다는 것이 초현실입니다. 초현실 속의 삶이란 우리가 하나님의 거룩한 신분에 맞게 사는 것입니다.

만일 현실을 위해 신앙을 이용한다면 그것은 종교일 뿐, 신앙이라고 할 수 없습니다. 구속사적 영성이란 부분적으로 몇 가지만 체험하는 게 아닙니다. 종합적으로 체험하고 형성되어야 합니다. 처음 단계에서는 여러 가지를 따로따로 경험하지만 그것이 곧 기초소재를 갖추는 과정이 되는 것입니다.

우리가 신분에 맞도록 성숙할 때, 그것은 공장으로 건축되는 것과 같습니다. 완전히 건축된 공장에서 제품이 생산되어 나오듯이 우리가 온전한 영성인이 되어질 때 우리의 삶 전체는 진리가 되고 생명이 되어지게 됩니다. 그 같은 차원에서 본다면 시집 가서 살아가는 장소를 광의로는 시집이요 협의로는 무슨 아파트, 연립, 한옥 등으로 부를 수 있겠으나 삶의 내용은 본질상 동일합니다.

어느 가정이나 임신, 출산, 그리고 돈벌고 살아가는 모습은 별 차이 없이 대동소이 합니다. 시집간 여인들이 평범하게 살아가는 것처럼 우리 그리스도인들은 이 세상 천국에서 하나님이 원하시는 삶을 평범하게 사는 단계에까지 올라가야 하며, 그렇게 되는 과정이 곧 영성형성입니다. 우리가 온전한 영성이 형성되어서 영적으로 살 수 있는 사람이 되어질 때, 우리의 삶 전체는 자연스럽게 진리가 되고 생명이 되어집니다. 같은 대학을 나온 35세의 두 여자가 있다고 합시다. 하나는 결혼하여 2남 1녀를 두었는데 다른 여자는 미혼입니다. 이 경우 비록 나이나 학력은 같지만 결혼 여부에 따라 느낌이 다르고 행복이란 기준이 달라집니다.

이처럼 여러분이 똑같은 훈련을 받을 때에도 '내가 지금 어느 단계에 와 있구나'를 아는데 그치지 말고, 자신을 돌아보고 현상을 파악해서 자꾸 자신을 개발하는데 힘써야 합니다.

기독교 영성은 개개인의 삶 속에서 하나님이 구속사적으로 이루어가시는 영적 순례의 여정으로 정의할 수 있습니다. 각자는 나름의 광야가 있고, 여리고가 있고, 가나안이 있고, 정복 전쟁이 있고, 안식이 있습니다. 각자 성령과 더불어 자신의 순례 여정을 걸어가야 합니다. 성령은 이 과정에서 순종하면 승리하고 형통하고, 불순종하면 패배하는 양면적인 경험을 통해 우리를 조금씩 인도하십니다.

편저자 프로필

1946년 전라남도 나주 출생

1. 약력

미국 콘콜디아 신학대학원(Th.D.)
미국 카버난트 신학대학원
(Th.M. cum laude)
총신대학교 신학대학원(M.Div. Equi.)
전남대학교 법과대학(B.A.)
목사안수(1978년, 대한예수교장로회 [합동] 전남노회)
렘넌트신학연구원 조직신학 석좌교수(2015~2016년 현재)
개신대학원대학교 명예교수(2013년)

개신대학원대학교 교수, 교무처장, 사회교육원장(1991~2012년)
개신대학원대학교 총장(2010~2012년)
광주신학교(현, 광신대학교) 교수 및 교장(1977~1981, 1984~1991년)
개혁신학회 부회장(2008~2010년)
한국기독교총연합회 신학위원회 부위원장(2005~2011년)
한국기독교총연합회 이단사이비 대책전문위원회 부위원장(2012~2013년)
대한예수교장로회 총회(개혁) 신학위원회 위원장(2010~2016 현재)
Inter-Serve 광주지회 이사회 회장(2000~2016년 현재)
오치애양교회 담임목사(2000~2015년)
광주애양교회 담임목사(1992~1999년)
오치종합사회복지관 이사(1992~2000년)
광주동명교회 대학부 지도목사(1980~1990년)
광주중앙교회 협동목사(1978~1979년)

2. 저서

『해방신학비판』(CLC, 1983년)
『급진신학비판』(CLC, 1984년)
『정치신학비판』(CLC, 1984년)
『민중신학비판』(CLC, 1984년)
『그리스도인과 폭력』(CLC, 1986년)
『민중신학평가』(CLC, 1987년)
『창세기 문답공부』(CLC, 1989년)
『로마서 문답공부』(CLC, 1989년)
『기독교 세계관 문답공부』(CLC, 1990년)
『현대신학평가』(CLC, 1991년)

『성경핵심입문』(CLC, 1991년)
『칼빈과 개혁신학』(CLC, 1992년)
『영성과 경건』(CLC, 1999년)
『웨스트민스터신앙고백서』(CLC, 2000년)
『핵심조직신학개론』(CLC, 2002년)
『기독교신앙의 진리』(CLC, 2004년)
『명쾌한 기독교신학과 생활』(CLC, 2006년)
『새가족반』(CLC, 2007년)
『천국복음CEO 로마서』(CLC, 2008년)
『발전하는 보수신학』(CLC, 2008년)
『예수님의 하나님 나라』(RTS, 2010년)
『칼빈의 기독교강요개요』(CLC, 2010년)
『성경에서 계시받고 인생을 찾다』(도서출판 생명, 2012년)
『성경에서 하나님을 만나다』(도서출판 생명, 2013년)
『성경에서 예수님을 알다』(도서출판 생명, 2013년)
『성경에서 계시를 받다』(에페코북스, 2014년)
『성경에서 인생을 찾다』(도서출판 생명, 2014년)
『성경에서 구원의 행복을 누린다』(에페코북스, 2014년)
『성경에서 교회와 종말을 배운다』(에페코북스, 2014년)
『기독교의 정석』(에페코북스, 2014년)
『창세기 복음』(CLC, 2016년 근간)

3. 역서

존 머레이, 『칼빈의 성경관과 주권사상』(CLC, 1976년)
디머레이, 『강단의 거성들』(생명의말씀사, 1976년)

브루스, 『신약사』 (CLC, 1978년)
레이몬드, 『신오순절운동비판』 (개혁주의신행협회, 1978년)
칼빈, 『신약성경주석 7 : 로마서, 빌립보서』 (성서교재간행사, 1979년)
헨드릭슨, 『목회서신』 (아가페출판사, 1980년)
브레이크록, 『사도행전』 (CLC, 1980년)
골든 클락, 『장로교인들은 무엇을 믿는가?』 (개혁주의신행협회, 1980년)
윌리암슨, 『웨스트민스터신앙고백서 강해』 (개혁주의신행협회, 1980년)
브라이쉬, 『주님의 사역연구』 (평화사, 1985년)
누네즈, 『해방신학 평가』 (CLC, 1987년)
로날드 월레스, 『칼빈의 기독교생활원리』 (CLC, 1988년)
거쓰리, 『신약개론』 (CLC, 1988년)
벵겔, 『신약주석 : 로마서』 (로고스, 1990년)
벵겔, 『신약주석 : 고린도전서-갈라디아서』 (로고스, 1992년)
벵겔, 『신약주석 : 베드로전서-유다서』 (로고스, 1992년)
에릭슨, 『인죄론』 (CLC, 1990년)
함몬드, 『간추린 조직신학』 (CLC, 1994년)
IVP편, 『새성경사전』 (CLC, 1996년)
에릭슨, 『조직신학개론』 (CLC, 2001년)
레이몬드, 『최신조직신학』 (CLC, 2004년)
베르까우어, 『개혁주의 교회론』 (CLC, 2006년)
레이몬드, 『개혁주의 기독론』 (CLC, 2007년)
홀과 릴벡 편, 『칼빈의 기독교강요신학』 (CLC, 2009년)
스프로울, 『보이지 않는 손』 (RTS, 2011년)

4. 논문

"A Theological Assessment of Korean Minjung Theology, Biblically and Systematically" *Concordia Journal* (St. Louis : Concordia Seminary, 1988)

"칼빈의 기도론"(「개혁신학」 창간호, 1994년)
"성화와 기독교윤리"(「개혁신학」 제2집, 1995년)
"박형룡의 교의신학에 대한 발전적 평가"(「신학지남」 252호, 1997년 가을)
"칼빈주의적 복음주의신학과 한국장로교회"(「개혁신학」 제3집, 2002년)
"조나단 에드워즈의 영성"(「개혁신학」 제3집, 2002년)
"성령세례와 성령충만에 대한 신학적 이해"(「개신논집」 제4집, 2004년)
"영광스러운 교회에 대한 신학적 고찰"(「개신논집」 제4집, 2004년)
"현대신학사상의 큰 흐름"(「개신논집」 제5집, 2005년)
"하나님의 특별계시의 성질"(「개신논집」 제6집, 2006년)
"로잔언약과 한국교회의 과제"(「개신논집」 제7집, 2007년)
"기독교의 세속화와 복음주의 영성"(「개신논집」 제8집, 2008년)
"믿음과 칭의에 대한 칼빈의 이해"(「개신논집」 제9집, 2009년)
"웨스트민스터소요리문답 제1문답의 역사적 배경과 의미"「개혁신학」(웨스트민스터신학원, 1992년)
"개혁교단의 역사와 개신대학원대학교의 신학적 권위"(「개신논집」 제10집, 2011년)
"한국교회가 꼭 바로 알아야 할 교리 열 가지"(「개신논집」 제11집, 2011년)
"성경적 인생관"(「개신논집」 제12집, 2012년)

CLC도서 안내

최신 조직신학
로버트 L. 레이몬드 지음 | 나용화 외 옮김 | 신국판 양장 | 1416면

레이몬드 박사는 신학의 각 주제에 대한 진술을 시작할 때 그 주제에 대해서 상당 부분을 웨스트민스터신앙고백서가 진술한 것을 제시하고, 그 웨스트민스터신앙고백서의 진술에 근거해서 성경과 신학사의 내용을 설명해 가는 방식으로 그의 조직신학을 전개해 가고 있다.

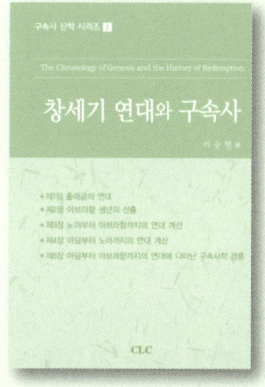

창세기 연대와 구속사
이승현 지음 | 신국판 양장 | 288면

본서는 단순한 날짜에 대한 논쟁이나 족보에 대한 이론을 초월하여 성경 본문 상호 간의 관련성을 연구함으로 창세기 연대를 새롭게 보여 주며 당시 시대적 정황과 하나님의 구속사적 경륜을 밝힌다.

신론 (주권신학 시리즈 II)
존 M. 프레임 지음 | 김재성 옮김 | 크라운판 양장 | 1,176면

현대 신학자들이 예수 그리스도의 주권을 경시하는 것에 대해 고발하는 면에서 탁월하며 매우 성경적인 책으로서 하나님이 누구이신가에 대한 명확한 답변을 내려주는 훌륭한 책이다.

성경론 (주권신학 시리즈 IV)
존 M. 프레임 지음 | 김진운 옮김 | 크라운판 양장 | 912면

본문과 부록으로 나누어지는데, 본문에서는 성경론과 관련된 모든 측면을 통찰력 있게 분석한다. 그리고 부록에서는 여러 현대 신학자들의 논증에 담긴 성경론을 날카롭게 비평한다.

신학사상 검증보고서
Inspection Reports on Three Pastors' Theological Thoughts

2016년 6월 20일 초판 발행

편 저 자 | 나용화

편　　집 | 이종만
디 자 인 | 이재희
펴 낸 곳 | 사)기독교문서선교회
등　　록 | 제16-25호(1980. 1. 18)
주　　소 | 서울시 서초구 방배로 68
전　　화 | 02) 586-8761-3(본사) 031) 942-8761(영업부)
팩　　스 | 02) 523-0131(본사) 031) 942-8763(영업부)
홈페이지 | www.clcbook.com
이 메 일 | clckor@gmail.com
온 라 인 | 기업은행 073-000308-04-020, 국민은행 043-01-0379-646
　　　　 | 예금주: 사)기독교문서선교회

ISBN 978-89-341-1544-1 (93230)

* 낙장·파본은 교환해 드립니다.

이 도서의 국립중앙도서관 출판시 도서목록(CIP)은 서지정보유통지원시스템 홈페이지(http://seoji.nl.go.kr)와 국가자료공동목록시스템(http://www.nl.go.kr/kolisnet)에서 이용하실 수 있습니다. (CIP제어번호: CIP2016011795)